321-1 6/89

Brede/Etzel · Arbeitsrecht

D1928794

NWB-Studienbücher · Wirtschaftswissenschaften

Arbeitsrecht

Darstellung, Kontrollfragen
Aufgaben und Lösungen

Von Günter Brede
Richter am Arbeitsgericht
und Dr. Gerhard Etzel
Richter am Bundesarbeitsgericht

5., neu bearbeitete Auflage

Verlag Neue Wirtschafts-Briefe · Herne/Berlin

CIP-Titelaufnahme der Deutschen Bibliothek

Brede, Günter:
Arbeitsrecht: Darstellung, Kontrollfragen, Aufgaben und Lösungen / von Günter Brede u. Gerhard Etzel. – 5., neubearb. Aufl. – Herne; Berlin: Verl. Neue Wirtschafts-Briefe, 1989
(NWB-Studienbücher Wirtschaftswissenschaften)
ISBN 3-482-71845-8
NE: Etzel, Gerhard:

Verlag Neue Wirtschafts-Briefe GmbH & Co., Herne/Berlin
ISBN 3-482-**71845-8** – 5., neu bearbeitete Auflage 1989

Druck: Bercker GmbH, Kevelaer

Vorwort zur 5. Auflage

Dieses Studienbuch soll den Leser mit den wichtigsten Begriffen und Grundsätzen des Arbeitsrechts vertraut machen. Bei strittigen Fragen ist die für die Praxis maßgebende Rechtsprechung des Bundesarbeitsgerichts zugrunde gelegt worden. Soweit zu einzelnen Streitfragen noch keine Entscheidungen des Bundesarbeitsgerichts vorliegen, wurde der herrschenden Meinung im Schrifttum gefolgt. Auf eine wissenschaftliche Auseinandersetzung mit unterschiedlichen Rechtsauffassungen wurde verzichtet. Literaturhinweise sollen aber demjenigen, der eine bestimmte Frage näher untersuchen will, weiterhelfen.

Durch Kontrollfragen und Aufgaben soll der gebotene Stoff wiederholt und vertieft werden. Die Lösungen zu den Kontrollfragen und Aufgaben werden am Ende des Buches im Zusammenhang wiedergegeben.

Gesetzgebung, Rechtsprechung und Schrifttum sind nach dem Stand von April 1989 berücksichtigt.

Kassel, im April 1989

Günter Brede
Gerhard Etzel

Inhaltsverzeichnis

Seite

Abkürzungsverzeichnis

aaO	=	am angeführten Ort
Abs.	=	Absatz
AFG	=	Arbeitsförderungsgesetz
AP	=	Arbeitsrechtliche Praxis (Nachschlagewerk des Bundesarbeitsgerichts)
ArbGG	=	Arbeitsgerichtsgesetz
ArbPlSchG	=	Arbeitsplatzschutzgesetz
Art.	=	Artikel
AVG	=	Angestelltenversicherungsgesetz
AZO	=	Arbeitszeitordnung
BAG	=	Bundesarbeitsgericht
BB	=	Der Betriebs-Berater (Zeitschrift)
BBiG	=	Berufsbildungsgesetz
BErzGG	=	Bundeserziehungsgeldgesetz
BeschFG	=	Beschäftigungsförderungsgesetz
BetrAVG	=	Gesetz zur Verbesserung der betrieblichen Altersversorgung
BetrVG	=	Betriebsverfassungsgesetz
BGB	=	Bürgerliches Gesetzbuch
BGH	=	Bundesgerichtshof
BUrlG	=	Bundesurlaubsgesetz
bzw.	=	beziehungsweise
DB	=	Der Betrieb (Zeitschrift)
d. h.	=	das heißt
DM	=	Deutsche Mark
etc.	=	et cetera
ff.	=	folgende
Feiertags-lohnZG	=	Feiertagslohnzahlungsgesetz
GewO	=	Gewerbeordnung
GG	=	Grundgesetz
HAG	=	Heimarbeitsgesetz
HandwO	=	Handwerksordnung
HGB	=	Handelsgesetzbuch
i. Verb.	=	in Verbindung
JArbSchG	=	Jugendarbeitsschutzgesetz
KSchG	=	Kündigungsschutzgesetz
LFZG	=	Lohnfortzahlungsgesetz
MuSchG	=	Mutterschutzgesetz
NJW	=	Neue Juristische Wochenschrift
Nr.	=	Nummer

NWB	=	Neue Wirtschafts-Briefe (Zeitschrift)
RVO	=	Reichsversicherungsordnung
SchwbG	=	Schwerbehindertengesetz
SeemannsG	=	Seemannsgesetz
SGB	=	Sozialgesetzbuch
sog.	=	sogenannte (r)
SprAuG	=	Sprecherausschußgesetz
TVG	=	Tarifvertragsgesetz
u. U.	=	unter Umständen
VermBG	=	Vermögensbildungsgesetz
vgl.	=	vergleiche
VRG	=	Vorruhestandsgesetz
WahlO	=	Wahlordnung zum Betriebsverfassungsgesetz
Ziff.	=	Ziffer
ZPO	=	Zivilprozeßordnung

Literaturverzeichnis

Lehrbücher, Handbücher, Grundrisse und Lexika zum gesamten Arbeitsrecht:

Brox, Grundbegriffe des Arbeitsrechts, 8. Aufl. 1987
Bürger/Oehmann/Matthes, Handwörterbuch des Arbeitsrechts, Loseblattausgabe, 7. Aufl. 1987 ff.
Etzel, Arbeitsrecht der Bundesrepublik Deutschland, 1971 (Grundriß)
Gaul, Das Arbeitsrecht im Betrieb, 8. Aufl. 1986 (Lehrbuch)
Gitter, Arbeitsrecht, 93. Tausend, 1987 (Grundriß)
Grossmann/Schneider, Arbeitsrecht, 7. Aufl. 1986 (Grundriß)
Hanau/Adomeit, Arbeitsrecht, 9. Aufl. 1988 (Grundriß)
Hueck/Nipperdey, Grundriß des Arbeitsrechts, 5. Aufl. 1970
Hueck/Nipperdey, Lehrbuch des Arbeitsrechts, 7. Aufl., Bd. I 1963; Bd. II 1. Halbbd. 1967, 2. Halbbd. 1970
Kamman/Meisel, Arbeitsrechtliche Grundzüge für die betriebliche Praxis, 2. Aufl. 1973
Köst, Arbeitsrecht, 2. Aufl. 1971 (Grundriß)
Maus, Handbuch des Arbeitsrechts, Loseblattausgabe
Nikisch, Arbeitsrecht, Bd. I, 3. Aufl. 1961; Bd. II, 2. Aufl. 1959; Bd. III, 2. Aufl. 1966 (Lehrbuch)
Oehmann/Dieterich (Herausgeber), AR-Blattei – Handbuch für die Praxis –, Loseblattausgabe
Rewolle/Lorentz, Arbeitsrecht, 17. Aufl. 1973 (Lexikon)
Schaub, Arbeitsrechtshandbuch, 6. Aufl. 1987
Schaub, Arbeitsrecht von A–Z, 12. Aufl. 1988
Schmid, Grundzüge des Arbeitsrechts, 1981
Söllner, Grundriß des Arbeitsrechts, 9. Aufl. 1987
Stahlhacke (Herausgeber), Handbuch zum Arbeitsrecht, Loseblattausgabe
Zöllner, Arbeitsrecht, 3. Aufl. 1983

Das Schrifttum zu Teilbereichen und Einzelfragen des Arbeitsrechts wird bei den einzelnen Abschnitten zitiert.

1. Teil: Grundlagen

A. Begriff und Wesen des Arbeitsrechts

Arbeitsrecht ist das Recht der abhängigen Arbeit. Unter **abhängiger Arbeit** ist eine Arbeitsleistung zu verstehen, die jemand für einen anderen erbringt, zu dem er in einem persönlichen Abhängigkeitsverhältnis steht. Derjenige, der die Arbeitsleistung erbringt, heißt Arbeitnehmer, derjenige, der sie empfängt, heißt Arbeitgeber.

Das Arbeitsrecht unterscheidet individuelles und kollektives Arbeitsrecht. Dabei ist **Individualarbeitsrecht** der Teil, der die sich aus dem Abschluß eines Arbeitsvertrages ergebenden Rechtsbeziehungen zwischen Arbeitgeber und Arbeitnehmer regelt. Das **kollektive Arbeitsrecht** dagegen regelt das Recht der Arbeitsverbände in Beruf und Betrieb, ihrer Verträge und ihrer Kämpfe.

Das Arbeitsrecht umfaßt **privatrechtliche Regeln,** die speziell im Interesse der Parteien des Arbeitsvertrages festgesetzt sind (z. B. Kündigungsfristen) und **öffentlich-rechtliche** Regeln, die im Interesse der Öffentlichkeit ergangen sind (z. B. Unfallverhütungsvorschriften), sich aber zugunsten der Parteien des Arbeitsvertrages auswirken. Im Vordergrund der arbeitsrechtlichen Regelungen steht der Schutz des Arbeitnehmers.

B. Rechtsquellen

Als Rechtsquellen des Arbeitsrechts kommen in Betracht:

I. Grundgesetz

Von maßgebender Bedeutung sind die **Grundrechte** der Gleichheit vor dem Gesetz (Art. 3 GG), der Koalitionsfreiheit (Art. 9 GG), der Freizügigkeit (Art. 11 GG) und der Berufsfreiheit (Art. 12 GG). Diese Grundrechte müssen bei der Auslegung aller arbeitsrechtlichen Normen und Vereinbarungen berücksichtigt werden.

II. Gesetze

Das Arbeitsrecht gehört zur konkurrierenden Gesetzgebung des Bundes (Art. 74 Nr. 12 GG). Der Bund hat von seinem Gesetzgebungsrecht in weitgehendem Maße Gebrauch gemacht, so daß die wichtigsten arbeitsrechtlichen Gesetze für das gesamte Bundesgebiet einheitlich gelten (z. B. Bürgerliches Gesetzbuch, Gewerbeordnung, Handelsgesetzbuch, Kündigungsschutzgesetz, Betriebsverfassungsgesetz, Berufsbildungsgesetz, Bundesurlaubsgesetz, Lohnfortzahlungsgesetz, Mutterschutzgesetz, Schwerbehindertengesetz, Tarifvertragsgesetz, Beschäftigungsförderungsgesetz, Bundeserziehungsgeldgesetz). Soweit der Bund von seinem Gesetzgebungsrecht keinen Gebrauch gemacht hat, haben die Länder das Recht zur Gesetzgebung.

III. Autonome Rechtsnormen

Der Gesetzgeber hat es durch gesetzliche Vorschrift zugelassen, daß bestimmte Personen und Verbände Rechtsnormen setzen, die für Arbeitsverhältnisse in einem bestimmten, abgegrenzten Bereich maßgebend sind. Diese Rechtsnormen nennt man „autonome Rechtsnormen«.

Beispiel:

Tarifverträge, die zwischen einer Gewerkschaft einerseits und einem Arbeitgeberverband oder einem einzelnen Arbeitgeber andererseits abgeschlossen werden.

IV. Rechtsprechung

Die Rechtsprechung ist zwar in erster Linie zur Auslegung des geltenden Rechts berufen. In einigen Fällen sah sich das Bundesarbeitsgericht, die höchste Instanz der Gerichte für Arbeitssachen, jedoch gezwungen, Rechtssätze aufzustellen, die praktisch wie Gesetze angewendet werden.

Beispiele:

Rückzahlungsklauseln bei freiwilligen Sonderzuwendungen, Schadensersatz bei gefahrgeneigter Tätigkeit.

C. Grundbegriffe

I. Arbeitnehmer

1. Begriff

Arbeitnehmer ist, wer auf privatrechtlicher Grundlage (Arbeitsvertrag) von einem anderen gegen die Zusage einer Gegenleistung beschäftigt wird und zu diesem in einem persönlichen Abhängigkeitsverhältnis steht. Die persönliche Abhängigkeit zeigt sich zum einen in der Übernahme fremdgeplanter, fremdnütziger und von fremder Risikobereitschaft getragener Arbeit. Zum anderen wird sie durch die Eingliederung in einen fremden Produktionsbereich ausgedrückt (zur Abgrenzung zum freien Mitarbeiter s. unter 2 c).

2. Abgrenzung zu anderen Gruppen

a) Beamte

Der Beamte wird nicht auf privatrechtlicher, sondern auf **öffentlich-rechtlicher Grundlage** tätig. Er wird durch staatlichen Hoheitsakt ernannt. Er steht zu seinem Dienstherrn in einem besonderen Treueverhältnis und hat ihm gegenüber Anspruch auf Fürsorge und Schutz.

b) Handelsvertreter

Er steht im Gegensatz zum Arbeitnehmer in keinem persönlichen Abhängigkeitsverhältnis zu seinem Vertragsgegner. Bei dem Vertragsverhältnis zwischen Handelsvertreter und Auftraggeber handelt es sich vielmehr um einen **freien Dienstvertrag,** d. h., der Handelsvertreter ist ein selbständiger Gewerbetreibender, der für seinen Auftraggeber Geschäfte vermittelt oder in dessen Namen abschließt. Dabei handelt im Sinne des Gesetzes selbständig, wer im wesentlichen frei seine Tätigkeit gestalten und seine Arbeitszeit bestimmen kann (§ 84 Abs. 1 Satz 2 HGB).

Handelsvertreter allerdings, die vertraglich nur für **einen** Unternehmer tätig werden dürfen oder nach Art und Umfang der von ihnen verlangten Tätigkeit nur für einen Unternehmer tätig sein können und während der letzten 6 Monate des Vertragsverhältnisses, bei kürzerer Dauer während dieser, im Durchschnitt monatlich nicht mehr als DM 2.000,– an Vergütung einschließlich Provision und Ersatz für im regelmäßigen Geschäftsbetrieb entstandene Aufwendungen bezogen haben, sind als **arbeitnehmer-**

ähnliche Personen anzusehen, auf die bestimmte arbeitsrechtliche Vorschriften anwendbar sind.

c) Freie Mitarbeiter

Auch der freie Mitarbeiter steht zu seinem Vertragspartner in keinem persönlichen Abhängigkeitsverhältnis. Er wird aufgrund eines **freien Dienstvertrages** tätig und verspricht seinem Vertragspartner, bestimmte Dienstleistungen zu erbringen. Hierbei kann es sich um Dienste aller Art handeln.

Werden die Dienstleistungen ständig erbracht (z. B. Kameramann, Zeitungsreporter), kann die Entscheidung, ob der Dienstleistende Arbeitnehmer oder freier Mitarbeiter ist, problematisch sein. Bei der Abgrenzung sind folgende Umstände heranzuziehen: Umfang fremdbestimmter und fremdnütziger Arbeit mit der Folge der sozialen Schutzbedürftigkeit, Umfang der persönlichen und fachlichen Weisungsgebundenheit, zeitliche und örtliche Bindung, Arbeitskontrolle, unverzichtbare und eingeplante Dienstbereitschaft, notwendige Zusammenarbeit mit anderen Dienstpflichtigen, Unterordnung unter fremden Produktionsplan, Verzicht auf Bestimmung der Tätigkeit als Unternehmer, Unmöglichkeit der Ablehnung einzelner Aufträge. Hinsichtlich der Frage der Wertung der genannten Kriterien ist auf die Eigenart der jeweiligen Tätigkeit abzustellen. Sprechen danach einige Merkmale für ein Arbeitsverhältnis, andere für ein freies Mitarbeiterverhältnis, so ist nach der **Verkehrsanschauung** zu beurteilen, welche Umstände in ihrer Gesamtheit gewichtiger erscheinen. Ergibt sich kein Übergewicht, soll der Wille der Vertragspartner gelten. Erhält ein freier Mitarbeiter ständig Aufträge von **einem** Unternehmer, kann er – wie bereits beim Handelsvertreter erörtert – in dessen wirtschaftliche Abhängigkeit geraten. Er ist dann als **arbeitnehmerähnliche** Person anzusehen, für die bestimmte arbeitsrechtliche Vorschriften anzuwenden sind.

d) Heimarbeiter

Heimarbeiter ist, wer in selbstgewählter Arbeitsstätte allein oder mit seinen Familienangehörigen im Auftrag von Gewerbetreibenden gewerblich arbeitet, aber die Verwertung der aus Roh- und Hilfsstoffen gefertigten Arbeitsergebnisse dem Auftraggeber überläßt (vgl. § 2 HAG). Auch beim Heimarbeiter handelt es sich um keinen Arbeitnehmer, da er weder in den Betrieb eingegliedert noch einem Weisungsrecht des Auftraggebers unterworfen ist. Wegen ihrer wirtschaftlichen Abhängigkeit in den meisten Fällen sind zum Schutz der Heimarbeiter im Heimarbeitsgesetz (HAG) unabdingbare Mindestbedingungen festgelegt. Darüber hinaus finden einige arbeitsrechtliche Vorschriften auf Heimarbeitsverhältnisse Anwendung (z. B. Urlaub und Urlaubsentgelt, Feiertagsbezahlung, Wahlrecht zum Betriebsrat, Zuschlag zum Entgelt im Krankheitsfalle, Schwerbehindertenschutz).

e) Familienrechtliche Mitarbeit

Kein Arbeitnehmer ist, wer aufgrund einer familienrechtlichen Pflicht für ein Familienmitglied Arbeitsleistungen erbringt. Das gilt insbesondere für Kinder, die dem elterlichen Hausstand angehören und von den Eltern unterhalten werden. Diese Kinder sind verpflichtet, in einer ihren Kräften und ihrer Lebensstellung entsprechenden Weise den Eltern in ihrem Hauswesen und Geschäft Dienste zu leisten (§ 1619 BGB). Die familienrechtliche Pflicht schließt jedoch nicht aus, daß zwischen Kindern und Eltern ein Arbeitsverhältnis bestehen kann. Die Parteien können vereinbaren, daß zwischen ihnen ein Arbeitsverhältnis begründet wird.

3. Arbeiter und Angestellte

Die Arbeitnehmer gliedern sich in die Gruppe der Arbeiter und die Gruppe der Angestellten. Die Unterscheidung ist für das Arbeitsrecht von erheblicher Bedeutung. Zwar gelten viele arbeitsrechtliche Vorschriften für alle Arbeitnehmer schlechthin. Es gibt aber auch zahlreiche Bestimmungen, die nur für Arbeiter oder nur für Angestellte gelten. In letzter Zeit ist fraglich geworden, ob die Unterscheidungen mit dem Grundgesetz vereinbar sind (siehe hinsichtlich der Kündigungsfristen Teil 2 C II 2c).

Beispiele:
Kündigungsfristen, Entgeltfortzahlung im Krankheitsfall.

Arbeiter ist, wer überwiegend körperliche Arbeit durchführt. **Angestellter** ist, wer überwiegend geistige Tätigkeit zu leisten hat. Besteht die Tätigkeit in erheblichem Umfang sowohl aus geistiger als auch aus körperlicher Arbeit, so ist für die Eingruppierung diejenige Arbeit entscheidend, welche der Tätigkeit des Arbeitnehmers nach der Verkehrsanschauung das Gepräge gibt. Ein wichtiger Hinweis darauf, wie die Tätigkeit nach der **Verkehrsanschauung** einzuordnen ist, ist die Bewertung der Tätigkeit durch Tarifverträge.

Der arbeitsrechtliche Begriff des Arbeiters und des Angestellten ist nicht identisch mit dem sozialversicherungsrechtlichen Begriff des Arbeiters und Angestellten. Der **sozialversicherungsrechtliche Begriff des Angestellten** ergibt sich im wesentlichen aus § 3 Angestelltenversicherungsgesetz (AVG) und dem dazu durch Rechtsverordnung erlassenen Berufskatalog. Arbeitnehmer, die zu Berufsgruppen gehören, die dort nicht aufgeführt sind, sind in der Regel arbeiterrentenversicherungspflichtig. Im allgemeinen werden Arbeiter und Angestellte im Sinne des Sozialversicherungsrechts auch Arbeiter und Angestellte im arbeitsrechtlichen Sinne sein. Zwingend ist dies jedoch nicht. Es entscheidet vielmehr die Verkehrsanschauung, die nicht immer mit der sozialversicherungsrechtlichen Einordnung übereinzustimmen braucht.

Innerhalb der Gruppe der Angestellten unterscheidet man kaufmännische, technische und sonstige Angestellte. **Kaufmännische** Angestellte sind Angestellte, die in einem Handelsgewerbe kaufmännische Dienste erbringen. Auf sie finden die Vorschriften der §§ 59 ff. HGB und ergänzend die §§ 611 ff. BGB Anwendung. **Technische** Angestellte sind Angestellte, die mit der Leitung oder Beaufsichtigung des Betriebes oder einer Betriebsabteilung beauftragt sind oder höhere technische Dienstleistungen erbringen. Auf sie finden die Vorschriften der §§ 133 c bis 133 f GewO und ergänzend die §§ 611 ff. BGB Anwendung. Die Unterscheidung zwischen den Gruppen ist wegen weitgehender Angleichung heute praktisch ohne Bedeutung.

II. Arbeitgeber

Arbeitgeber ist, wer auf privatrechtlicher Grundlage (Arbeitsvertrag) wenigstens einen in abhängiger Stellung Tätigen beschäftigt und diesem für seine Tätigkeit eine Gegenleistung versprochen hat. Arbeitgeber können alle natürlichen und juristischen Personen sein.

Literaturhinweise:

zu C I: *Schaub,* Arbeitsrechtshandbuch, 6. Aufl. 1987, S. 28–58
zu C II: *Schaub,* Arbeitsrechtshandbuch, 6. Aufl. 1987, S. 63, 64

Kontrollfragen:

1. Was versteht man unter dem Arbeitsrecht?
2. Wie unterscheiden sich individuelles und kollektives Arbeitsrecht?
3. Wer ist Arbeitnehmer?
4. Wie ist der Arbeitnehmer vom freien Mitarbeiter abzugrenzen?

5. Welche Gruppen von Arbeitnehmern gibt es und wie unterscheiden sie sich?

Die Lösungen zu den Kontrollfragen 1–5 finden Sie auf Seite 217.

Aufgabe 1:

Die Filmautorin und Regisseurin A war aufgrund eines Vertrages mit der Fernsehanstalt F eingestellt worden. – Sie stellt Filme von ca. 45 Minuten Dauer her (Herstellungsdauer 3–4 Monate). Aufträge zu den einzelnen Filmen erhält A in Vorbesprechungen (Thematik) mit der zuständigen Redakteurin. Nach Anfertigung eines Exposés werden mit der Redakteurin weitere Richtlinien für den Film festgelegt. Für die nachfolgende Materialbeschaffung durch A wird ein zeitlicher Rahmen festgelegt. Danach erstellt A nach Diskussionen innerhalb der Redaktion die Drehvorlage. Eine Produktionsbesprechung schließt sich an, bei der die Reihenfolge der Dreharbeiten und Termine für Schnittarbeiten festgelegt werden. A ist zeitlich an die Arbeitszeiten des mitarbeitenden, festangestellten Teams gebunden. A erhält Vergütung nach den bei F üblichen Honorarbedingungen. Zusätzlich erhält sie Wiederholungshonorare.

A möchte geklärt wissen, ob zwischen ihr und F ein Arbeitsverhältnis besteht.

Die Lösung zu Aufgabe 1 finden Sie auf Seite 230.

2. Teil: Individuelles Arbeitsrecht

A. Begründung des Arbeitsverhältnisses

I. Arbeitsverhältnis und Arbeitsvertrag

1. Arbeitsverhältnis

a) Begriff

Das Arbeitsverhältnis ist das Rechtsverhältnis, das zwischen dem einzelnen Arbeitnehmer und dem Arbeitgeber aufgrund eines Arbeitsvertrages entsteht. Es ist nicht nur gekennzeichnet durch die Vereinbarungen im Arbeitsvertrag, die Rechte und Pflichten für die Parteien des Arbeitsvertrages begründen. Vielmehr wird das Arbeitsverhältnis neben den Vereinbarungen im Arbeitsvertrag durch den Grundsatz beiderseitiger Treue beherrscht. Der Arbeitgeber hat Fürsorgepflichten gegenüber dem Arbeitnehmer, der Arbeitnehmer hat Treuepflichten gegenüber dem Arbeitgeber zu beachten.

b) Besondere Arten des Arbeitsverhältnisses

aa) Mittelbares Arbeitsverhältnis

Von einem mittelbaren Arbeitsverhältnis spricht man, wenn ein Arbeitnehmer mit Wissen oder Duldung des Arbeitgebers **im eigenen Namen** einen Arbeitsvertrag mit einem Dritten abschließt, durch den der Dritte zur Leistung von Arbeit für den Arbeitgeber verpflichtet wird, wobei die Arbeitsleistung dem Arbeitgeber unmittelbar zugute kommen soll. Da unmittelbare vertragliche Beziehungen nur zwischen dem Arbeitnehmer und dem Dritten bestehen, kann der Dritte Ansprüche aus dem Arbeitsverhältnis grundsätzlich nur gegen den (vermittelnden) Arbeitnehmer geltend machen. Umgekehrt kann der Arbeitgeber Ansprüche aus dem mittelbaren Arbeitsverhältnis grundsätzlich nicht gegen den Dritten, sondern nur gegen seinen unmittelbaren Arbeitnehmer geltend machen, der den Arbeitsvertrag mit dem Dritten abgeschlossen hat. Unabhängig davon ist der Arbeitgeber jedoch gegenüber dem Dritten zur **allgemeinen Fürsorge** (z. B. Schutz von Leben und Gesundheit des mittelbaren Arbeitnehmers) verpflichtet. Bei Verletzung dieser Pflicht hat der mittelbare Arbeitnehmer einen direkten Anspruch gegen den Arbeitgeber auf Schadensersatz.

bb) Gruppenarbeitsverhältnis

Ein Gruppenarbeitsverhältnis besteht, wenn mehrere Arbeitnehmer zu einer Arbeitsgruppe zusammengefaßt sind und gemeinsam eine bestimmte Arbeitsleistung erbringen sollen. Man unterscheidet Betriebsgruppen und Eigengruppen.

Betriebsgruppen werden durch den Arbeitgeber gebildet. In der Regel erstrebt der Arbeitgeber damit, daß er der Gruppe aufgrund des Ergebnisses der gemeinsamen Arbeit ein Gesamtentgelt zahlt (sog. Gruppenakkord) und diese Gesamtvergütung anteilmäßig auf die Gruppenmitglieder verteilt wird. Jedes Mitglied der Betriebsgruppe hat Anspruch auf seinen Anteil an der Gesamtvergütung. Diesen Anteil hat der Arbeitgeber an das einzelne Mitglied auszuzahlen. Da zwischen Arbeitgeber und jedem Gruppenmitglied selbständige Arbeitsverträge bestehen, kann sowohl der Arbeitgeber einem einzelnen Gruppenmitglied als auch ein Gruppenmitglied dem Arbeitgeber jederzeit kündigen. Bei mangelhafter Arbeit stehen dem Arbeitgeber nur Schadensersatzansprüche gegen denjenigen zu, der seine Arbeitspflichten schuldhaft nicht erfüllt hat.

Eigengruppen werden vor Abschluß eines Arbeitsvertrages durch Arbeitnehmer gebildet, die sich aufgrund eigenen Entschlusses zu einer Arbeitsgruppe zusammengeschlossen haben und dem Arbeitgeber als Gruppe ihre Arbeitsleistung anbieten. Hierbei kann vereinbart werden, daß zwischen jedem Gruppenmitglied und dem Arbeitgeber ein Arbeitsverhältnis bestehen soll, oder es kann vereinbart werden, daß nur zwischen der Gruppe und dem Arbeitgeber vertragliche Beziehungen bestehen sollen und die Gruppe die Arbeitsleistung ihrer Mitglieder verspricht. Besteht nur ein Arbeitsverhältnis zwischen jedem Gruppenmitglied und dem Arbeitgeber, gelten die allgemeinen Regeln für den Arbeitsvertrag. Dem Arbeitgeber steht das Weisungsrecht gegenüber jedem Gruppenmitglied zu, er hat die vereinbarte Vergütung an das einzelne Gruppenmitglied zu zahlen, bei mangelhafter Arbeit kann er nur dasjenige Gruppenmitglied in Anspruch nehmen, das seine Pflichten aus dem Arbeitsvertrag verletzt hat. Die einzige Besonderheit besteht darin, daß der Arbeitgeber im Zweifel nicht einem einzelnen Gruppenmitglied allein kündigen kann, sondern nur allen Gruppenmitgliedern gemeinsam.

Ist hingegen nur ein Vertrag zwischen der Eigengruppe und dem „Arbeitgeber“ abgeschlossen worden, ist dieser Vertrag als **Dienstverschaffungsvertrag** anzusehen. Die Gruppe als Gesellschaft bürgerlichen Rechts verspricht die Arbeitsleistung ihrer Mitglieder. Dem „Arbeitgeber" (genauer: Auftraggeber) steht kein Weisungsrecht gegenüber dem einzelnen Gruppenmitglied zu. Die der Gruppe zustehende Vergütung hat der Auftraggeber an ein vertretungsberechtigtes Gruppenmitglied zu zahlen. Welchen Anteil jedes Gruppenmitglied erhält, bestimmt die Gruppe selbst. Ist die geleistete Arbeit mangelhaft, haftet jedes Gruppenmitglied als Gesamtschuldner.

Verspricht die Eigengruppe einen bestimmten Arbeitserfolg (z. B. Konzert eines Orchesters), besteht zwischen Auftraggeber und Gruppe ein **Werkvertrag,** auf den die arbeitsrechtlichen Vorschriften keine Anwendung finden.

cc) Leiharbeitsverhältnis

Ein Leiharbeitsverhältnis ist gegeben, wenn ein selbständiger Unternehmer (Verleiher) einen Arbeitnehmer einstellt und zur vorübergehenden oder dauernden Arbeitsleistung an einen Dritten (Entleiher) abgibt. Nach dem **Arbeitnehmerüberlassungsgesetz** bedürfen Arbeitgeber, die Dritten Arbeitnehmer gewerbsmäßig zur Arbeitsleistung überlassen wollen, ohne damit Arbeitsvermittlung zu betreiben, der Erlaubnis der Bundesanstalt für Arbeit. Nach diesem Gesetz ist nur der Verleiher, nicht der Entleiher Arbeitgeber.

Zur Lohnzahlung bleibt der Verleiher verpflichtet, die Fürsorgepflicht obliegt dem Entleiher. Kündigungen können nur von und gegenüber dem Verleiher ausgesprochen werden.

2. Arbeitsvertrag

a) Begriff

Der das Arbeitsverhältnis auslösende Arbeitsvertrag ist ein schuldrechtlicher, gegenseitiger Vertrag, durch den sich der Arbeitnehmer verpflichtet, bestimmte Dienste zu leisten und der Arbeitgeber sich verpflichtet, für die Dienstleistung eine bestimmte Vergütung zu gewähren. Notwendiges Merkmal ist weiter, daß die **Dienstleistung** in **persönlicher Abhängigkeit** erbracht wird, d. h., der Arbeitnehmer hat sich in den Betrieb des Arbeitgebers einzugliedern und ist grundsätzlich der Betriebsordnung sowie Einzelanweisungen des Arbeitgebers unterworfen. Der Arbeitsvertrag ist ein Unterfall des Dienstvertrages (§§ 611 ff. BGB).

b) Abgrenzung des Arbeitsvertrages von anderen Verträgen

aa) Freier Dienstvertrag

Vom freien Dienstvertrag – auch für ihn gilt die Definition des § 611 BGB – unterscheidet sich der Arbeitsvertrag dadurch, daß der Dienstverpflichtete die Dienstleistung **nicht in einem persönlichen Abhängigkeitsverhältnis** erbringt (z. B. Rechtsanwalt, Handelsvertreter). Werden wiederholt Dienstleistungen erbracht, kann die Abgrenzung schwierig sein. Auf die obengenannten Abgrenzungsmerkmale hinsichtlich der Begriffe Arbeitnehmer – freier Mitarbeiter (s. Teil 1 C I 2 c) kann verwiesen werden.

bb) Werkvertrag

Auch der Werkvertrag ist ein schuldrechtlicher, gegenseitiger Vertrag. Im Gegensatz zum Arbeitsvertrag wird beim Werkvertrag nicht die Tätigkeit als solche, sondern ein bestimmter **Arbeitserfolg** („Werk") geschuldet. Der Verpflichtete erstellt das Werk niemals im Rahmen abhängiger Arbeit. Er kann die Art und Weise seines Arbeitserfolges selbst bestimmen.

cc) Gesellschaftsvertrag

Vom Gesellschaftsvertrag – auch er stellt einen schuldrechtlichen, gegenseitigen Vertrag dar – ist der Arbeitsvertrag insofern abzugrenzen, als beim Gesellschaftsvertrag **kein Über- und Unterordnungsverhältnis** zwischen den einzelnen Gesellschaftern besteht. Die Gesellschafter verpflichten sich vielmehr gegenseitig, die Erreichung eines gemeinsamen Zweckes zu fördern (§ 705 BGB). Die Frage, ob ein Vertrag als Arbeitsvertrag oder als Gesellschaftsvertrag anzusehen ist, kann im Einzelfall, insbesondere bei Familienunternehmen oder wenn der Dienstverpflichtete am Gewinn beteiligt wird, erhebliche Schwierigkeiten bereiten.

c) Arten des Arbeitsvertrages

aa) Unbefristeter Arbeitsvertrag

Wird bei Abschluß des Arbeitsvertrages über die Dauer des Arbeitsverhältnisses nichts vereinbart, handelt es sich um einen sogenannten **unbefristeten Arbeitsvertrag.**

bb) Befristeter Arbeitsvertrag – allgemein

Ein befristeter Arbeitsvertrag liegt vor, wenn die Parteien bei Abschluß des Arbeitsvertrages vereinbaren, das Arbeitsverhältnis solle nur für eine **bestimmte Dauer** bestehen. Die Vereinbarung eines derartigen Arbeitsverhältnisses ist nur wirksam, wenn die Befristung nach den gesamten wirtschaftlichen und sozialen Verhältnissen der Parteien oder jedenfalls einer Partei einen **sachlich gerechtfertigten Grund** hat. Der sachliche Grund muß nicht nur für die Befristung selbst, sondern auch für deren Dauer gegeben sein.

Beispiele:

Die Befristung wird auf besonderen Wunsch des Arbeitnehmers vereinbart; durch die Befristung soll der Arbeitgeber Gelegenheit erhalten, sich schlüssig darüber zu werden, ob der Arbeitnehmer die von ihm geforderten Leistungen erbringt (Probearbeitsvertrag); der Arbeitgeber benötigt nur für einen bestimmten Zeitraum, z. B. eine Saison, Arbeitskräfte.

nicht: Sorge des Arbeitgebers, die Konjunktur werde sich verschlechtern; wenn eine große Zahl von Lehrkräften zur Verfügung steht und jedem einmal die Chance der Anstellung gegeben werden soll (öffentl. Dienst).

Die Befristung eines Arbeitsverhältnisses ist **sachlich nicht gerechtfertigt,** wenn ein verständiger Arbeitgeber bei verantwortungsbewußter Berücksichtigung sowohl der Belange des Betriebes als auch der des Arbeitnehmers den Arbeitsvertrag unbefristet abgeschlossen hätte. Wird gleichwohl ein befristeter Arbeitsvertrag abgeschlossen, ist die Vereinbarung über die Befristung unwirksam. Der Arbeitsvertrag gilt als auf unbestimmte Zeit abgeschlossen, der nur durch Kündigung, Tod oder Auflösungsvereinbarung beendet werden kann. Im Streitfall muß der Arbeitnehmer beweisen, daß für die Befristung des Arbeitsverhältnisses keine sachlichen Gründe vorgelegen haben.

cc) Befristeter Vertrag – Beschäftigungsförderungsgesetz

Nach dem aus beschäftigungspolitischen Gründen erlassenen Beschäftigungsförderungsgesetz (BeschFG) besteht für die Zeit vom 1. Mai 1985 bis zum 1. Januar 1990 – von einer Verlängerung ist auszugehen – eine **erleichterte Zulassung befristeter Arbeitsverträge.** Danach kann eine einmalige Befristung des Arbeitsvertrages bis zur Dauer von 18 Monaten vereinbart werden. Voraussetzung ist allerdings, daß es sich entweder um eine Neueinstellung handelt (bei wiederholten Verträgen mit demselben Arbeitgeber müssen mindestens vier Monate dazwischen liegen) oder der

Arbeitnehmer unmittelbar nach der Beendigung einer Berufsausbildung nur vorübergehend weiterbeschäftigt werden kann, weil für einen unbefristet einzustellenden Arbeitnehmer ein Arbeitsplatz nicht zur Verfügung steht. Unter bestimmten Voraussetzungen kann sich die Befristungsdauer auf zwei Jahre verlängern.

dd) Arbeitsvertrag und Probezeit

Es ist weithin üblich, daß der Arbeitgeber vor Beginn eines Arbeitsverhältnisses mit dem Arbeitnehmer vereinbart, ein bestimmter Zeitraum nach Beginn des Arbeitsverhältnisses (z. B. 4 Wochen, 3 Monate) solle als Probezeit gelten. Durch die Vereinbarung der Probezeit gibt der Arbeitgeber dem Arbeitnehmer zu erkennen, daß er ihn nach Ablauf der Probezeit weiterbeschäftigen will, wenn der Arbeitnehmer sich während der Probezeit bewährt. Es handelt sich damit um ein von Beginn an bestehendes **unbefristetes Arbeitsverhältnis,** das nur durch Kündigung gelöst werden kann. Für die Dauer der Probezeit können auch keine kürzeren Kündigungsfristen als die gesetzlichen Mindestfristen (§ 622 BGB) vereinbart werden, denn die gesetzlichen Mindestfristen gelten auch für Probearbeitsverhältnisse. Ist über Kündigungsfristen keine Vereinbarung getroffen worden, gelten ebenfalls die in § 622 BGB festgelegten Mindestfristen (z. B. bei Angestellten 1 Monat zum Monatsende).

Wollen die Parteien aber erreichen, daß das Arbeitsverhältnis mit Ablauf der Probezeit automatisch endet und nur aufgrund einer besonderen Vereinbarung fortgesetzt werden soll, so müssen sie hierüber eine eindeutige Vereinbarung treffen. Die Vereinbarung muß erkennen lassen, daß das Probearbeitsverhältnis ein **befristetes Arbeitsverhältnis** sein soll und nicht nur Teil eines unbefristeten Arbeitsverhältnisses.

Beispiel:

Die Parteien schließen für die Zeit vom 1. 4. bis 31. 5. des gleichen Jahres einen Arbeitsvertrag. Der Arbeitnehmer erhält für seine Tätigkeit einen Stundenlohn von DM 9,–. Sollte sich zwischen den Parteien eine gute Zusammenarbeit entwickeln, werden die Parteien über eine Fortsetzung des Arbeitsverhältnisses verhandeln.

ee) Arbeitsvertrag zur Aushilfe

Ein Arbeitsvertrag zur Aushilfe liegt vor, wenn ein Arbeitnehmer eingestellt wird, um einen vorübergehend erhöhten Arbeitsanfall zu bewältigen

(z. B. vor Feiertagen) oder um einen vorübergehend verhinderten Arbeitnehmer zu vertreten (z. B. bei Krankheit oder Urlaub). Dieser **vorübergehende Zweck** muß bei Abschluß des Arbeitsvertrages vereinbart werden oder bei den Vertragsverhandlungen wenigstens deutlich erkennbar geworden sein. Kann der Arbeitnehmer den vorübergehenden Zweck des Arbeitsverhältnisses nicht erkennen, besteht kein Arbeitsverhältnis zur Aushilfe.

II. Abschluß des Arbeitsvertrages

1. Anbahnungsverhältnis

a) Nebenpflichten

Dem Abschluß eines Arbeitsvertrages gehen häufig **Vorverhandlungen** voraus, bei denen die Parteien die Bedingungen des künftigen Arbeitsverhältnisses erörtern.

Mit tatsächlicher Aufnahme von Vertragsverhandlungen entstehen zwischen den Verhandlungspartnern vorvertragliche Pflichten, sog. **Sekundärpflichten.**

Beispiele:

Aufklärungspflichten des Arbeitgebers, daß die zu besetzende Stelle nur für kurze Zeit anzubieten ist, weil der Betrieb bald ganz geschlossen wird; Mitteilungspflicht des Arbeitnehmers, daß er wegen einer vorliegenden Krankheit außerstande ist, die Arbeit zum vereinbarten Arbeitsbeginn aufzunehmen; Pflicht des Arbeitgebers, den Bewerber vor Verletzung der Person oder des Eigentums zu schützen.

Die Verletzung dieser Verhaltenspflichten kann zu **Schadensersatzansprüchen** führen, die auf das **negative Interesse** gerichtet sind, d. h., der Geschädigte ist so zu stellen, wie er gestanden hätte, wenn das schädigende Ereignis nicht eingetreten wäre.

b) Ersatz von Vorstellungskosten

Die tatsächliche Aufnahme von Vertragsverhandlungen ist für Bewerber in vielen Fällen mit Aufwendungen verbunden. **Fordert** der Arbeitgeber den Arbeitnehmer **auf,** sich im Betrieb des Arbeitgebers vorzustellen, so ist der Arbeitgeber zur Erstattung der **Reisekosten** und der üblichen **Reisespesen** (Zehrgeld, bei längerem Anreiseweg Übernachtungskosten) verpflichtet, gleichgültig, ob die Verhandlungen zum Abschluß eines Arbeitsvertrages führen. Haben Arbeitgeber und Arbeitnehmer keine Vereinbarung über die Höhe der zu erstattenden Reisespesen getroffen, so kann der Arbeitgeber dem Arbeitnehmer entweder einen Pauschalbetrag gewähren oder die tatsächlich entstandenen Aufwendungen gegen Einzelnachweis durch den Arbeitnehmer erstatten.

Nicht erstattungsfähig ist der **Verdienstausfall,** den der Arbeitnehmer dadurch erleidet, daß er sich bei seinem neuen Arbeitgeber vorstellt. Diesen Verdienstausfall kann der Arbeitnehmer in der Regel von seinem alten Arbeitgeber erstattet verlangen (§ 616 BGB i. Verb. mit § 629 BGB). Will der Arbeitnehmer gleichwohl vom künftigen Arbeitgeber Erstattung des Verdienstausfalles erlangen, so muß er dies mit ihm vereinbaren.

Will umgekehrt der künftige Arbeitgeber dem Arbeitnehmer, der sich auf Aufforderung bei dem Arbeitgeber vorstellt, keine Reisekosten erstatten, so muß er dies dem Arbeitnehmer rechtzeitig und ausdrücklich mitteilen. In diesem Fall kann sich der Arbeitnehmer darüber schlüssig werden, ob er sich im Hinblick auf die Reisekosten überhaupt bei dem Arbeitgeber vorstellen will. Stellt sich ein Arbeitnehmer **unaufgefordert** bei dem Arbeitgeber vor, kann er keine Erstattung von Reisekosten verlangen.

c) Fragebogen

In vielen Betrieben ist es üblich, daß Arbeitnehmern bei ihrer Einstellung Fragebogen vorgelegt werden und der Arbeitgeber die Beantwortung der dort aufgeführten Fragen verlangt. Umstritten ist, in welchem Umfang der Arbeitnehmer zur Beantwortung der Fragen verpflichtet ist. Ein Fragerecht ist nur anzuerkennen, wenn der Arbeitgeber ein **berechtigtes Interesse** an der Beantwortung der Frage hat. Ein solches berechtigtes Interesse ist gegeben, wenn ein verständiger Arbeitgeber den Abschluß des Arbeitsvertrages von der Beantwortung der Frage abhängig machen würde, d. h. wenn die Beantwortung der Frage in einem **sachlichen Zusammenhang mit dem** zu begründenden **Arbeitsverhältnis** steht.

Beispiele:

Zulässig sind z. B. Fragen nach der bisherigen beruflichen Tätigkeit; nach einer bestehenden Schwerbehinderteneigenschaft, da diese Eigenschaft das Arbeitsverhältnis beeinflußt (Kündigungsschutz); bei weiblichen Personen nach der Kenntnis von einer bestehenden Schwangerschaft (Beschäftigungsverbote, Kündigungsschutz), aber unzulässig, wenn sich auch männliche ArbN bewerben; nach einer Verschuldung des Arbeitnehmers (Belastung der Buchhaltung durch Lohnpfändungen); nach einer Krankheit des Arbeitnehmers nur, soweit es sich um ansteckende Krankheiten oder um gravierende Krankheiten handelt, die es unmöglich machten, die Arbeitsleistung ordnungsgemäß zu erbringen; nach Vorstrafen nur, wenn sie für das Arbeitsverhältnis von Bedeutung sind (z. B. Buchhalter und Diebstahl, Untreue, Betrug; Kraftfahrer und Verkehrsdelikt; nicht Buchhalter und Verkehrsdelikt); nach familiären Verhältnissen nur, soweit sie das Arbeitsverhältnis berühren können.

Soweit ein Fragerecht des Arbeitgebers besteht, muß der Arbeitnehmer eine wahrheitsgemäße Auskunft geben. Gibt er eine unrichtige Auskunft, so kann der Arbeitgeber den Arbeitsvertrag unter Umständen wegen Irrtums oder arglistiger Täuschung **anfechten.** Besteht jedoch kein Fragerecht des Arbeitgebers, so darf der Arbeitnehmer die Frage falsch beantworten, ohne daß der Arbeitnehmer aus der unrichtigen Antwort irgendwelche Folgen befürchten müßte.

2. Vereinbarung des Arbeitsvertrages

Der Arbeitsvertrag kommt aufgrund zweier übereinstimmender Willenserklärungen durch **Antrag** und **Annahme** zustande (§§ 145 ff. BGB). Auf Arbeitgeberseite kann der Arbeitsvertrag grundsätzlich von jeder natürlichen und juristischen Person geschlossen werden.

Auf Arbeitnehmerseite dagegen kommen nur natürliche Personen in Frage. Sowohl Arbeitgeber als auch Arbeitnehmer können sich bei Abschluß des Arbeitsvertrages durch Stellvertreter vertreten lassen (§§ 164 ff. BGB).

Minderjährige, die in ein Arbeitsverhältnis eintreten wollen, bedürfen zum Abschluß des Arbeitsvertrages grundsätzlich der **Einwilligung ihres gesetzlichen Vertreters** (§ 107 BGB). Denn der Abschluß des Arbeitsvertrages bringt ihnen nicht nur rechtliche Vorteile (Anspruch auf Vergütung), sondern auch rechtliche Nachteile (Verpflichtung zur Arbeitsleistung).

Schließt der Minderjährige ohne Einwilligung seines gesetzlichen Vertreters einen Arbeitsvertrag ab, so kann der gesetzliche Vertreter den Abschluß des Vertrages nachträglich genehmigen (§ 108 BGB). Mit der Genehmigung wird der Arbeitsvertrag wirksam. Genehmigt der gesetzliche Vertreter den Arbeitsvertrag jedoch nicht, so ist und bleibt der Arbeitsvertrag unwirksam.

Alsdann besteht nur ein faktisches Arbeitsverhältnis zwischen Arbeitgeber und Minderjährigem.

Eine Einwilligung oder eine Genehmigung des gesetzlichen Vertreters zum Abschluß eines Arbeitsvertrages ist **nicht** erforderlich, wenn der gesetzliche Vertreter den Minderjährigen **generell ermächtigt** hat, in Dienst oder Arbeit zu treten (§ 113 BGB). Diese Ermächtigung kann sich auf Arbeitsverhältnisse bestimmter Art (z. B. kaufmännischer Angestellter) beziehen oder auf Arbeitsverhältnisse jeglicher Art. Soweit die Ermächtigung durch den gesetzlichen Vertreter reicht, ist der Minderjährige zum Abschluß von Arbeitsverträgen ohne Einwilligung des gesetzlichen Vertreters berechtigt. Eine Ermächtigung des Minderjährigen durch den gesetzlichen Vertreter, in ein Berufsausbildungsverhältnis einzutreten, ist jedoch nicht möglich. Denn § 113 BGB läßt eine Ermächtigung zum Eintritt in ein Berufsausbildungsverhältnis nicht zu.

3. Form des Arbeitsvertrages

Für den Abschluß eines Arbeitsvertrages ist grundsätzlich keine bestimmte Form vorgeschrieben. Die mündliche Einigung zwischen Arbeitgeber und Arbeitnehmer über die wichtigsten Arbeitsbedingungen (Eintrittstermin, Art der Arbeitsleistung und die zu zahlende Vergütung) genügt für den wirksamen Abschluß eines Arbeitsvertrages. Vereinbaren die Parteien nur Eintrittstermin und die Art der Arbeitsleistung des Arbeitnehmers, ohne über die zu zahlende Vergütung zu sprechen, so genügt auch dies für den wirksamen Abschluß eines Arbeitsvertrages. In diesem Fall ist der Arbeitgeber zur Zahlung der taxmäßigen, in Ermangelung einer Taxe zur Zahlung der üblichen Vergütung verpflichtet (§ 612 Abs. 2 BGB). Als **übliche Vergütung** ist in der Regel der Tariflohn anzusehen, wenn für die Branche des Arbeitgebers ein Tarifvertrag besteht, in dem Vergütungen für Arbeitsleistungen festgelegt sind, wie sie der Arbeitnehmer zu erbringen hat.

Durch Tarifvertrag und auch aufgrund einer Vereinbarung zwischen Arbeitgeber und Arbeitnehmer kann für den Abschluß allerdings auch Schriftform vorgeschrieben sein. Ein nur mündlich abgeschlossener Vertrag ist in diesem Fall nichtig (§§ 125, 127 BGB). Von der zwischen Arbeitgeber und Arbeitnehmer vereinbarten Schriftform zu unterscheiden ist jedoch die Vereinbarung, den bereits mündlich abgeschlossenen Arbeitsvertrag schriftlich zu fixieren. Die schriftliche Fixierung hat hier nur die Bedeutung einer Bestätigung (z. B. zu Beweiszwecken).

4. Vertragsfreiheit und ihre Grenzen

Grundsätzlich besteht für die Begründung von Arbeitsverhältnissen Vertragsfreiheit. Diese Vertragsfreiheit ist heute jedoch durch zahlreiche Ausnahmen eingeschränkt.

a) Gesetz

Eine erste Einschränkung der Vertragsfreiheit bilden die gesetzlichen Bestimmungen. Dies gilt jedoch nur für zwingendes Gesetzesrecht, d.h. für Vorschriften, die einer vertraglichen Abänderung zu Lasten des Arbeitnehmers entzogen sind. Dispositives Gesetzesrecht dagegen hat auf das Arbeitsverhältnis nur Einfluß, soweit nichts Abweichendes vereinbart wird.

b) Kollektivrechtliche Vereinbarungen

Eine weitere Einschränkung der Vertragsfreiheit ergibt sich aus der Anwendung von Vereinbarungen, die von Organisationen der Arbeitnehmer und Arbeitgeber festgelegt werden. Zu diesen kollektiven Vereinbarungen gehören der Tarifvertrag und die Betriebsvereinbarungen (Einzelheiten über Tarifvertrag und Betriebsvereinbarungen vgl. Teil 3 C und D II 4f).

c) Betriebliche Übung

Die Bedeutung der betrieblichen Übung ist heute noch umstritten. Nach ganz herrschender Meinung ist die betriebliche Übung ein vertragliches Gestaltungsmittel und hat auf das Arbeitsverhältnis insofern Einfluß, als sie als Grundlage für die Vertragsvereinbarung, der Auslegung getroffener Vereinbarungen, als Grundlage der Vertragsergänzung und auch als Richtschnur und Begrenzung der Ausübung des Direktionsrechts dient.

d) Weisungsrecht

Schließlich hat auch das Weisungsrecht (oder Direktionsrecht) Einwirkungen auf das Arbeitsverhältnis. Zwar ist die Pflicht zur Arbeitsleistung durch den Arbeitsvertrag in den Grundzügen festgelegt. Die näheren Einzelheiten jedoch (z.B. Ort, Zeit, Art der Arbeitsleistung, Ordnung des Betriebes) können durch das Weisungsrecht bestimmt werden, wenn darüber keine anderweitigen Bestimmungen getroffen worden sind (s. auch Teil 2 B I 3a).

5. Mängel des Arbeitsvertrages

a) Nichtigkeit

Wie jeder andere privatrechtliche Vertrag kann auch ein Arbeitsvertrag nichtig sein. Ob das der Fall ist, richtet sich nach den allgemeinen Regeln des Zivilrechts. So kann ein Arbeitsvertrag nichtig sein, weil er gegen ein gesetzliches Verbot verstößt (§ 134 BGB), weil er sittenwidrig ist (§ 138 BGB), weil eine Partei des Arbeitsvertrages geschäftsunfähig ist (§ 105 BGB) etc.

Ist eine **einzelne Abrede** des Arbeitsvertrages nichtig, so ist nach der Regel des § 139 BGB der gesamte Arbeitsvertrag nichtig, wenn nicht anzunehmen ist, daß der Arbeitsvertrag auch ohne die nichtige Abrede zustande gekommen wäre. Von der Regel des § 139 BGB gibt es im Arbeitsrecht eine wichtige **Ausnahme.** Ist die Abrede deshalb nichtig, weil sie gegen eine Vorschrift verstößt, die im konkreten Falle den Schutz des Arbeitnehmers bezweckt, so ist **nur** die **Einzelabrede unwirksam,** während der Arbeitsvertrag im übrigen gültig ist. An die Stelle der unwirksamen Abrede tritt die zulässige Mindestregelung oder, wenn eine solche nicht besteht, die nach der Verkehrssitte übliche Regelung.

b) Anfechtbarkeit

Jeder Arbeitsvertrag kann nach den allgemeinen Regeln des Zivilrechts wegen **Irrtums** über den **Inhalt** der Erklärung oder die **Person** des Vertragspartners (§ 119 BGB), wegen **arglistiger Täuschung** oder **Drohung** (§ 123 BGB) angefochten werden.

Will der Arbeitgeber den Arbeitsvertrag wegen Irrtums über eine **verkehrswesentliche Eigenschaft** des Arbeitnehmers anfechten (§ 119 Abs. 2 BGB), so ist zu beachten, daß nur Eigenschaften des Arbeitnehmers, die für das Arbeitsverhältnis von entscheidender Bedeutung sind, als verkehrswesentliche Eigenschaften angesehen werden können.

Beispiele:

Irrtum über völlige Untauglichkeit des Arbeitnehmers für die Stelle, ansteckende Krankheit; **nicht** Schwerbehinderteneigenschaft, Schwangerschaft, Leistungsfähigkeit

Eine Anfechtung des Arbeitsvertrages wegen **arglistiger Täuschung** durch den Arbeitnehmer kommt insbesondere in Betracht, wenn der Arbeitnehmer bei der Einstellung Fragen des Arbeitgebers unrichtig beantwortet hat. Voraussetzung für eine wirksame Anfechtung ist, daß der Arbeitgeber berechtigt war, die strittige Frage an den Arbeitnehmer zu stellen, der Arbeitnehmer die Frage bewußt unrichtig beantwortet hat und der Arbeitgeber aufgrund der falschen Antwort den Arbeitnehmer eingestellt hat. Ein Anfechtungsrecht ist jedoch ausgeschlossen, wenn der Anfechtungsgrund mittlerweile an Bedeutung verloren hat.

Die Anfechtung des Arbeitsvertrages muß innerhalb bestimmter Fristen erklärt werden. Die Anfechtung wegen Irrtums muß unverzüglich – das bedeutet unter Heranziehung des § 626 Abs. 2 BGB eine Frist von höchstens 2 Wochen – erfolgen, nachdem der Berechtigte seinen Irrtum erkannt hat (§ 121 BGB). Die Anfechtung wegen arglistiger Täuschung muß innerhalb eines Jahres erklärt werden, nachdem der Berechtigte die Täuschung entdeckt hat. Die Anfechtung wegen rechtswidriger Drohung hat innerhalb eines Jahres nach Beendigung der Zwangslage zu erfolgen (§ 124 BGB).

c) Rechtswirkungen

Ist der Arbeitsvertrag nichtig, sei es unmittelbar oder aufgrund erfolgter Anfechtung, so kann sich jede Vertragspartei ohne Einhaltung von Fristen von dem Arbeitsverhältnis lossagen. Solange der Arbeitnehmer vor dem Zeitpunkt, in dem sich eine Partei von dem Arbeitsverhältnis losgesagt hat, tatsächlich Arbeit geleistet hat, ist das Arbeitsverhältnis wie ein fehlerfreies Arbeitsverhältnis **(faktisches Arbeitsverhältnis)** abzuwickeln. Das bedeutet insbesondere, daß der Arbeitnehmer seine vereinbarte Vergütung für die Vergangenheit verlangen kann (Ausnahme z.B. bei Geltendmachung von Lohnansprüchen für verbrecherische Tätigkeit).

Literaturhinweise:

zu A: *Schaub,* Arbeitsrechtshandbuch, 6. Aufl. 1987, S. 93–216

Kontrollfragen:

6. Unter welchen Voraussetzungen ist die Befristung eines Arbeitsvertrages zulässig?
7. Welche Pflichten entstehen bereits im Anbahnungsverhältnis vor Abschluß eines Arbeitsvertrages?
8. Muß der Arbeitnehmer Fragen in einem Personalfragebogen, der ihm im Rahmen eines Einstellungsgespräches vorgelegt wird, in jedem Falle beantworten?

9. Kann ein Minderjähriger einen Arbeitsvertrag wirksam abschließen, ohne die konkrete Zustimmung des gesetzlichen Vertreters zu diesem Vertragsabschluß zu haben?
10. Welche Rechtsfolgen können sich aus einem mangelbehafteten Arbeitsvertrag ergeben?

Die Lösungen zu den Kontrollfragen 6–10 finden Sie auf Seite 217–218.

Aufgabe 2:

Der Arbeitnehmer AN bewarb sich aus einer ungekündigten Stellung als Fachhochschullehrer bei einer Werkkunstschule (staatliche Fachhochschule). Nach einem Fachgespräch schlug die Fachhochschule mit einem Schreiben an das zuständige Ministerium vor, AN als Fachhochschullehrer einzustellen. Der Leiter der Werkkunstschule teilte AN mit, über die Einstellung sei seitens des Ministeriums positiv entschieden. AN solle frühestmöglich sein jetziges Arbeitsverhältnis aufkündigen. AN erhielt auch ein Schreiben des Ministeriums, aus dem sich die Absicht ergab, vorbehaltlich der Vorlage aller Einstellungsunterlagen AN als Fachhochschullehrer einzustellen.

Daraufhin kündigte AN sein Arbeitsverhältnis mit seinem derzeitigen Arbeitgeber und teilte den Entschluß der Werkkunstschule mit. AN nahm dann auch mit Kenntnis des Landes seine Tätigkeit als Fachhochschullehrer auf und erhielt seine vertragsgemäße Vergütung. – Zu einer endgültigen Einstellung kam es aber nicht. Nach 3 Monaten teilte das Ministerium nämlich mit, es sehe keine Möglichkeit, AN als Fachhochschullehrer zu beschäftigen.

AN wurde auf erneute Bewerbung hin nach einer Unterbrechung von 6 Monaten Arbeitslosigkeit beim vorherigen Arbeitgeber zu den gleichen Bedingungen wieder eingestellt.

Kann AN aufgrund des Verhaltens des Ministeriums Schadensersatzansprüche geltend machen?

Die Lösung zu Aufgabe 2 finden Sie auf Seite 231.

B. Durchführung des Arbeitsverhältnisses

I. Pflichten des Arbeitnehmers

1. Arbeitspflicht

Der Arbeitnehmer ist verpflichtet, die im Arbeitsvertrag vereinbarte Arbeitsleistung zu erbringen. Im Arbeitsvertrag wird die Arbeitsleistung meist nur sehr allgemein umschrieben (z. B. „Facharbeiter", „Schreibkraft"). Welche Arbeit im einzelnen auszuführen ist, kann der Arbeitgeber im Rahmen der vereinbarten Tätigkeit bestimmen (sog. **Weisungsrecht**); der Arbeitnehmer ist verpflichtet, diese Anordnungen des Arbeitgebers zu befolgen (sog. **Gehorsamspflicht**). In Notfällen (z. B. bei einer Naturkatastrophe) ist der Arbeitnehmer verpflichtet, nach Weisung des Arbeitgebers auch über die vereinbarte Tätigkeit hinausgehende andere Dienste zu leisten, die in körperlicher oder geistiger Hinsicht einigermaßen der eigentlichen Beschäftigung entsprechen.

Der **Ort der Arbeitsleistung** kann durch ausdrückliche oder stillschweigende Vereinbarung der Parteien bestimmt werden. Im allgemeinen ist der vereinbarte Arbeitsort ein bestimmter Betrieb des Arbeitgebers. Wenn kein Arbeitsort vereinbart ist, kann der Arbeitgeber aufgrund seines Weisungsrechts (Teil 2 A II 4 d und B I 3 a) im Rahmen von Treu und Glauben und der Verkehrssitte einen bestimmten Ort – auch außerhalb des Betriebes – als ständigen Arbeitsort bestimmen. Der Arbeitgeber kann im Rahmen seines Weisungsrechts – unter Beachtung der Mitwirkungsrechte des Betriebsrats (s. Teil 3 D II 4) – auch Versetzungen aussprechen, d. h. dem Arbeitnehmer einen anderen als den ursprünglichen Arbeitsort zuweisen. Bei manchen Arbeitsverhältnissen ist sogar ein Wechsel der Arbeitsstätte von der Natur der Sache her unumgänglich.

Beispiel:

Bauarbeiter, die auf einer Baustelle nur bis zu deren Fertigstellung eingesetzt werden können und dann auf einer anderen Baustelle zum Einsatz kommen.

Kein Weisungsrecht des Arbeitgebers zur Bestimmung oder Änderung des Arbeitsortes besteht, wenn die Parteien (ausdrücklich oder stillschweigend) einen bestimmten Arbeitsort vereinbart haben.

Der Arbeitnehmer hat, wenn nichts anderes vereinbart ist, die Arbeit **in Person** zu leisten, d. h., er ist nicht berechtigt, sich bei der Arbeitsleistung durch einen anderen vertreten zu lassen. Beim Tod des Arbeitnehmers erlischt das Arbeitsverhältnis. Beim Tod des Arbeitgebers erlischt das Arbeitsverhältnis hingegen nur dann, wenn die Arbeitsleistung überwiegend für die Person des Arbeitgebers zu erbringen war (z. B. Krankenpfleger, Hauslehrer). In allen anderen Fällen treten die Erben des Arbeitgebers automatisch in das Arbeitsverhältnis ein, so daß der Arbeitnehmer ihnen gegenüber die Arbeitsleistung zu erbringen hat.

Die Dauer und Lage der **Arbeitszeit** wird durch die Vereinbarung der Parteien des Arbeitsvertrages bestimmt; jedoch sind der Vertragsfreiheit der Parteien durch öffentlich-rechtliche Schutzvorschriften (insbesondere in der AZO und GewO) Grenzen gesetzt, die Höchstarbeitszeiten festlegen, die die Parteien nicht überschreiten dürfen (s. Teil 2 B II 4e cc). Über die vereinbarte Arbeitszeit hinaus kann der Arbeitgeber aus betrieblichen Gründen im Rahmen seines Weisungsrechts und im Rahmen der öffentlich-rechtlichen Schutzvorschriften die Leistung von Überstunden anordnen.

Der Arbeitnehmer ist **von der Pflicht zur Arbeitsleistung befreit,** wenn ihm die Arbeitsleistung auf Dauer (z. B. bei Erwerbsunfähigkeit) oder vorübergehend (z. B. bei Erkrankungen) unmöglich geworden ist, ferner wenn er mit dem Arbeitgeber eine Arbeitsaussetzung vereinbart hat, wenn er beurlaubt ist, wenn er angemessene Zeit zu anderweitiger Stellungssuche in Anspruch nimmt, wenn er zu Recht ein Leistungsverweigerungsrecht wegen Unzumutbarkeit der Arbeitsleistung oder ein Zurückbehaltungsrecht wegen nicht gezahlter Vergütung geltend machen kann, wenn sich der Arbeitgeber in Annahmeverzug befindet, wenn spezielle gesetzliche Vorschriften unter bestimmten Voraussetzungen ein Beschäftigungsverbot (z. B. §§ 3, 6 MuSchG) oder einen Anspruch auf Arbeitsfreistellung (z. B. § 38 SGB V) vorsehen. Ob in den Fällen der Befreiung von der Arbeitspflicht ein Anspruch des Arbeitnehmers auf Fortzahlung seiner Vergütung besteht, wird in Teil 2 B II 3 erörtert.

2. Verletzung der Arbeitspflicht

Der Arbeitnehmer kann seine Arbeitspflicht entweder dadurch verletzen, daß er auf Dauer oder vorübergehend überhaupt nicht arbeitet (sog. **Nichtleistung**), oder dadurch, daß er die ihm obliegende Arbeitsleistung nicht ordnungsgemäß erbringt (sog. **Schlechtleistung**).

a) Verurteilung zur Arbeitsleistung

Im Falle der Nichtleistung kann der Arbeitgeber seinen Anspruch auf die Arbeitsleistung des Arbeitnehmers durch Klage vor dem Arbeitsgericht verfolgen. Ein Urteil, das den Arbeitnehmer zur Aufnahme der Dienste bei dem Arbeitgeber verurteilt, kann allerdings nicht vollstreckt werden (§ 888 Abs. 2 ZPO); jedoch kann der Arbeitnehmer zugleich mit der Verurteilung zur Arbeitsleistung auf Antrag des Arbeitgebers für den Fall, daß er die Arbeit nicht binnen einer bestimmten Frist aufnimmt, zur Zahlung einer **Entschädigung** an den Arbeitgeber verurteilt werden (§ 61 Abs. 2 ArbGG).

b) Verlust von Vergütung

Für die Zeit, während der der Arbeitnehmer unberechtigterweise keine Arbeitsleistung erbracht hat, braucht der Arbeitgeber keine Vergütung zu zahlen. Hingegen berechtigten Schlechtleistungen den Arbeitgeber grundsätzlich nicht zur Kürzung der Vergütung.

c) Entlassungsgrund

Da unberechtigte Nichtleistung der Arbeit oder Schlechtleistung eine Pflichtverletzung des Arbeitnehmers darstellt, kann der Arbeitgeber in diesen Fällen unter Umständen – je nach dem Gewicht der Verfehlung und dem Grad des Verschuldens des Arbeitnehmers – das Arbeitsverhältnis ordentlich, in besonders schwerwiegenden Fällen sogar außerordentlich kündigen (s. Teil 2 C II und III).

d) Schadensersatzpflicht

aa) Grundsatz

Der Arbeitgeber kann von dem Arbeitnehmer, der seiner Arbeitspflicht nicht oder nicht ordnungsgemäß nachkommt oder dem er wegen Verletzung der Arbeitspflicht berechtigterweise außerordentlich kündigt, unter Umständen Schadensersatz verlangen. Der Schadensersatzanspruch setzt grundsätzlich voraus, daß der Arbeitnehmer seine Arbeitspflicht schuldhaft verletzt hat und dem Arbeitgeber dadurch ein Schaden entstanden ist. **Schuldhaft** handelt ein Arbeitnehmer, wenn er vorsätzlich, d.h. wissentlich, oder fahrlässig, d.h. unter Außerachtlassung der im Verkehr erforderlichen Sorgfalt, seine Pflichten verletzt.

Grundsätzlich muß der Arbeitgeber im Streitfall zur Begründung seines Schadensersatzanspruchs die Nicht- oder Schlechterfüllung und den ihm entstandenen Schaden **beweisen.** Ist dieser Beweis gelungen, muß sich der Arbeitnehmer, der der Schadensersatzpflicht entgehen will, entlasten, d.h. er muß sein Nichtverschulden an der fehlenden oder fehlerhaften Arbeitsleistung darlegen und notfalls beweisen (vgl. § 282 BGB). Nur bei Schadensersatzansprüchen des Arbeitgebers aus gefahrgeneigter Arbeit braucht sich der Arbeitnehmer nicht zu entlasten; hier muß vielmehr der Arbeitgeber auch das Verschulden des Arbeitnehmers und den Verschuldensgrad beweisen (s. unten bb).

Als Schaden, dessen Ersatz der Arbeitgeber verlangen kann, kommt insbesondere in Betracht:

- **bei Nichtleistung:** der Gewinnausfall, den der Arbeitgeber infolge der fehlenden Arbeitsleistung erleidet; die Differenz zwischen dem Entgelt des vertragsbrüchigen Arbeitnehmers und einem eventuellen höheren Entgelt einer Ersatzkraft; Kosten wegen des Stillstandes von Maschinen; Mehrvergütungen an Arbeitnehmer, die durch Überstunden den Arbeitsausfall des vertragsbrüchigen Arbeitnehmers ausgleichen; Konventionalstrafen, die der Arbeitgeber wegen nicht rechtzeitiger Leistung an Kunden zahlen muß; Kosten für die Anwerbung einer Ersatzkraft, insbesondere Inseratskosten für eine Anzeige, hat der vertragsbrüchige Arbeitnehmer, der das Arbeitsverhältnis vorzeitig beendet, dann zu ersetzen, wenn nicht mit Sicherheit feststeht, daß er bei vertragsgemäßem Verhalten zum nächstmöglichen Termin gekündigt hätte; hingegen entfällt ein Schadenersatzanspruch des Arbeitgebers, wenn feststeht, daß der vertragsbrüchige Arbeitnehmer das Arbeitsverhältnis in jedem Fall zum erstmöglichen Termin gekündigt hätte, oder wenn der Arbeitnehmer eine solche (vertragsgemäße) Kündigung schon ausgesprochen und mit der Verweigerung der Arbeitsleistung verbunden hat (vgl. BAG 14. 11. 1975, in: AP Nr. 5 zu § 276 BGB Vertragsbruch);
- **bei Schlechtleistung:** die Instandsetzungskosten für eine beschädigte Sache, der Zeitwert einer total zerstörten Sache, Vergütungen an Arbeitnehmer für die Beseitigung von Mängeln der von dem Schädiger geleisteten Arbeit.

Der Schadenersatzanspruch des Arbeitgebers mindert sich, wenn ihn an der Enstehung des Schadens ein **Mitverschulden** trifft; die Höhe der Haftung des Arbeitnehmers hängt dann davon ab, inwieweit der Schaden vorwiegend von dem Arbeitnehmer oder dem Arbeitgeber verursacht ist (§ 254 BGB).

bb) Ersatzpflicht bei gefahrgeneigter Arbeit

Übt ein Arbeitnehmer eine sog. gefahrgeneigte Tätigkeit aus, haftet er **nicht** - wie sonst - **für jedes Verschulden** auf Schadensersatz. Von gefahrgeneigter Arbeit spricht man, wenn die von dem Arbeitnehmer zu leistende Arbeit infolge ihrer Eigenart eine besonders hohe Wahrscheinlichkeit mit sich bringt, daß auch einem sonst sorgfältig handelnden Arbeitnehmer gelegentlich einmal ein Versehen unterläuft und dadurch ein Schaden entsteht, oder wenn die von dem Arbeitnehmer zu leistende Arbeit ihn in einer bestimmten Situation zu folgenschweren Entschlüssen zwingt, ohne daß er zu ausreichender Überlegung Gelegenheit hat. Ob eine bestimmte Tätigkeit gefahrgeneigt ist, hängt im Einzelfall von der Situation ab, in der die Arbeit verrichtet werden muß.

Beispiele:

So ist etwa das Lenken eines Lastkraftwagens in der Regel gefahrgeneigte Arbeit; fährt jedoch ein Lastkraftwagenfahrer mit einem unbeladenen Lastkraftwagen an einem klaren Tag auf einer trockenen, breiten, geraden und verkehrsarmen Straße, kann nicht mehr von gefahrgeneigter Arbeit gesprochen werden.

Ist die Tätigkeit eines Arbeitnehmers als gefahrgeneigte Arbeit anzusehen, richtet sich die Haftung für einen von ihm verursachten Schaden nach dem Grad seines Verschuldens. Er haftet voll auf Schadenersatz, wenn er vorsätzlich oder grob fahrlässig gehandelt hat, d.h. wenn er die im Verkehr erforderliche Sorgfalt in besonders schwerem Maße verletzt hat. Schäden, die er mit normaler Schuld (mittlere Fahrlässigkeit) verursacht, sind in aller Regel zwischen ihm und dem Arbeitgeber zu teilen, wobei hinsichtlich des Verteilungsschlüssels die Gesamtumstände von Schadensanlaß und Schadensfolgen nach Billigkeitsgrundsätzen und Zumutbarkeitsgesichtspunkten gegeneinander abzuwägen sind (BAG 24. 11. 1987, in: DB 1988, 1603). Hat ein Arbeitnehmer mit einem Kraftfahrzeug des Arbeitgebers einen Unfall verursacht, kann bei der Interessenabwägung zu Lasten des Arbeitgebers berücksichtigt werden, daß dieser für das Unfallfahrzeug keine Kaskoversicherung abgeschlossen hatte (BAG 24. 11. 1987, in: DB 1988, 1606). Für Schäden, die der Arbeitnehmer mit leichter Schuld (leichte Fahrlässigkeit) verursacht, haftet er nicht.

Im Streitfall muß der Arbeitgeber darlegen und beweisen, daß der Arbeitnehmer eine bestimmte Pflicht verletzt hat, hierbei mindestens mit mittlerer Fahrlässigkeit handelte und welcher Schaden ihm durch die Pflichtverletzung entstanden ist.

Hat ein Arbeitnehmer in Ausübung einer gefahrgeneigten Arbeit einem Arbeitskollegen einen Sachschaden oder einem Dritten einen Sach- oder Personenschaden zugefügt, so haftet er dem Arbeitskollegen bzw. dem Dritten nach den allgemeinen Grundsätzen des Bürgerlichen Gesetzbuches ohne irgendwelche besonderen Haftungsbeschränkungen. Wäre aber im Falle einer Schädigung des Arbeitgebers bei sonst gleichem Geschehensablauf die Haftung des Arbeitnehmers nach den Grundsätzen über die gefahrgeneigte Arbeit ausgeschlossen, kann der Arbeitnehmer vom Arbeitgeber **Freistellung von den Schadensersatzansprüchen** des Arbeitskollegen bzw. des Dritten verlangen.

Fügt ein Arbeitnehmer einem Arbeitskollegen, der in demselben Betrieb beschäftigt ist, durch eine betriebliche Tätigkeit einen **Personenschaden** (z. B. Körperverletzung) zu, der sich für den Geschädigten als Arbeitsunfall darstellt, so haftet der Schädiger nur dann auf Schadensersatz, wenn er den Arbeitsunfall vorsätzlich herbeigeführt hat oder wenn der Arbeitsunfall bei der Teilnahme am allgemeinen Verkehr eingetreten ist (vgl. §§ 636, 637 RVO). Soweit unter Berücksichtigung dieser Haftungsbeschränkung ein Arbeitnehmer einem Arbeitskollgen für einen Personenschaden haftet, den er in Ausübung einer gefahrgeneigten Arbeit verursachte, kann er von dem Arbeitgeber Freistellung von den Schadensersatzansprüchen des Arbeitskollegen verlangen, wenn er im Falle einer Schädigung des Arbeitgebers bei sonst gleichem Geschehensablauf nicht haftete. Auch bei eigenen Sachschäden, die ein Arbeitnehmer im Dienste erleidet, kann er vom Arbeitgeber unter Umständen Kostenerstattung verlangen (s. Teil 2 B II 4b dd).

cc) Mankohaftung

Kompliziert ist die Beweislage bei der sog. Mankohaftung. Als Manko bezeichnet man den Schaden, den ein Arbeitgeber dadurch erleidet, daß ein seinem Arbeitnehmer (z. B. Verkaufsfahrer, Filialleiter) anvertrauter Warenbestand eine Fehlmenge aufweist oder sich bei einer von seinem Arbeitnehmer geführten Kasse ein Fehlbetrag ergibt. Eine Haftung des Arbeitnehmers für den Fehlbestand setzt hier zunächst voraus, daß ein **Waren- oder Kassenfehlbestand** tatsächlich festgestellt wird. Üblicherweise geschieht dies durch einen Vergleich der dem Arbeitnehmer übergebenen

Waren oder Gelder mit den abgerechneten und noch vorhandenen Waren oder Geldern. Bei einem **Warenfehlbestand** muß hierbei der Arbeitgeber im Streitfall beweisen, welche Waren der Arbeitnehmer übernommen und bei späteren Nachlieferungen erhalten hat, bei einem **Kassenfehlbestand** muß der Arbeitgeber beweisen, welche Einnahmen der Kasse zugeflossen sind.

Eine Mankohaftung des Arbeitnehmers setzt ferner voraus, daß der Arbeitgeber im Streitfall beweist, der Arbeitnehmer habe das festgestellte **Manko verursacht.** Hierfür genügt meist der Beweis, daß das Manko im Verantwortungsbereich des Arbeitnehmers entstanden ist. Für eine solche Annahme spricht oft der erste Anschein. Ist etwa in einer Lebensmittelfiliale ein Manko entstanden, so spricht zunächst alles dafür, daß der Filialleiter, der die Verantwortung für die ordnungsgemäße Führung der Filiale trägt, das Manko verursacht hat oder doch zumindest die Entstehung des Mankos hätte verhindern können.

Stehen Waren- oder Kassenfehlbestand und dessen Verursachung durch den Arbeitnehmer fest, ist es Sache des Arbeitnehmers, der der Schadensersatzpflicht entgehen will, sich zu **entlasten,** d. h. sein Nichtverschulden an dem Fehlbestand darzulegen und notfalls zu beweisen. Entlastend ist etwa, wenn der Arbeitnehmer beweist, daß der Fehlbestand auch auf Entwendungen Dritter (Angestellter oder Kunden) zurückzuführen ist, die trotz ordnungsgemäßer Aufsicht nicht zu verhindern waren; unter Umständen ist von einem bestimmten Erfahrungssatz von Kundendiebstählen auszugehen.

Um Beweisschwierigkeiten bei der Geltendmachung eines Mankoschadens zu entgehen, kann der Arbeitgeber mit dem Arbeitnehmer eine sog. **Mankoabrede** vereinbaren, durch die der Arbeitnehmer die Haftung für jedes in seinem Aufgabenbereich nachgewiesene Manko übernimmt, unabhängig davon, ob er das Manko verursacht oder verschuldet hat. Eine solche Mankoabrede ist aber nur wirksam, wenn der Arbeitgeber dem Arbeitnehmer für die Übernahme des Mankorisikos eine angemessene zusätzliche Vergütung (sog. **Mankogeld**) zusagt und der Arbeitnehmer alle Kontrollbefugnisse erhält, die eine Vermeidung von Mankoschäden bewirken können. Hierzu gehört insbesondere ein Mitspracherecht bei der Einstellung von Mitarbeitern (z. B. Verkäufern) in seinem Verantwortungsbereich und bei allen anderen Maßnahmen, durch die die Entstehung von Fehlbeständen beeinflußt werden kann (z. B. die Art der Aufstellung von Waren im Hinblick auf Kundendiebstähle).

dd) Vertragsstrafe

Bei Pflichtverletzungen des Arbeitnehmers ist es für den Arbeitgeber oft schwierig, den ihm entstandenen Schaden nachzuweisen. Will er sich diesen Nachweis ersparen, kann er von vornherein für erhebliche Pflichtverletzungen des Arbeitnehmers eine Vertragsstrafe **vereinbaren,** deren Höhe in einem angemessenen Verhältnis zu der Vergütung des Arbeitnehmers stehen muß.

Die Vertragsstrafe kann zugunsten beider Arbeitsvertragsparteien bei Pflichtverstößen des Vertragspartners vereinbart werden; es ist aber auch zulässig, sie nur zugunsten des Arbeitgebers bei Pflichtverstößen des Arbeitnehmers zu vereinbaren. Die Vertragsstrafe kann auch in einem Formulararbeitsvertrag vereinbart werden (BAG 23. 5. 1984, in: AP Nr. 9 zu § 339 BGB).

Bei welchen Pflichtverstößen die Vertragsstrafe verwirkt sein soll, muß in der Vereinbarung im einzelnen bezeichnet werden, z. B. Nichtbefolgen von Arbeitsanweisungen trotz Abmahnung. Wird eine Vertragsstrafe nur allgemein „für eine schuldhafte Nichterfüllung des Vertrages" vereinbart, so wird sie nur bei Arbeitsvertragsbrüchen des Arbeitnehmers (Nichtleistung) verwirkt. Für Pflichtverstöße von nicht erheblicher Bedeutung (z. B. für jede Verspätung, und sei es nur um 1 Minute) kann keine wirksame Vertragsstrafenabrede getroffen werden. Von einem angemessenen Verhältnis der vereinbarten Vertragsstrafe zu der Vergütung des Arbeitnehmers wird im allgemeinen nicht mehr gesprochen werden können, wenn die vereinbarte Vertragsstrafe für jeden Fall der Zuwiderhandlung die monatliche Bruttovergütung wesentlich übersteigt; besteht kein angemessenes Verhältnis zwischen der Höhe der vereinbarten Vertragsstrafe und der Höhe der Vergütung des Arbeitnehmers, ist die Vertragsstrafenvereinbarung unwirksam.

Eine vereinbarte Vertragsstrafe verwirkt der Arbeitnehmer nur, wenn er die in der Vertragsstrafenvereinbarung angesprochene Pflichtverletzung **vorsätzlich** begeht. Eine verwirkte Vertragsstrafe kann auf Antrag des Arbeitnehmers durch das Arbeitsgericht **herabgesetzt** werden, wenn dies nach den Umständen des Einzelfalles angemessen erscheint (§ 343 BGB).

e) Abmahnungen, Betriebsbuße

Pflichtverletzungen eines Arbeitnehmers kann der Arbeitgeber zum Anlaß einer Abmahnung nehmen. Die **Abmahnung** ist die Geltendmachung des

Gläubigerrechts des Arbeitgebers auf vertragsgemäßes Verhalten des Arbeitnehmers. Eine vergebliche Abmahnung ist vor Ausspruch einer auf Leistungsmängel des Arbeitnehmers gestützten Kündigung notwendig; andernfalls ist die Kündigung nicht i. S. von § 1 KSchG sozial gerechtfertigt (s. Teil 2 C II 3 a bb). Eine solche Abmahnung zur Vorbereitung einer Kündigung erfordert, daß der Arbeitgeber den Arbeitnehmer deutlich und ernsthaft ermahnt und auffordert, ein genau bezeichnetes Fehlverhalten zu ändern bzw. aufzugeben. Die Abmahnung muß zwar nicht die ausdrückliche Androhung der Kündigung enthalten, aber sie muß doch erkennen lassen, daß weitere Pflichtverletzungen den Inhalt oder den Bestand des Arbeitsverhältnisses gefährden. Die Abmahnung bedarf nicht der Mitwirkung des Betriebsrats.

Von der Abmahnung zu unterscheiden ist die Betriebsbuße. Eine **Betriebsbuße** liegt vor, wenn die Erklärung des Arbeitgebers über die Geltendmachung seines Gläubigerrechts auf vertragsgemäßes Verhalten des Arbeitnehmers einschließlich der Androhung von Konsequenzen für den Wiederholungsfall (Kündigung) hinausgeht und Strafcharakter annimmt, wenn also das beanstandete Verhalten geahndet werden soll. Die Formalisierung einer vom Arbeitgeber ausgesprochenen Mißbilligung deutet – insbesondere dann, wenn sie in einer Stufenfolge wie „Verwarnung, Verweis, Geldbuße, Versetzung, Entlassung" erscheint – darauf hin, daß die Maßnahme Sanktionscharakter trägt. Die Verhängung einer Betriebsbuße kommt vor allem in Betracht, wenn die Pflichtverletzung eines Arbeitnehmers zugleich als Verstoß gegen die betriebliche Ordnung zu bewerten ist, z. B. häufige Unpünktlichkeit, unentschuldigte Fehltage, Verletzung eines Rauchverbots.

Eine Betriebsbuße darf nur aufgrund einer **Betriebs-Bußordnung** verhängt werden. Im einzelnen setzt die wirksame Verhängung einer Betriebsbuße voraus, daß

- eine Betriebsbußordnung besteht, die in Betrieben mit Betriebsrat unter Mitwirkung des Betriebsrats zustande gekommen ist (§ 87 Abs. 1 Nr. 1 BetrVG);
- die Betriebs-Bußordnung den Arbeitnehmern in geeigneter Weise bekanntgemacht wurde;
- die Tatbestände, die zur Verhängung einer Betriebsbuße berechtigen, in der Betriebs-Bußordnung hinreichend genau bezeichnet sind;

- zulässige Bußen (Verwarnungen, Verweise, Geldbußen) in der Betriebs-Bußordnung normiert sind;
- in der Betriebs-Bußordnung ein rechtsstaatliches ordnungsgemäßes Verfahren vorgesehen ist und auch tatsächlich eingehalten wird;
- dem betroffenen Arbeitnehmer rechtliches Gehör gewährt und eine Vertretung des Arbeitnehmers durch eine bevollmächtigte Person zugelassen wird;
- der betroffene Arbeitnehmer einen in der Betriebs-Bußordnung bezeichneten Bußtatbestand verwirklicht hat;
- die verhängte Buße in der Betriebs-Bußordnung vorgesehen und angemessen ist;
- in Betrieben mit Betriebsrat der Betriebsrat bei der Verhängung der einzelnen Buße mitgewirkt hat, da es hier um die Durchsetzung der betrieblichen Ordnung im Sinne von § 87 Abs. 1 Nr. 1 BetrVG geht.

3. Nebenpflichten

Außer der Pflicht zur ordnungsgemäßen Arbeitsleistung bestehen für den Arbeitnehmer als Nebenpflichten aus dem Arbeitsverhältnis die Gehorsamspflicht aufgrund des Weisungsrechts des Arbeitgebers sowie die Treuepflicht.

a) Gehorsamspflicht aufgrund des Weisungsrechts des Arbeitgebers

Das Weisungsrecht des Arbeitgebers besagt, daß der Arbeitgeber die vertraglich oder normativ noch nicht festgelegten Leistungspflichten des Arbeitnehmers und sein Verhalten im Betrieb nach Art, Ort und Zeit **nach billigem Ermessen** regeln kann (§ 315 BGB). Bei der Ausübung seines Weisungsrechts muß der Arbeitgeber vertragliche Vereinbarungen mit dem Arbeitnehmer, die einschlägigen Gesetze, Tarifverträge und Betriebsvereinbarungen beachten. Verstößt die Weisung gegen eine dieser Regelungen, so braucht der Arbeitnehmer die Weisung des Arbeitgebers nicht zu befolgen. Ist hingegen die Weisung des Arbeitgebers rechtlich nicht zu beanstanden, so ist der Arbeitnehmer verpflichtet, ihr Folge zu leisten (Gehorsamspflicht). Das Weisungsrecht des Arbeitgebers (und dementsprechend die Gehorsamspflicht des Arbeitnehmers) kann sich auf alle Fragen des Arbeitsverhältnisses beziehen.

Beispiele:
Zuweisung konkreter Arbeiten, Festsetzung der Arbeitszeit und Pausen, Anordnung von Überstunden, Versetzungen, Anweisungen über die Benutzung der Räume und Einrichtungen des Betriebes, über die Behandlung von Maschinen und Werkzeugen, über das Verhalten gegenüber anderen Arbeitnehmern, über Meldepflichten beim Verlassen des Betriebs.

In Betrieben mit Betriebsrat ist allerdings das Weisungsrecht in den Fällen begrenzt, in denen dem Betriebsrat nach den Vorschriften des BetrVG ein Mitwirkungsrecht zusteht; hier kann der Arbeitgeber sein Weisungsrecht nur unter Beachtung der Mitwirkungsrechte des Betriebsrats ausüben.

b) Treuepflicht

Das Arbeitsverhältnis wird vom Grundsatz beiderseitiger Treue beherrscht, auch wenn hierüber im Arbeitsvertrag keine besonderen Vereinbarungen getroffen werden. Die Treuepflicht gebietet dem Arbeitnehmer, bei der Ausführung der ihm übertragenen Arbeiten in jeder Beziehung das Interesse des Arbeitgebers zu wahren (z. B. anvertrautes Eigentum des Arbeitgebers – Maschinen, Werkzeuge – pfleglich zu behandeln) und alles zu unterlassen, was dem Arbeitgeber und seinem Betrieb schaden könnte. Welche Pflichten dem Arbeitnehmer im einzelnen obliegen, hängt weitgehend von den besonderen Umständen des einzelnen Arbeitsverhältnisses ab. Je enger die persönlichen Beziehungen zwischen Arbeitgeber und Arbeitnehmer sind, je mehr das Arbeitsverhältnis auf gegenseitigem Vertrauen beruht, um so umfangreicher sind die dem Arbeitnehmer obliegenden Treuepflichten.

Besonders wichtige Treuepflichten, die für alle Arbeitnehmer gelten, sind:

- **Verschwiegenheitspflicht.** Sie bedeutet die Verpflichtung des Arbeitnehmers, über alle Geschäfts- und Betriebsgeheimnisse des Arbeitgebers Stillschweigen zu bewahren und diese Geheimnisse nicht für eigene Zwecke (etwa für eine nebenberufliche Tätigkeit) zu verwerten.
- **Verbot der Annahme von Schmiergeldern.** Schmiergelder sind Sondervergütungen, die ein Dritter dem Arbeitnehmer gewährt, um ihn zu einem pflichtwidrigen Tun zu veranlassen oder ihn für eine pflichtwidrige Tätigkeit zu belohnen. Ein Arbeitnehmer darf solche Sondervergütungen weder annehmen noch sich versprechen lassen. Empfangene Schmiergelder muß er an den Arbeitgeber herausgeben. Keine Schmiergelder sind die üblichen Trinkgelder oder harmlose Geschenke zum Zeichen der Verbundenheit (z. B. 1 Flasche Wein zum Weihnachtsfest).

- **Verbot von Wettbewerbstätigkeiten.** Solange das Arbeitsverhältnis besteht, darf ein Arbeitnehmer auch ohne besondere Vereinbarung eines Wettbewerbsverbots weder für ein Konkurrenzunternehmen des Arbeitgebers im Geschäftsverkehr tätig werden noch selbst auf eigene Rechnung ein Konkurrenzunternehmen führen. Auch und gerade ein Arbeitnehmer, der ohne wichtigen Grund und ohne Einhaltung der für ihn maßgebenden Kündigungsfrist die Arbeit bei seinem Arbeitgeber einstellt, ist bis hin zum Ablauf der ordentlichen Kündigungsfrist an das Wettbewerbsverbot gebunden, da bis zu diesem Zeitpunkt das Arbeitsverhältnis rechtlich fortbesteht.
- **Verbot von übermäßigen Nebentätigkeiten.** Nebentätigkeiten sind dem Arbeitnehmer grundsätzlich erlaubt. Vertragliche Vereinbarungen, die dem Arbeitnehmer die Ausübung von Nebentätigkeiten generell verbieten, sind im Hinblick auf das Grundrecht der Berufsfreiheit (Art. 12 GG) nichtig. Nebentätigkeiten sind dem Arbeitnehmer aber dann verboten, wenn sie sich als unzulässige Wettbewerbstätigkeit darstellen (s. o.) oder wenn sie so umfangreich oder so anstrengend sind, daß der Arbeitnehmer seine Leistungspflichten aus dem Arbeitsverhältnis nicht mehr ordnungsgemäß erfüllen kann.

c) Verletzung von Nebenpflichten

Die Verletzung einer Nebenpflicht kann den Arbeitgeber – je nach dem Gewicht des Vorfalles – zu einer ordentlichen oder außerordentlichen **Kündigung** berechtigen; jedenfalls wird man dem Arbeitgeber bei wiederholten, nicht unerheblichen Verletzungen von Nebenpflichten und einer erfolglosen Abmahnung des Arbeitnehmers im allgemeinen das Recht zu einer ordentlichen Kündigung zubilligen müssen. Fügt ein Arbeitnehmer durch die schuldhafte Verletzung einer Nebenpflicht dem Arbeitgeber einen Schaden zu, macht er sich gegenüber dem Arbeitgeber grundsätzlich **schadenersatzpflichtig;** zur Schadenersatzpflicht s. auch Teil 2 B I 2d. Ferner kann die Verhängung einer Betriebsbuße in Betracht kommen (s. Teil 2 B I 2e).

4. Wettbewerbsbeschränkung nach Beendigung des Arbeitsverhältnisses

a) Grundsatz

Nach Beendigung des Arbeitsverhältnisses kann ein Arbeitnehmer seinem bisherigen Arbeitgeber grundsätzlich Konkurrenz machen. Nur wenn Arbeitgeber und Arbeitnehmer für die Zeit nach Beendigung des Arbeitsverhältnisses ein sog. nachvertragliches Wettbewerbsverbot für den Arbeitnehmer vereinbaren, kann dem Arbeitnehmer für einen gewissen Zeitraum nach Beendigung des Arbeitsverhältnisses eine Tätigkeit für ein Konkurrenzunternehmen verboten sein, wobei als Konkurrenzunternehmen auch schon solche Unternehmen anzusehen sind, deren Tätigkeitsbereich sich nur zu einem – allerdings nicht unerheblichen – Teil mit dem Tätigkeitsbereich des früheren Arbeitgebers deckt. Die Regelungen der §§ 74–75 HGB über das nachvertragliche Wettbewerbsverbot gelten nach der ständigen Rechtsprechung des BAG über ihren Wortlaut hinaus nicht nur für kaufmännische Angestellte, sondern für Arbeitsverhältnisse jeder Art.

b) Verbindlichkeit eines Wettbewerbsverbots

Ein verbindliches Wettbewerbsverbot, das den Arbeitnehmer zur Einhaltung der getroffenen Vereinbarungen verpflichtet und dem Arbeitgeber einen einklagbaren Anspruch auf Unterlassung von Konkurrenztätigkeiten sichert, setzt im einzelnen voraus:

aa) Der Arbeitnehmer muß bei Abschluß der Wettbewerbsabrede **volljährig** sein.

bb) Die Wettbewerbsabrede muß **schriftlich** vereinbart werden, und der Arbeitgeber muß dem Arbeitnehmer ein vom Arbeitgeber unterzeichnetes Schriftstück aushändigen, das die vereinbarten Bedingungen der Wettbewerbsabrede enthält.

cc) Der Arbeitgeber darf sich die Erfüllung des Wettbewerbsverbots **nicht auf Ehrenwort** oder unter ähnlichen Versicherungen versprechen lassen.

dd) Der Arbeitgeber muß sich verpflichten, dem Arbeitnehmer für die Dauer des Verbots monatlich eine Entschädigung (sog. **Karenzentschädigung**) zu zahlen, die mindestens die Hälfte der letzten vertraglichen Bezüge des Arbeitnehmers erreicht (§ 74 Abs. 2 HGB).

Die vereinbarte Entschädigung muß noch im Zeitpunkt der Beendigung des Arbeitsverhältnisses mindestens der Hälfte der letzten vertraglichen Bezüge entsprechen (Anpassung bei Gehaltserhöhungen).

Die Verbindlichkeit eines Wettbewerbsverbots hängt auch bei sog. hochbesoldeten Angestellten und bei Arbeitnehmern, die für eine Tätigkeit außerhalb Europas eingestellt werden, von der Zusage der gesetzlichen Karenzentschädigung ab. Die gegenteilige gesetzliche Regelung in § 75b HGB ist nach der Rechtsprechung des BAG verfassungswidrig. Lediglich nach Beendigung des Arbeitsverhältnisses können entschädigungslose Wettbewerbsverbote vereinbart werden, weil dann ein Schutzbedürfnis für den Arbeitnehmer entfallen ist.

ee) Das Wettbewerbsverbot muß dem **Schutz eines berechtigten geschäftlichen Interesses des Arbeitgebers** dienen (§ 74a Abs. 1 Satz 1 HGB). Ein solches Interesse ist nur anzuerkennen, wenn der Arbeitnehmer bei dem Arbeitgeber Gelegenheit erhält, Kenntnisse oder Erfahrungen zu erwerben oder geschäftliche Beziehungen herzustellen oder zu festigen, die für die Konkurrenz von Interesse sind (z. B. Produktionsverfahren, Kundenlisten).

Wenn das Wettbewerbsverbot in dem vereinbarten Umfang weiterreicht, als es die berechtigten geschäftlichen Interessen des Arbeitgebers verlangen, ist es aber zum Teil gültig. Nur soweit das berechtigte geschäftliche Interesse des Arbeitgebers an einem Wettbewerbsverbot geht (etwa für einen bestimmten Produktionszweig des Unternehmens), ist das Wettbewerbsverbot entsprechend diesem Interesse für den Arbeitnehmer verbindlich.

ff) Das Wettbewerbsverbot darf unter Berücksichtigung der gewährten Entschädigung nach Ort, Zeit oder Gegenstand **keine unbillige Erschwerung des Fortkommens des Arbeitnehmers** enthalten (§ 74a Abs. 1 Satz 2 HGB). Eine solch unbillige Erschwerung ist im allgemeinen anzunehmen, wenn das Wettbewerbsverbot praktisch zu einer völligen Beschneidung der beruflichen Möglichkeiten des Arbeitnehmers führt. Allerdings ist es grundsätzlich nicht zu beanstanden, wenn eine Firma, deren Tätigkeitsbereich sich über das gesamte Bundesgebiet erstreckt, auch Wettbewerbsverbote mit ihren Arbeitnehmern für das Gebiet der Bundesrepublik Deutschland vereinbart. Das Wettbewerbsverbot darf keinesfalls einen längeren Zeitraum als zwei Jahre nach Beendigung des Arbeitsverhältnisses umfassen (§ 74a Abs. 1 Satz 3 HGB). Enthält das Wettbewerbsverbot eine unbillige Fortkommenserschwerung für den Arbeitnehmer, ist es nur insoweit für den Arbeitnehmer verbindlich, als es ihn nicht unbillig behindert. Erstreckt sich das Wettbewerbsverbot für den Arbeitnehmer etwa auf einen Zeitraum von drei Jahren nach Beendigung des Arbeitsverhältnisses, ist es in dem zulässigen Zeitraum von zwei Jahren nach Beendigung des Arbeitsverhältnisses für den Arbeitnehmer verbindlich. Oder ein Wettbewerbsverbot ist eine unbillige Fortkommenserschwerung, weil es sich auch auf das Ausland erstreckt. In diesem Fall kann es verbindlich sein, soweit es sich auf die Bundesrepublik Deutschland bezieht.

gg) Bei dem Wettbewerbsverbot darf es sich nicht um ein sog. **bedingtes Wettbewerbsverbot** handeln. Davon spricht man, wenn das Inkrafttreten eines Wettbewerbsverbots nach Beendigung des Arbeitsverhältnisses davon abhängig gemacht wird, daß der Arbeitgeber es in Anspruch nimmt, oder wenn der Arbeitgeber sich vorbehält, auf ein vereinbartes Wettbewerbsverbot zu verzichten. Solche bedingten Wettbewerbsverbote sind nach der Rechtsprechung des BAG für den Arbeitnehmer unverbindlich, weil sie einer entschädigungslos vereinbarten Konkurrenzklausel gleichkommen.

c) Unverbindlichkeit und Unwirksamkeit eines Wettbewerbsverbots

Von einem unverbindlichen Wettbewerbsverbot spricht man, wenn der Arbeitnehmer zwar nicht an das Wettbewerbsverbot gebunden ist, ihm also eine Konkurrenztätigkeit nicht untersagt werden kann, er sich aber (freiwillig) an die Wettbewerbsvereinbarung halten und dann vom Arbeitgeber die vereinbarte Karenzentschädigung verlangen kann. Der Arbeitnehmer muß von seinem Wahlrecht (Konkurrenztätigkeit oder Karenzentschädigung) alsbald nach Beendigung des Arbeitsverhältnisses Gebrauch machen und dies dem Arbeitgeber mitteilen. Schweigt er sich gegenüber dem Arbeitgeber aus, kann er – trotz Einhaltung des Wettbewerbsverbots – keine Karenzentschädigung verlangen.

Eine Wettbewerbsvereinbarung ist unverbindlich, wenn die zugesagte Karenzentschädigung (bei Beginn oder bei Beendigung des Arbeitsverhältnisses) nicht die Hälfte der letzten vertraglichen Bezüge des Arbeitnehmers erreicht oder wenn es sich um ein bedingtes Wettbewerbsverbot handelt; ferner ist eine Wettbewerbsvereinbarung unverbindlich, soweit sie nicht dem Schutz eines berechtigten geschäftlichen Interesses des Arbeitgebers dient oder soweit sie eine unbillige Erschwerung des Fortkommens des Arbeitnehmers enthält. Handelt es sich jedoch um ein tarifliches Wettbewerbsverbot und sind die tariflichen Bedingungen so gestaltet, daß es sich nach den für eine einzelvertragliche Wettbewerbsabrede geltenden Grundsätzen um ein unverbindliches Wettbewerbsverbot handeln würde, dann sind die tariflichen Bedingungen mit Rücksicht auf die Tarifautonomie der Tarifpartner gleichwohl verbindlich.

Fehlt eine sonstige Voraussetzung für ein verbindliches Wettbewerbsverbot, das heißt: ist der Arbeitnehmer bei Abschluß der Wettbewerbsabrede nicht volljährig oder ist die Schriftform der Wettbewerbsabrede nicht gewahrt oder wurde eine Urkunde über die Wettbewerbsabrede an den Arbeitnehmer nicht ausgehändigt oder hat sich der Arbeitgeber die Erfüllung des Wettbewerbsverbots auf Ehrenwort oder unter ähnlichen Versicherungen versprechen lassen, sind sowohl ein einzelvertragliches als auch ein tarifliches Wettbewerbsverbot insgesamt unwirksam und nichtig. Ferner sind Wettbewerbsvereinbarungen zwischen den Parteien eines Berufsausbildungsverhältnisses stets nichtig (§ 5 BBiG).

d) Außerkrafttreten eines Wettbewerbsverbots

Ein Wettbewerbsverbot kann außer Kraft treten durch **Vereinbarung** der Parteien. Ferner tritt es außer Kraft, wenn **der Arbeitnehmer** das Arbeitsverhältnis wegen vertragswidrigen Verhaltens des Arbeitgebers **außerordentlich kündigt** und vor Ablauf eines Monats nach der Kündigung gegenüber dem Arbeitgeber schriftlich erklärt, er fühle sich an die Wettbewerbsabrede nicht gebunden (§ 75 Abs. 1 HGB). Entsprechendes gilt nach der Rechtsprechung des BAG für den Arbeitgeber, wenn dieser das Arbeitsverhältnis wegen vertragswidrigen Verhaltens des Arbeitnehmers außerordentlich kündigt; die Vorschrift des § 75 Abs. 3 HGB, die für diesen Fall den Wegfall der Karenzentschädigung bei weiterbestehendem Wettbewerbsverbot vorsah, hat das BAG für verfassungswidrig erklärt.

Kündigt der Arbeitgeber das Arbeitsverhältnis ohne erheblichen Anlaß in der Person des Arbeitnehmers und bietet er in diesem Fall dem Arbeitnehmer nicht für die Dauer des Wettbewerbsverbots die Fortzahlung der vollen bisherigen Bezüge als Karenzentschädigung an, wird das Wettbewerbsverbot ebenfalls unwirksam, wenn der Arbeitnehmer vor Ablauf eines Monats nach der Kündigung gegenüber dem Arbeitgeber schriftlich erklärt, er fühle sich an die Wettbewerbsabrede nicht gebunden (§ 75

Abs. 2 HGB). Sagt sich der Arbeitnehmer in den angeführten Fällen nicht fristgerecht von dem Wettbewerbsverbot los, besteht es in dem vereinbarten Umfang weiter fort.

Der Arbeitgeber seinerseits kann jederzeit vor Beendigung des Arbeitsverhältnisses auf das Wettbewerbsverbot gegenüber dem Arbeitnehmer **verzichten.** Der Verzicht muß schriftlich erklärt werden. In diesem Fall ist der Arbeitnehmer nach Beendigung des Arbeitsverhältnisses nicht mehr an das Wettbewerbsverbot gebunden. Der Arbeitgeber wird jedoch erst mit Ablauf eines Jahres nach Abgabe seiner Verzichtserklärung von der Verpflichtung zur Zahlung einer Karenzentschädigung frei (§ 75a HGB). Nach Beendigung des Arbeitsverhältnisses kann der Arbeitgeber nicht mehr durch einseitigen Verzicht auf das Wettbewerbsverbot seine Verpflichtung zur Zahlung von Karenzentschädigung einschränken.

e) Sanktionen bei Wettbewerbsverstößen

Ist ein Wettbewerbsverbot wirksam und verbindlich und bleibt es auch noch nach Beendigung des Arbeitsverhältnisses in Kraft, kann der Arbeitgeber bei Gefahr von Wettbewerbsverstößen seinem Arbeitnehmer **durch gerichtliche Entscheidung** die Ausübung von Konkurrenztätigkeiten **untersagen** lassen.

Kommt es zu Wettbewerbsverstößen des Arbeitnehmers, kann der Arbeitgeber nach einer erfolglosen Abmahnung **von der Wettbewerbsvereinbarung zurücktreten;** das heißt: der Arbeitgeber wird für alle Zukunft von der Zahlung einer Karenzentschädigung befreit, andererseits darf der Arbeitnehmer dem Arbeitgeber ab sofort ungestraft Konkurrenz machen.

Der Arbeitgeber kann aber auch, wenn er den Arbeitnehmer an dem Wettbewerbsverbot festhalten will, für die Monate, in denen der Arbeitnehmer das Wettbewerbsverbot verletzt hat, die Zahlung einer **Karenzentschädigung verweigern oder** aber **Schadensersatzansprüche geltend machen.** Hierbei steht es dem Arbeitgeber frei, für bestimmte Monate keine Karenzentschädigung zu zahlen, für andere Monate hingegen Schadensersatz zu verlangen. Der Schaden des Arbeitgebers besteht in dem Gewinn, den er durch die unerlaubte Konkurrenztätigkeit des früheren Arbeitnehmers verloren hat.

Verlangt der Arbeitgeber Schadensersatz, ist der Arbeitnehmer zur **Auskunft über seine Wettbewerbsverstöße** verpflichtet. Der Auskunftsanspruch des Arbeitgebers setzt nicht voraus, daß ein Wettbewerbsverstoß des Arbeitnehmers absolut gewiß ist, sondern der Auskunftsanspruch besteht schon dann, wenn der Arbeitgeber Tatsachen vortragen und im Streitfall beweisen kann, aus denen sich mit hoher Wahrscheinlichkeit ein Wettbewerbsverstoß des Arbeitnehmers ergibt.

Trotz des Auskunftsanspruchs des Arbeitgebers ist für ihn der Beweis für einen entstandenen Schaden oft nicht leicht zu führen. Deshalb kann es zweckmäßig sein, wenn Arbeitgeber und Arbeitnehmer in der Wettbewerbsabrede vereinbaren, daß der Arbeitnehmer bei Verletzung des Wettbewerbsverbots eine **Vertragsstrafe** zu zahlen habe. Eine solche Vereinbarung ist grundsätzlich wirksam (vgl. Teil 2 B I 2 d dd). Für die Zeit, für die der Arbeitgeber die Zahlung von Vertragsstrafe begehrt, kann er von dem Arbeitnehmer nicht die Einhaltung des Wettbewerbsverbots verlangen (§ 75 c HGB, § 340 BGB).

f) Wirksamkeit von Mandantenschutzklauseln

Zwischen freiberuflich Tätigen (z. B. Steuerberatern, Rechtsanwälten) und ihren Angestellten wird häufig eine sog. Mandantenschutzklausel vereinbart, durch die den Angestellten untersagt wird, für einen bestimmten Zeitraum nach dem Ausscheiden aus dem Betrieb des Arbeitgebers Mandanten des Arbeitgebers selbständig oder für einen anderen Unternehmer zu betreuen. Auf solche Mandantenschutzklauseln sind nach neuerer Rechtsprechung des BAG die Vorschriften des HGB über Wettbewerbsverbote entsprechend anzuwenden. Das bedeutet insbesondere, daß Mandantenschutzklauseln unverbindlich sind, wenn der Arbeitgeber keine Karenzentschädigung in der gesetzlichen Mindesthöhe (§ 74 Abs. 2 HGB) zusagt.

Literaturhinweise:

zu B I 1: *Schaub,* Arbeitsrechtshandbuch, 6. Aufl. 1987, S. 217–231.
zu B I 2 a–d: *Schaub* aaO, S. 245–272, 319–323; *Gamillscheg/Hanau,* Die Haftung des Arbeitnehmers, 2. Aufl. 1974.
zu B I 2 e: *Schaub* aaO, S. 323–328; *Herschel,* Betriebsbußen, ihre Voraussetzungen und Grenzen, 1967.
zu B I 3 a: *Schaub* aaO, S. 283–286.
zu B I 3 b–c: *Schaub* aaO, S. 273–283, 287–294.
zu B I 4: *Schaub* aaO, S. 294–318.

Kontrollfragen:

11. Wodurch wird Art und Ort der Arbeitsleistung des Arbeitnehmers bestimmt?
12. Welche Konsequenzen drohen dem Arbeitnehmer, der die ihm obliegende Arbeitsleistung auf Dauer oder vorübergehend überhaupt nicht erbringt?
13. Welche Konsequenzen drohen dem Arbeitnehmer, der die ihm obliegende Arbeitsleistung nicht ordnungsgemäß erbringt?
14. Was ist eine gefahrgeneigte Arbeit?
15. Unter welchen Voraussetzungen haftet ein Arbeitnehmer auf Schadensersatz, wenn er dem Arbeitgeber in Ausübung einer gefahrgeneigten Arbeit einen Schaden zufügt?
16. Was versteht man unter einer Mankoabrede?
17. Unter welchen Voraussetzungen ist eine Mankoabrede wirksam?
18. Was ist eine Vertragsstrafe?
19. Was ist eine Betriebsbuße?
20. Was bedeutet das Weisungsrecht des Arbeitgebers?
21. Was bedeutet die Treuepflicht des Arbeitnehmers?
22. Darf ein Arbeitnehmer seinem früheren Arbeitgeber nach Beendigung des Arbeitsverhältnisses Konkurrenz machen?
23. Nach welchen Regeln richtet sich ein nachvertragliches Wettbewerbsverbot?
24. Was ist ein bedingtes Wettbewerbsverbot?
25. Sind bedingte Wettbewerbsverbote wirksam?
26. Welche Konsequenzen drohen dem Arbeitnehmer, der gegen ein verbindliches nachvertragliches Wettbewerbsverbot verstößt?

Die Lösungen zu den Kontrollfragen 11–26 finden Sie auf den Seiten 218–220.

Aufgabe 3:

Arbeitnehmer AN bewarb sich 1988 beim Arbeitgeber AG um die Stelle eines Fahrers für Möbelwagen und gab hierbei an, bei seinem letzten Arbeitgeber als Lastkraftwagenfahrer beschäftigt gewesen zu sein. In Wahrheit hatte AN fast 10 Jahre keinen Lastkraftwagen mehr gefahren. AG lud AN zu einer innerörtlichen Probefahrt mit einem Möbelwagen ein; hierbei fuhr AN beim Abbiegen auf einer verkehrsfreien Kreuzung gegen eine seitliche Straßenbegrenzung. An dem Möbelwagen entstand ein Schaden von DM 773,90. Kann AG von AN den Ersatz dieses Schadens verlangen?

Aufgabe 4:

Der Arbeitgeber AG betreibt die Herstellung und den Verkauf von landwirtschaftlichen Geräten sowie ein Transportunternehmen. Der Arbeitnehmer AN verkaufte als Angestellter im Außendienst die von AG hergestellten landwirtschaftlichen Geräte. Die monatliche Vergütung des AN betrug bei der Einstellung DM 1.600,–. In dem Anstellungsvertrag vereinbarten AG und AN für die Dauer von 3 Jahren nach Beendigung des Arbeitsverhältnisses ein Wettbewerbsverbot, durch das dem AN jede Tätigkeit in einem Konkurrenzunternehmen des AG untersagt wurde. Hierfür sagte AG dem AN eine monatliche Karenzentschädigung von DM 800,– zu. Das Arbeitsverhältnis endete aufgrund einer Kündigung des AN. Bei Beendigung des Arbeitsverhältnisses betrug die monatliche Bruttovergütung des AN DM 2.000,–. AN tritt nach Beendigung des Arbeitsverhältnisses als kaufmännischer Angestellter in ein Transportunternehmen ein, das mit AG konkurriert. Kann AG von AN verlangen, daß er seine Tätigkeit bei dem konkurrierenden Transportunternehmen aufgibt; wenn nein: aus welchen Gründen nicht?

Die Lösungen zu den Aufgaben 3–4 finden Sie auf den Seiten 231–232.

II. Pflichten des Arbeitgebers

1. Vergütung für erbrachte Arbeitsleistung

a) Vergütungsvereinbarung

Gemäß § 611 BGB ist der Arbeitgeber verpflichtet, dem Arbeitnehmer die vereinbarte Vergütung zu zahlen. Fehlt eine Vergütungsvereinbarung, so gilt die Vergütung als stillschweigend vereinbart, wenn die Dienstleistung den Umständen nach nur gegen eine Vergütung zu erwarten ist (§ 612 Abs. 1 BGB). Maßgebend ist die objektive Sachlage, nicht, ob Arbeitnehmer oder Arbeitgeber subjektiv von der Vergütungspflicht ausgehen. Ein Vergütungsanspruch ist auch gegeben, wenn der Arbeitnehmer in der Erwartung tätig wird, daß seine Arbeitsleistung z. B. durch künftige Übergabe eines Vermögens abgegolten werden soll (z. B. Sohn eines Bauern soll später Hof erhalten), die Übergabe des Vermögens aber aus irgendwelchen Gründen unterbleibt.

b) Höhe der Vergütung

Zwar können die Arbeitsvertragsparteien grundsätzlich die Höhe der Vergütung vereinbaren. Diese Vertragsfreiheit unterliegt jedoch ganz erheblichen Einschränkungen.

Findet auf das Arbeitsverhältnis ein **Tarifvertrag** Anwendung, in dem Arbeitsentgelte festgesetzt sind, dürfen Arbeitgeber und Arbeitnehmer keine Vergütung vereinbaren, die unter den Sätzen des Tarifvertrages liegt. Die Vereinbarung einer höheren Vergütung ist dagegen zulässig.

Soweit in der Branche des Arbeitgebers nicht üblicherweise die Arbeitsentgelte durch Tarifvertrag geregelt werden, kann die Vergütung der Arbeitnehmer in einer **Betriebsvereinbarung** festgesetzt werden (§ 77 Abs. 3 BetrVG). Auch die in dieser Betriebsvereinbarung enthaltenen Vergütungen sind Mindestsätze, die durch Einzelvereinbarung nicht unterschritten werden dürfen. Das gleiche gilt für **gesetzliche Regelungen** (z. B. Gesetz über die Festsetzung von Mindestarbeitsbedingungen), in denen Mindestvergütungen festgesetzt sind. Auch sie dürfen durch Einzelvereinbarung nicht unterschritten werden.

c) Art der Vergütung

Hinsichtlich der Art der Vergütung sind Geldlohn und Naturallohn zu unterscheiden. Dabei ist **Geldlohn** jede in Geld ausgedrückte Leistung des Arbeitgebers. **Naturallohn** ist jede andere Art der Vergütung (z. B. Gewährung von Kost und Logis, Deputate).

d) Formen der Vergütung

aa) Zeitvergütung und Akkordvergütung

Zeitvergütung ist die Vergütung, die nach der von dem Arbeitnehmer geleisteten Arbeitszeit bemessen wird, z. B. Stundenlohn, Monatsgehalt.

Akkordvergütung ist die Vergütung, die nach dem von dem Arbeitnehmer erbrachten Arbeitsergebnis bemessen wird. Man unterscheidet den sog. Geldakkord und den sog. Zeitakkord. Beim **Geldakkord** wird für ein bestimmtes Arbeitsstück (z. B. Verputzen von 1 qm Wand) ein bestimmter Preis (Geldfaktor) festgesetzt. Die Vergütung des Arbeitnehmers wird dann so ermittelt, daß die Zahl der fertiggestellten Arbeitsstücke mit dem Geldfaktor multipliziert wird. Beim **Zeitakkord** wird für ein bestimmtes Arbeitsstück (z. B. Verputzen von 1 qm Wand) im voraus eine bestimmte

Arbeitszeit festgesetzt, die in der Regel einer Normalleistung entsprechen soll (sog. Vorgabezeit). Bei der Berechnung seiner Vergütung wird dem Arbeitnehmer die Arbeitszeit gutgeschrieben, die für die von ihm angefertigten Arbeitsstücke festgesetzt ist. Auf die tatsächlich geleistete Arbeitszeit des Arbeitnehmers kommt es nicht an. Die für den einzelnen Arbeitnehmer nach seinem Arbeitsergebnis ermittelte fiktive Arbeitszeit wird mit dem Geldfaktor, einem von vornherein festgelegten Stundenlohnsatz, multipliziert. Das Ergebnis ist die Akkordvergütung des Arbeitsnehmers.

Findet ein Tarifvertrag oder eine Betriebsvereinbarung Anwendung, in denen Akkordvergütung vorgeschrieben ist, muß der Arbeitgeber Akkordvergütung zahlen. Umgekehrt kann in diesem Fall der Arbeitnehmer die Übernahme von Akkordarbeit nicht ablehnen und die Beschäftigung im Stunden- oder Monatslohn verlangen.

Besteht keine kollektivrechtliche Regelung, können die Parteien frei vereinbaren, ob der Arbeitnehmer im Akkord- oder im Zeitlohn beschäftigt werden soll. Nach Einigung kann der Arbeitgeber diese Entlohnungsart einseitig ohne Zustimmung des Arbeitnehmers nicht ändern, es sei denn, die Voraussetzungen einer Änderungskündigung sind gegeben.

bb) Prämienvergütung

Prämien sind wie der Akkord eine besondere Form der Leistungsvergütung. Prämien können, je nachdem, was die Parteien vereinbaren, für alle möglichen Arbeitsergebnisse gezahlt werden. So können Prämien für bestimmte Arbeitsmengen (Mengenprämie), für die Arbeitsqualität (Güteprämie), für die Arbeitssorgfalt (Sorgfaltsprämie) usw. gewährt werden. Prämien werden meistens zusätzlich zu einem Grundlohn gezahlt. Möglich ist aber auch, daß die gesamte Arbeitsvergütung nach einem Prämienlohnsystem bemessen wird.

cc) Vergütungszuschläge

Zuschläge sollen besondere Leistungen des Arbeitnehmers vergüten oder seine sozialen Verhältnisse bei der Bemessung der Vergütung berücksichtigen.

(1) Widerrufliche Zulagen

Häufig kommt es vor, daß Arbeitgeber ihren Arbeitnehmern die tarifliche Vergütung zahlen und darüber hinaus eine außertarifliche, jederzeit frei widerrufliche Zulage gewähren. Diese Zulage ist jedoch nicht in jedem Fall frei widerruflich. Wird die Zulage gewährt, weil der Arbeitnehmer besonders gute Leistungen erbringt oder weil er bei der Arbeit besonderen Erschwernissen ausgesetzt ist (Schmutz, Witterung), so handelt es sich bei der Zulage um eine Leistungszulage bzw. Erschwerniszulage. Diese Zulagen darf der Arbeitgeber nur widerrufen oder kürzen, wenn er sich den Widerruf vorbehalten hat und für den Widerruf oder die Kürzung ein sachlicher Grund vorhanden ist (schlechtere Leistungen). Ist die unter Widerrufsvorbehalt gewährte außertarifliche Zulage keine Leistungszulage, weil sie nicht wegen der individuellen Arbeitsleistung des Arbeitnehmers gewährt wird, kann sie jederzeit ohne Einhaltung irgendwelcher Fristen mit Wirkung für die Zukunft widerrufen werden (Sonderzulage). Die Ausübung des Widerrufs ist jedoch auch hier nur bei Vorliegen eines sachlichen Grundes zulässig.

Eine andere Frage ist, inwieweit bei einer Tariflohnerhöhung der übertarifliche Bestandteil anrechenbar ist. In diesem Fall gilt die ausdrückliche Parteivereinbarung. Fehlt es an einer konkreten Regelung, ist zwischen Leistungs- und sonstiger übertariflicher Zulage zu unterscheiden. Handelt es sich um eine Leistungs- bzw. Erschwerniszulage, ist im Zweifel eine Aufsaugung des übertariflichen Bestandteils unzulässig, so daß die Zulage aufzustocken ist. Dagegen ist bei einer sonstigen übertariflichen Zulage im Zweifel eine Anrechnung erlaubt. Dies gilt auch für den Fall, daß der Arbeitgeber mehrere Jahre vom Recht der Anrechnung keinen Gebrauch gemacht hat.

(2) Überstundenzuschläge

Überstunden sind die Arbeitsstunden, die über die vertragliche Arbeitszeit hinausgehen. Der Arbeitgeber ist grundsätzlich verpflichtet, Überstunden eines Arbeitnehmers zu vergüten. Außer der normalen Überstundenvergütung kann der Arbeitnehmer für jede Überstunde noch einen besonderen Überstundenzuschlag verlangen, wenn dies zwischen den Parteien vereinbart wurde oder betriebsüblich ist oder wenn dies in einer Betriebsvereinbarung oder in einem auf das Arbeitsverhältnis anwendbaren Tarifvertrag vorgesehen ist. Ohne eine derartige Rechtsgrundlage steht dem Arbeitnehmer aufgrund Gesetzes ein Zuschlag von 25 v. H. zum Stundenlohn für jede Überstunde zu, die zugleich Mehrarbeit i. S. der Arbeitszeitordnung ist (§ 15 AZO). Das heißt praktisch, daß einem Arbeitnehmer für die Arbeitsstunden, die er wöchentlich über 48 Stunden hinaus leistet, dieser Zuschlag zu zahlen ist.

Den Parteien steht allerdings auch frei, bei Abschluß des Arbeitsvertrages ausdrücklich eine Pauschalvergütung für die gesamte Tätigkeit des Arbeitnehmers einschl. der Überstunden oder neben der Grundvergütung eine Pauschalvergütung für Überstunden zu vereinbaren. Sind die Parteien allerdings tarifgebunden, ist die Vereinbarung einer Pauschalvergütung nur wirksam, wenn der Arbeitnehmer dadurch nicht schlechter gestellt ist als bei Anwendung der tariflichen Regelung.

Eine Besonderheit gilt bei Überstunden von **leitenden Angestellten.** Sie haben Anspruch auf Überstundenvergütung und -zuschläge nur,

- wenn die Parteien eine Überstundenvergütung ausdrücklich vereinbart haben,
- wenn nach der Vereinbarung der Parteien oder einer tariflichen Regelung die vertraglichen Bezüge lediglich eine bestimmte zeitliche Normalleistung abgelten sollen,
- wenn dem Angestellten zusätzliche Arbeiten außerhalb seines eigentlichen Aufgabenkreises übertragen werden.

(3) Mehrarbeitszuschläge

Mehrarbeit ist die Arbeit, die über die gesetzlich zulässige, regelmäßige werktägliche Arbeitszeit hinausgeht. Die regelmäßige werktägliche Arbeitszeit darf grundsätzlich 8 Stunden nicht übersteigen. Wenn jedoch an einzelnen Werktagen regelmäßig weniger als 8 Stunden gearbeitet wird (z. B. samstags), darf die an diesen Tagen ausfallende Arbeitszeit auf die übrigen Werktage derselben oder vorausgehenden oder folgenden Woche verteilt werden. Ferner ist ein solcher Ausgleich zulässig, wenn die Art des Betriebes eine ungleichmäßige Verteilung der Arbeitszeit erfordert (z. B. Gaststättengewerbe). Schließlich darf Arbeitszeit, die vor oder nach Feiertagen oder wegen Betriebsfeiern oder ähnlichen Anlässen an Werktagen ausfällt, innerhalb eines Zeitraums von 5 Wochen auf andere Werktage verteilt werden (§§ 3, 4 AZO).

Mehrarbeit, die die eben angeführten zulässigen Arbeitszeiten übersteigt, ist gemäß § 15 AZO grundsätzlich mit einem besonderen **Mehrarbeitszuschlag** zu vergüten. **Kein** Mehrarbeitszuschlag ist zu zahlen,

- wenn die Parteien für den Arbeitnehmer eine überdurchschnittliche Vergütung vereinbaren und hierbei bestimmen, daß mit der Vergütung anfallende Mehrarbeitszuschläge abgegolten sind,
- wenn die Mehrarbeit nur eine Nachholung schuldhaft versäumter Arbeit ist,
- wenn es sich um Vor- und Abschlußarbeiten i. S. von § 5 AZO handelt,
- wenn in einem Mehrschichtbetrieb männliche Arbeitnehmer innerhalb von 3 Wochen einmal zu einer Schicht von höchstens 16 Stunden herangezogen werden, sofern ihnen dafür in diesen 3 Wochen zweimal eine ununterbrochene Ruhezeit von 24 Stunden gewährt wird (§ 10 AZO),
- wenn die Mehrarbeit lediglich infolge von Notfällen, Naturereignissen, Unglücksfällen oder anderen unvermeidlichen Störungen erforderlich ist (§ 15 Satz 2 AZO),
- wenn schließlich bei tariflichen oder behördlichen Arbeitszeitverlängerungen in die Arbeitszeit regelmäßig und in erheblichem Umfang Arbeitsbereitschaft fällt (§ 15 Satz 3 AZO).

Der Mehrarbeitszuschlag ist ein zusätzliches Entgelt neben der Vergütung, die für die Mehrarbeitsstunden aufgrund des Arbeitsvertrages zu zahlen ist. Die Höhe des Zuschlages kann durch die Parteien vereinbart werden. Wird nichts vereinbart, so ist ein Zuschlag von 25 v. H. auf die vertragsmäßige Vergütung für die Mehrarbeitsstunde zu zahlen (§ 15 AZO).

Werden einem Arbeitnehmer Mehrarbeiten i. S. der Arbeitszeitordnung bereits als Überstunden mit Überstundenzuschlag vergütet, hat der Arbeitnehmer keinen weiteren Anspruch auf einen Mehrarbeitszuschlag.

(4) Zuschläge für ungünstige Arbeitszeit

Zahlreiche Tarifverträge und Betriebsvereinbarungen sehen vor, daß Arbeitnehmer bei Nachtarbeiten und bei Sonn- und Feiertagsarbeiten außer der üblichen Vergütung einen besonderen Zuschlag erhalten. Einen Anspruch darauf haben aber nur die Arbeitnehmer, auf deren Arbeitsverhältnis ein solcher Tarifvertrag oder eine solche Betriebsvereinbarung anwendbar ist oder die mit dem Arbeitgeber eine ausdrückliche Vereinbarung über die Zahlung eines Zuschlages getroffen haben.

(5) Sonstige Zulagen

Sonstige Zulagen, z. B. Gefahren- und Schmutzzulagen, sind nur zu vergüten, wenn der Arbeitgeber dies mit dem Arbeitnehmer vereinbart hat oder derartige Zulagen in einem Tarifvertrag oder in einer Betriebsvereinbarung vorgesehen sind.

e) Auszahlung der Vergütung

aa) Zeit und Ort der Vergütung

Zeit und Ort der Vergütungszahlung werden in erster Linie durch Vereinbarung bestimmt (Einzelvereinbarung, Kollektivvereinbarung). Fehlt jede Vereinbarung, ist der Lohn hinsichtlich des Zeitpunkts der Zahlung nach der Arbeitsleistung bzw. nach den Zeitabschnitten zu zahlen (§ 614 BGB).

Hinsichtlich des Zahlungsorts ist dieser mangels einer Vereinbarung aus den Umständen zu entnehmen (§ 269 BGB). Danach hat die Zahlung meist dort zu erfolgen, wo der Betrieb liegt (Holschuld). Seit geraumer Zeit ist überwiegend die bargeldlose Lohnzahlung üblich. Bei der generellen Einführung hat der Betriebsrat ein Mitbestimmungsrecht. Zur Tragung der bei den Arbeitnehmern anfallenden Kontoführungsgebühren ist der Arbeitgeber nicht verpflichtet. Eine Kostentragungspflicht des Arbeitgebers kann sich allerdings aus einer entsprechenden einzelvertraglichen Abmachung bzw. einer mit dem Betriebsrat geschlossenen Betriebsvereinbarung ergeben.

bb) Lohnabzüge

Der Arbeitnehmer erhält in der Regel nur die um zulässige Abzüge gekürzte Arbeitsvergütung. Die Abzüge können öffentlich-rechtlicher Art (Lohnsteuer, Kirchensteuer, Sozialversicherung) sein. Der Arbeitgeber hat dabei seine von ihm zu leistenden Beiträge (Arbeitgeberanteil) zusammen mit denen des Arbeitnehmers an die zuständige Einzugsstelle abzuführen. Hinsichtlich der Krankenversicherungsbeiträge können Ausnahmen bestehen.

Auch auf privatrechtlicher Grundlage können Lohnabzüge (z. B. Aufrechnung, Zurückbehaltungsrecht, Verfügungsverbote, Lohnverwirkung) in Betracht kommen.

cc) Sicherung der Arbeitsvergütung

Die Zulässigkeit von Lohnabzügen auf privatrechtlicher Grundlage kann nicht bedeuten, daß der Arbeitnehmer über Maßen oder u. U. sogar auf seine gesamte Vergütung verzichten muß. Da die Arbeitsvergütung die wirtschaftliche Existenzgrundlage des Arbeitnehmers bildet, muß sie ihm wenigstens zu einem Teil auch wirklich zufließen. Zur Sicherung dieses Existenzminimums sind eine ganze Reihe gesetzlicher Vorschriften erlassen worden.

(1) Lohnpfändung

Das Arbeitseinkommen eines Arbeitnehmers, zu dem auch Karenzentschädigungen, private Ruhegelder und ähnliche Bezüge gehören, ist nur in bestimmtem Umfang pfändbar. So sind zum einen gem. § 850a ZPO bestimmte Arten von Arbeitseinkommen **von vornherein unpfändbar.** Zum anderen besteht Unpfändbarkeit, solange das Vollstreckungsgericht die Pfändung bestimmter Bezüge nicht zugelassen hat (§ 850b ZPO).

Das Vollstreckungsgericht **kann die Pfändung** der in § 850b ZPO genannten Bezüge nach den Vorschriften der §§ 850c bis 850f ZPO **zulassen,** wenn die Vollstreckung in das sonstige bewegliche Vermögen des Schuldners nicht zu einer vollständigen Befriedigung des Gläubigers geführt hat oder voraussichtlich nicht führen wird und wenn nach den Umständen des Falles die Pfändung der Billigkeit entspricht (§ 850b Abs. 2 ZPO). Sämtliche übrigen hier nicht aufgeführten Bezüge des Arbeitnehmers aus dem Arbeitsverhältnis sind nach den Vorschriften der §§ 850c bis 850f ZPO pfändbar.

Wenn ein Schuldner einem Dritten in einem ständigen Verhältnis Arbeitsleistungen erbringt, die nach Art und Umfang **üblicherweise vergütet** werden, und er hierfür **keine** oder nur unverhältnismäßig geringe **Vergütung erhält,** so kann der Empfänger der Arbeitsleistung sich gegenüber einem Gläubiger, der den Vergütungsanspruch des Schuldners pfändet, nicht darauf berufen, daß der Schuldner keine oder nur geringe Vergütung erhält. Vielmehr ist für die Arbeitsleistung des Schuldners eine **angemessene Vergütung** zu ermitteln. Den nach den Vorschriften der §§ 850c bis 850f ZPO pfändbaren Teil der angemessenen Vergütung kann der Gläubiger pfänden und sich zur Einziehung überweisen lassen (vgl. § 850h Abs. 2 ZPO). Diesen pfändbaren Teil der angemessenen Vergütung muß der Empfänger der Arbeitsleistung an den Gläubiger auszahlen.

Hinsichtlich der **Berechnung** der unpfändbaren Teile des Arbeitseinkommens wird auf die Vorschriften der §§ 850c bis 850f ZPO verwiesen.

Wird das Arbeitseinkommen wegen **Unterhaltsansprüchen,** die Verwandten, Ehegatten oder früheren Ehegatten des Arbeitnehmers kraft Gesetzes zustehen, gepfändet, gelten die Pfändungsbeschränkungen des § 850c ZPO und ein Teil der Pfändungsbeschränkungen des § 850a ZPO nicht. Dem Arbeitnehmer ist jedoch so viel zu belassen, als er für seinen notwendigen Unterhalt und zur Erfüllung seiner laufenden gesetzlichen Unterhaltspflichten gegenüber den dem Gläubiger vorgehenden Berechtigten oder zur gleichmäßigen Befriedigung der dem Gläubiger gleichstehenden Berechtigten bedarf (§ 850d ZPO). Der Betrag, der dem Arbeitgeber zu belassen ist, wird durch das Vollstreckungsgericht festgesetzt.

Auf Antrag eines Gläubigers kann das Vollstreckungsgericht unter bestimmten Voraussetzungen den **pfändbaren Teil** des Arbeitseinkommens über die Grenzen des § 850c ZPO hinaus **erhöhen** (§ 850f Abs. 2 und 3 ZPO). Umgekehrt kann das Vollstreckungsgericht auf Antrag des Arbeitnehmers unter bestimmten Voraussetzungen den nach §§ 850c, 850d ZPO pfändbaren Teil des Arbeitseinkommens **ermäßigen** (§ 850f Abs. 1 ZPO).

Wird das Arbeitseinkommen **mehrfach** gepfändet und der pfändbare Teil des Arbeitseinkommens dem jeweiligen Gläubiger zur Einziehung überwiesen, geht eine frühere Pfändung einer späteren Pfändung vor (vgl. § 804 Abs. 3 ZPO).

(2) Rechtsgeschäftliche Verfügung über den Lohnanspruch

Soweit der Lohnanspruch der Pfändung nicht unterliegt, kann der Arbeitnehmer ihn auch nicht abtreten (§ 400 BGB) und nicht verpfänden (§ 1274 Abs. 2 BGB).

(3) Aufrechnung

Soweit das Pfändungsverbot reicht, ist auch eine Aufrechnung gegen den Lohnanspruch unzulässig (§ 394 BGB). Eine Ausnahme gilt dann, wenn der Arbeitnehmer durch vorsätzliche unerlaubte Handlung den Arbeitgeber geschädigt hat.

(4) Zurückbehaltungsrecht

Die Zurückbehaltung des Lohnes mit Rücksicht auf eine Geldforderung des Arbeitgebers ist im gleichen Umfang ausgeschlossen wie die Aufrechnung. Im Unterschied zur Aufrechnung ist die Ausübung des Zurückbehaltungsrechts auch wegen ungleichartiger Forderungen möglich.

2. Sondervergütungen

a) Provision

Die Provision ist eine besondere Form der Leistungsvergütung. Sie besteht in einer Beteiligung des Arbeitnehmers am Wert des von ihm für den Arbeitgeber vermittelten oder abgeschlossenen Geschäfts. Sie wird nach dem Prozentsatz des Umsatzes bemessen, den der Arbeitgeber aus dem vom Arbeitnehmer vermittelten oder abgeschlossenen Geschäft erzielt. Provision kann als einzige Vergütung oder neben einer Grundvergütung gezahlt werden.
Gesetzlich geregelt sind Provisionsansprüche für Handelsvertreter (§§ 87 ff. HGB). Ein Teil dieser Vorschriften gilt auch für Handlungsgehilfen, wenn ihnen aufgrund einer Vereinbarung mit dem Arbeitgeber Provision für vermittelte oder abgeschlossene Geschäfte zusteht (§ 65 HGB).

b) Tantieme

Tantieme ist die unmittelbare Beteiligung des Arbeitnehmers am Reingewinn, Rohgewinn oder Umsatz des Unternehmens. Sie ist eine zusätzliche Vergütung, auf die der Arbeitnehmer nur Anspruch hat, wenn er mit dem Arbeitgeber eine entsprechende Vereinbarung trifft. Der Anspruch auf Tantieme wird mit der ordnungsgemäßen Bilanzierung fällig. Auf Verlangen des Arbeitnehmers ist der Arbeitgeber verpflichtet, dem Arbeitnehmer alle erforderlichen Auskünfte zu geben, damit dieser prüfen kann, ob und in welcher Höhe ihm Tantieme zusteht.

c) Spesen

Spesen sind Auslagen, die einem Arbeitnehmer bei der Durchführung seiner Arbeit entstehen (z. B. Reise- und Übernachtungskosten). Bei häufig auftretenden Spesen vereinbart der Arbeitgeber mit dem Arbeitnehmer meistens, daß dem Arbeitnehmer die Spesen gegen Vorlage von Belegen erstattet werden oder daß sie wegen ihrer Spesen neben der Arbeitsvergütung einen monatlichen Pauschalbetrag erhalten.

Haben Arbeitnehmer und Arbeitgeber wegen der Erstattung von Spesen keine Vereinbarung getroffen, kann der Arbeitnehmer dennoch die Erstattung der Spesen verlangen, wenn er sie den Umständen nach für erforderlich halten durfte.

d) Sonderzuwendungen

aa) Arten der Sonderzuwendungen

Sonderzuwendungen des Arbeitgebers sind im weitesten Sinne Entgelt, das aus einem besonderen Anlaß (z. B. Weihnachten) gewährt wird, der mit der Arbeitsleistung des Arbeitnehmers unmittelbar nichts zu tun hat. Der Arbeitgeber kann seinen Arbeitnehmern aus jedem beliebigen Anlaß eine Sonderzuwendung machen. Die in der Praxis häufig vorkommenden Sonderzuwendungen sind Weihnachtsgratifikationen, Urlaubsgratifikationen (Urlaubsgeld), Jahresabschlußvergütungen, Treueprämien, Jubiläumsgelder, Übernahme von Ausbildungskosten oder Umzugskosten, Beihilfen im Krankheitsfall.

bb) Anspruch auf Sonderzuwendungen

Zur Gewährung von Sonderzuwendungen ist der Arbeitgeber nur verpflichtet, wenn dies in einem auf das Arbeitsverhältnis anzuwendenden Tarifvertrag, in einer Betriebsvereinbarung oder in einer Einzelvereinbarung vorgesehen ist. Eine Einzelvereinbarung kann auch aufgrund einer betrieblichen Übung zustande kommen. Eine Besonderheit besteht bei **jährlich wiederkehrenden** Sonderzuwendungen, wie Weihnachtsgratifikationen und Urlaubsgratifikationen. Wenn der Arbeitgeber diese Sonderzuwendungen in 3 aufeinanderfolgenden Jahren einem Arbeitnehmer **vorbehaltlos** gewährt hat, erwirbt der Arbeitnehmer aufgrund der betrieblichen Übung für alle Zukunft bis zur Beendigung des Arbeitsverhältnisses einen Rechtsanspruch auf die Gewährung dieser Sonderzuwendung.

cc) Freiwillige Leistungen von Sonderzuwendungen

Bei der Gewährung von freiwilligen Sonderzuwendungen hat der Arbeitgeber den **Gleichbehandlungsgrundsatz** zu beachten. Entschließt er sich zur Zahlung an eine größere Anzahl von Arbeitnehmern, darf er die übrigen

Arbeitnehmer nur aus sachlichen Gründen von der Sonderzuwendung teilweise oder ganz ausschließen. Ein **sachlicher Grund,** der zum Ausschluß von Sonderzuwendungen berechtigt, ist z. B. gegeben, wenn sich der Arbeitnehmer aus von ihm zu vertretenden Gründen in gekündigter Stellung befindet, wenn er erst wenige Monate dem Betrieb angehört, wenn er sich im laufenden Kalenderjahr eine schwere Pflichtverletzung hat zuschulden kommen lassen. **Unsachliche Gründe,** die den Arbeitgeber nicht zum Ausschluß von Sonderzuwendungen berechtigen, sind etwa das Geschlecht, die Herkunft oder die Gewerkschaftszugehörigkeit eines Arbeitnehmers.

Hat der Arbeitgeber einzelne Arbeitnehmer zu Unrecht von der Sonderzuwendung ausgeschlossen, so steht diesen die Sonderzuwendung in demselben Umfang zu wie den Arbeitnehmern in vergleichbarer Lage.

dd) Rückzahlungsklausel bei vorzeitigem Ausscheiden

(1) Allgemeines

Gewährt der Arbeitgeber eine freiwillige Sonderzuwendung, kann sich der Arbeitgeber bei der Gewährung die **Rückforderung der Zuwendung vorbehalten,** wenn der Arbeitnehmer vor einem bestimmten Zeitpunkt aus dem Betrieb ausscheidet. Die Parteien können auch eine Rückzahlungsklausel vereinbaren.

Sowohl der Rückzahlungsvorbehalt als auch die Vereinbarung von Rückzahlungsklauseln sind nach dem Grundsatz der Vertragsfreiheit an sich statthaft. Sie dürfen den Arbeitnehmer jedoch **nicht in unangemessener Weise** an den Betrieb des Arbeitgebers binden. Nur wenn Rückzahlungsklauseln einem sachlich begründeten Interesse des Arbeitgebers entsprechen und dem Arbeitnehmer zuzumuten sind, sind sie wirksam. **Unangemessen** ist die Rückzahlungsklausel, wenn sie die Rückzahlungspflicht des Arbeitnehmers allein von seinem Ausscheiden aus dem Betrieb vor einem bestimmten Zeitpunkt abhängig macht. **Angemessen** ist im allgemeinen eine Rückzahlungspflicht nur, wenn der Arbeitnehmer aus Gründen ausscheidet, die er zu vertreten hat.

Beispiele:

Arbeitnehmer kündigt, ohne daß der Arbeitgeber einen wichtigen Grund zur Kündigung gegeben hat; Arbeitgeber kündigt fristlos oder fristgemäß, weil das Verhalten des Arbeitnehmers ihm hierzu berechtigten Anlaß gegeben hat; **nicht** aber, wenn der Arbeitgeber aus betriebsbedingten Gründen kündigt. In Tarifverträgen kann nach der Rspr. das BAG allerdings eine solche Klausel wirksam vereinbart werden.

Die Rückzahlungsklausel darf den Arbeitnehmer weiterhin nicht **unangemessen lange** an den Betrieb binden. Wie lange der Arbeitnehmer an den Betrieb gebunden werden darf, hängt von der Art der Zuwendung ab.

(2) Weihnachtsgratifikation und ähnliche Gratifikationen

Bei Weihnachtsgratifikationen sind nach ständiger Rechtsprechung des BAG Rückzahlungsklauseln, die auf einem zulässigen Vorbehalt des Arbeitgebers oder einer einzelvertraglichen Vereinbarung beruhen, nur in folgendem Rahmen zulässig:

- Bei Gratifikationen, die bis zu DM 200,– betragen, sind wegen der Geringfügigkeit des Betrages Rückzahlungsklauseln jeder Art **unzulässig.**
- Bei Gratifikationen, die mehr als DM 200,–, aber weniger als eine Monatsvergütung betragen, darf der Arbeitgeber den Arbeitnehmer bis zum 31. März des folgenden Jahres an den Betrieb binden, d.h., die Rückzahlungsklausel ist zulässig, wenn vereinbart wird, daß der Arbeitnehmer bei einem Ausscheiden aus dem Betrieb **vor dem 31. März** die Gratifikation zurückzuzahlen hat. Rückzahlungsklauseln, die die Rückzahlung der Gratifikation auch bei einem Ausscheiden des Arbeitnehmers am 31. März oder später vorsehen, sind unzulässig.
- Bei Gratifikationen, die mindestens die Höhe einer Monatsvergütung erreichen, darf der Arbeitgeber den Arbeitnehmer bis zum ersten zulässigen Kündigungstermin nach dem 31. März an den Betrieb binden, d.h., die Rückzahlungsklausel ist zulässig, wenn vereinbart wird, daß der Arbeitnehmer bei einem Ausscheiden aus dem Betrieb **vor dem ersten zulässigen Kündigungstermin nach dem 31. März** die Gratifikation zurückzuzahlen hat.
- Bei Gratifikationen in Höhe von 2 oder mehr Monatsvergütungen ist eine Bindung des Arbeitnehmers an den Betrieb **bis 31. Dezember** des folgenden Jahres zulässig, wenn sichergestellt ist, daß der Arbeitnehmer bei einem Ausscheiden am 30. Juni oder später mindestens 1 Monatsvergütung behalten darf, d.h., die Rückzahlungsklausel ist zulässig, wenn vereinbart wird, daß der Arbeitnehmer bei einem Ausscheiden **vor dem 30. Juni** die gesamte Gratifikation zurückzuzahlen hat und bei einem Ausscheiden nach dem 29. Juni, aber **vor dem 31. Dezember** den Teil der Gratifikation zurückzuzahlen hat, der 1 Monatsvergütung über-

steigt. Weitergehende Rückzahlungsklauseln, die den Arbeitnehmer mehr belasten als hier ausgeführt, sind unzulässig.

Bei anderen Gratifikationen als Weihnachtsgratifikationen, z. B. bei Urlaubsgratifikationen, Ergebnisbeteiligungen, Treueprämien, gelten die für die Weihnachtsgratifikation dargestellten Grundsätze entsprechend. Die Daten verschieben sich allerdings entsprechend, wenn die Gratifikation nicht im Dezember (Weihnachtsgratifikation), sondern in einem anderen Monat ausgezahlt wird.

Bei Rückzahlungsklauseln in einem **Tarifvertrag** (z. B. BAT) gelten die angeführten Grundsätze nicht. Nach Auffassung des BAG werden die Interessen der Arbeitnehmer bei Abschluß des Tarifvertrages durch die zuständige Gewerkschaft hinreichend gewahrt. Ein weiterer Schutz durch die Gerichte sei daher nicht erforderlich. Hingegen müssen bei Rückzahlungsklauseln in einer **Betriebsvereinbarung** die Grundsätze beachtet werden, die das BAG für Einzelvereinbarungen aufgestellt hat.

(3) Ausbildungskosten

Grundsätzlich ist die Vereinbarung einer Rückzahlungsklausel zulässig. Wie lange der Arbeitnehmer durch die Rückzahlungsklausel an den Betrieb des Arbeitgebers gebunden werden darf, hängt davon ab, in welchem Maß die Ausbildung einerseits im Interesse des Arbeitgebers liegt und andererseits für den Arbeitnehmer von bleibendem beruflichen Vorteil ist. In der Regel ist eine **Bindung bis zu 3 Jahren** zulässig und dies auch nur in der Form, daß mit zunehmender Dauer lediglich eine prozentuale Rückzahlung zu erfolgen hat.

Die Rückzahlungsklausel ist **unzulässig,** wenn sie ausschließlich im Interesse des Arbeitgebers liegt oder wenn der Arbeitgeber zu der Ausbildung aufgrund einer gesetzlichen oder tariflichen Bestimmung oder aufgrund einer einzelvertraglichen Vereinbarung verpflichtet ist oder wenn die Teilnahme an der Ausbildung zu den Arbeitspflichten des Arbeitnehmers gehört.

(4) Umzugskosten

Auch bei der Übernahme von Umzugskosten durch den Arbeitgeber ist die Vereinbarung einer Rückzahlungsklausel mit einer **Bindung bis zu höchstens 3 Jahren** (bei prozentualer Abstufung) zulässig. Unzulässig sind einzelvertraglich vereinbarte Rückzahlungsklauseln, wenn der Arbeitnehmer einen tariflichen oder durch Betriebsvereinbarung festgelegten Anspruch auf Übernahme der Umzugskosten durch den Arbeitgeber hat und dort keine Rückzahlungsklausel vorgesehen ist.

(5) Arbeitgeberdarlehen

Gewährt der Arbeitgeber einem Arbeitnehmer ein Darlehen, so ist mit der Darlehnsgewährung oft die Vereinbarung verbunden, daß der Arbeitnehmer das Darlehen in Raten zurückzahlt, bei Beendigung des Arbeitsverhältnisses aber der Restbetrag sofort fällig werden soll. Diese Rückzahlungsklausel ist insoweit **wirksam,** als der gesamte Darlehnsrest bei der Beendigung des Arbeitsverhältnisses dann zu sofortiger Rückzahlung fällig wird, wenn der Arbeitnehmer die Beendigung des Arbeitsverhältnisses zu vertreten hat.

Führt der Arbeitgeber eine generelle Regelung der Gewährung von Arbeitgeberdarlehen ein, hat der Betriebsrat gemäß § 87 Abs. 1 Nr. 8 BetrVG ein Mitbestimmungsrecht.

e) Vermögensbildung

Die vermögenswirksamen Leistungen sind im Fünften Gesetz zur Förderung der Vermögensbildung für Arbeitnehmer (5. VermBG v. 19. 2. 1987) geregelt. Vermögenswirksame Leistungen sind Zuwendungen, die der Arbeitgeber für bestimmte, im 5. VermBG bezeichnete Zwecke gewährt und die nach Maßgabe der Vorschriften dieses Gesetzes durch Sparzulagen an den Arbeitnehmer und Steuerermäßigungen für den Arbeitgeber gefördert werden (§ 2 VermBG).

Eine gesetzliche Verpflichtung des Arbeitgebers, neben dem Arbeitsentgelt vermögenswirksame Leistungen an seine Arbeitnehmer zu erbringen, gibt es nicht. Die Verpflichtung kann jedoch durch Verträge mit den Arbeitnehmern, durch Betriebsvereinbarungen oder durch Tarifverträge begründet werden (§ 10 VermBG). Auf Verlangen des Arbeitnehmers ist der Arbeitgeber verpflichtet, Teile der Arbeitsvergütung des Arbeitnehmers als vermögenswirksame Leistungen zu gewähren (vgl. § 11 VermBG).

f) Erfindungen und Verbesserungsvorschläge

aa) Erfindungen

Man unterscheidet Diensterfindungen und freie Erfindungen. Beide Erfindungen sind im **Arbeitnehmererfindungsgesetz** geregelt.

Diensterfindungen sind patent- oder gebrauchsmusterfähige Erfindungen, die ein Arbeitnehmer während der Dauer des Arbeitsverhältnisses macht und die aus seiner Tätigkeit im Betrieb entstanden sind oder doch maßgeblich auf Erfahrungen oder Arbeiten des Betriebes beruhen. Eine Diensterfindung hat der Arbeitnehmer dem Arbeitgeber unverzüglich schriftlich zu melden. Der Arbeitgeber kann alsdann innerhalb von 4 Monaten durch schriftliche Erklärung gegenüber dem Arbeitnehmer die Erfindung unbeschränkt oder beschränkt **in Anspruch nehmen.** Die unbeschränkte Inanspruchnahme bedeutet, daß alle Rechte an der Erfindung auf den Arbeitgeber übergehen. Eine unbeschränkt in Anspruch genommene Diensterfindung muß der Arbeitgeber zur Erteilung eines Schutzrechts (Patent, Gebrauchsmuster) beim Deutschen Patentamt anmelden. Mit der beschränkten Inanspruchnahme erwirbt der Arbeitgeber nur ein nicht ausschließliches Benutzungsrecht an der Diensterfindung. Sowohl bei unbeschränkter als auch bei beschränkter Inanspruchnahme einer Diensterfindung muß der Arbeitgeber an den Arbeitnehmer eine **angemessene Vergütung** zahlen.

Kommt eine Einigung zwischen Arbeitgeber und Arbeitnehmer über die Höhe der Vergütung nicht zustande, hat der Arbeitgeber durch schriftlich begründeten Bescheid die Vergütung von sich aus festzusetzen. Widerspricht der Arbeitnehmer innerhalb von 2 Monaten dieser Festsetzung, kann jede der Parteien die beim Deutschen Patentamt in München errichtete Schiedsstelle anrufen. Andernfalls wird die Festsetzung der Vergütung durch den Arbeitgeber bindend.

Freie Erfindungen sind patent- oder gebrauchsmusterfähige Erfindungen, die nicht unter den Begriff der Diensterfindung fallen. Freie Erfindungen hat der Arbeitnehmer dem Arbeitgeber unverzüglich schriftlich zu melden. Er muß hierbei soviel Einzelheiten über die Erfindung mitteilen, daß der Arbeitgeber beurteilen kann, ob eine Diensterfindung oder eine freie Erfindung vorliegt. Bevor der Arbeitnehmer eine freie Erfindung verwertet, muß er dem Arbeitgeber zumindest ein nicht ausschließliches Nutzungsrecht zu angemessenen Bedingungen anbieten. Im übrigen ist er bei der Verwertung einer freien Erfindung frei.

bb) Technische Verbesserungsvorschläge

Technische Verbesserungsvorschläge sind Vorschläge für nicht patent- oder gebrauchsmusterfähige technische Neuerungen. Soweit es sich hierbei um hochwertige Verbesserungsvorschläge handelt, die dem Arbeitgeber eine ähnliche Vorzugsstellung gewähren wie ein gewerbliches Schutzrecht und die der Arbeitgeber auch verwertet, hat der Arbeitnehmer gegen den Arbeitgeber Anspruch auf **angemessene Vergütung** nach den Vorschriften des Arbeitnehmererfindungsgesetzes.

Im übrigen ist es Sache der Tarifpartner und von Arbeitgeber und Betriebsrat, in Tarifverträgen und Betriebsvereinbarungen Regelungen darüber zu treffen, wie Verbesserungsvorschläge aus den Reihen der Arbeitnehmer zu behandeln sind und unter welchen Voraussetzungen ein Arbeitnehmer für einen Verbesserungsvorschlag eine Vergütung erhalten soll.

g) Werkwohnungen

Zu unterscheiden sind die Werkmietwohnung und die Werkdienstwohnung. **Werkmietwohnungen** sind Wohnungen, die mit Rücksicht auf das Bestehen des Arbeitsverhältnisses vom Arbeitgeber oder von einem Dritten, den der Arbeitgeber beauftragt hat, an den Arbeitnehmer vermietet werden (§ 565b BGB). Es bestehen hier zwei rechtlich getrennte Vorgänge, nämlich Arbeitsvertrag und Mietvertrag. Das Nutzungsrecht des Arbeitnehmers endet bei Beendigung des Arbeitsverhältnisses nicht automatisch. Es kann nur durch Vereinbarung zwischen Vermieter und Mieter oder durch Kündigung nach den allgemeinen mietrechtlichen Vorschriften beendet werden (§ 565c BGB). **Werkdienstwohnungen** sind Wohnungen, die der Arbeitgeber dem Arbeitnehmer im Rahmen des Arbeitsverhältnisses überläßt, ohne daß über die Wohnung ein besonderer Mietvertrag abgeschlossen wird. Die Überlassung der Wohnung an den Arbeitnehmer ist meistens ein Teil seiner Arbeitsvergütung. Es kann aber auch ein besonderes Entgelt vereinbart werden. Das Nutzungsrecht des Arbeitnehmers an seiner Werkdienstwohnung endet grundsätzlich automatisch mit der Beendigung des Arbeitsverhältnisses. Einer Kündigung bedarf es nicht. Hat jedoch der Arbeitnehmer die Wohnung ganz oder überwiegend mit Einrichtungsgegenständen ausgestattet oder führt er in dem Wohnraum mit seiner Familie einen eigenen Hausstand, gelten die Vorschriften über die Werkmietwohnung entsprechend (§ 565e BGB).

3. Arbeitsvergütung ohne Arbeitsleistung

Im Arbeitsrecht besteht auch heute noch der Grundsatz, daß Vergütung nur gefordert werden kann, wenn auch die Arbeit geleistet wird. Von diesem Grundsatz gibt es jedoch zahlreiche Ausnahmen.

a) Annahmeverzug des Arbeitgebers

Der Arbeitgeber gerät in Annahmeverzug, wenn er die ihm am rechten Ort, zur rechten Zeit und in der rechten Weise angebotene und dem Arbeitnehmer mögliche Arbeitsleistung nicht annimmt. In diesem Fall wird der Arbeitnehmer zum einen von der Arbeitspflicht für die Dauer des Annahmeverzugs frei. Zum anderen ist der Arbeitgeber verpflichtet, die vereinbarte Vergütung zu zahlen (§ 615 BGB).

Zu einem ordnungsgemäßen Angebot der Dienste durch den Arbeitnehmer gehört grundsätzlich, daß der Arbeitnehmer seine Dienste durch **Erscheinen am Arbeitsplatz** anbietet (vgl. § 294 BGB). Hat der Arbeitgeber es jedoch abgelehnt, die Dienste des Arbeitnehmers anzunehmen, so genügt es für ein ordnungsgemäßes Angebot, wenn der Arbeitnehmer durch **schriftliche** oder **mündliche Erklärung** gegenüber dem Arbeitgeber seine Arbeitsleistung anbietet (vgl. § 295 BGB). Nach Ausspruch einer Kündigung durch den Arbeitgeber (darin ist die Ablehnung der Arbeitsleistung zu sehen) ist die Erklärung des Arbeitnehmers, daß er seine Arbeitskraft anbietet, entbehrlich, da der Arbeitgeber dem Arbeitnehmer keinen funktionsfähigen Arbeitsplatz zur Verfügung stellt (§ 296 BGB).

Der Annahmeverzug wird dadurch beendet, daß der Arbeitgeber den Arbeitnehmer auffordert, die Arbeit wieder aufzunehmen. Im übrigen endet der Annahmeverzug mit Beendigung des Arbeitsverhältnisses.

Auf die Vergütung, die der Arbeitnehmer infolge des Annahmeverzuges erhält, muß sich der Arbeitnehmer jedoch die Beträge **anrechnen** lassen, die er infolge des Unterbleibens der Arbeitsleistung **erspart** oder durch **anderweitige Verwendung seiner Arbeitskraft** erwirbt oder **böswillig** zu erwerben **unterläßt** (§ 615 Satz 2 BGB). Böswilliges Verhalten ist anzunehmen, wenn der Arbeitnehmer weiß, daß für ihn eine anderweitige und zumutbare Arbeitsmöglichkeit besteht und er die Arbeitsaufnahme vorsätzlich unterläßt.

b) Unmöglichkeit der Arbeitsleistung

Kann die Arbeitsleistung nicht vollzogen werden, so spricht man von Unmöglichkeit der Arbeitsleistung (§ 275 BGB). Der Arbeitnehmer wird von der Verpflichtung zur Arbeitsleistung frei.

Hat der Arbeitnehmer die Unmöglichkeit der Nichtleistung verschuldet, (z. B. Trunkenheit), verliert er seinen Vergütungsanspruch (§ 325 BGB) und kann u. U. zum Schadensersatz herangezogen werden.

Liegt das Verschulden dagegen auf seiten des Arbeitgebers, ist der Arbeitgeber gemäß § 324 BGB verpflichtet, die vereinbarte Vergütung zu zahlen.

Hat keine der Parteien die Unmöglichkeit zu vertreten, hat der Arbeitnehmer grundsätzlich keinen Vergütungsanspruch (§§ 275, 323 BGB). Von diesem Grundsatz gibt es jedoch einige Ausnahmen, die in den folgenden Abschnitten behandelt werden sollen.

c) Arbeitsausfall aus betrieblichen Gründen

Wird der Betriebsablauf durch irgendwelche Umstände gestört und wird es infolgedessen einem Arbeitnehmer unmöglich, seine Arbeitsleistung an seinem Arbeitsplatz zu erbringen, obwohl er dazu bereit ist, spricht man von einer Betriebsstörung. Bei der Frage, ob der Arbeitgeber die durch Betriebsstörungen ausfallende Arbeitszeit bezahlen muß, gilt der Grundsatz, daß der Arbeitgeber **das Betriebsrisiko** zu tragen hat und bei Betriebsstörungen aller Art (z. B. Rohstoffmangel, Auftragsmangel, Maschinenschäden, Stromausfall) – auch wenn sie auf höherer Gewalt beruhen – die ausfallende Arbeitszeit zu vergüten hat. Von diesem Grundsatz gibt es 2 Ausnahmen:

- Ist die Betriebsstörung die Folge einer kollektiven **Verhaltensweise der Arbeitnehmerschaft** (z. B. Streik), haben auch die arbeitswilligen Arbeitnehmer keinen Anspruch auf Vergütung, selbst wenn sie das Verhalten ihrer Kollegen nicht beeinflußt haben. Es ist sogar unerheblich, ob die Betriebsstörung durch Arbeitnehmer des Betriebes oder fremde Arbeitnehmer herbeigeführt wurde. Dies gilt allerdings nur, wenn sich der mittelbar vom Streik betroffene Betrieb in einer vergleichbaren Situation befindet, also etwa zum gleichen Tarifbereich gehört.
- Ist die Betriebsstörung durch außergewöhnliche Umstände eingetreten, die der Arbeitgeber nicht verschuldet hat und die den **Bestand des Betriebes gefährden,** haben die Arbeitnehmer keinen Anspruch auf Vergü-

tung für ausfallende Arbeitszeit. Durch Tarifvertrag, Betriebsvereinbarung oder Einzelvereinbarung kann eine von den vorstehenden Grundsätzen abweichende Verteilung des Betriebsrisikos getroffen werden. Insbesondere kann auch eine für den Arbeitnehmer ungünstigere Regelung vereinbart werden.

Hat der Arbeitnehmer bei einer Betriebsstörung Anspruch auf Fortzahlung seiner Vergütung, so muß er sich darauf die Beträge anrechnen lassen, die er infolge des Arbeitsausfalls erspart oder durch anderweitige Verwertung seiner Arbeitskraft verdient oder böswillig nicht verdient (§ 615 Satz 2 BGB).

d) Arbeitsausfall aus persönlichen Gründen

Ist ein Arbeitnehmer für eine verhältnismäßig nicht erhebliche Zeit ohne grobes Verschulden durch einen in seiner Person liegenden Grund an der Arbeitsleistung verhindert, hat er für die Dauer der Verhinderung Anspruch auf Fortzahlung der Vergütung (§ 616 Abs. 1 BGB).

Hinderungsgründe, die in der Person des Arbeitnehmers liegen, sind z.B. Heirat, schwere Krankheits- und Trauerfälle in der Familie, gerichtliche Vorladungen, Inhaftierung, Stellensuche bei gekündigtem Arbeitsverhältnis, nicht: Hinderungsgründe, die die Allgemeinheit betreffen (Schneefall, Glatteis).

Diese Arbeitsverhinderung darf nur eine verhältnismäßig **nicht erhebliche Zeit** in Anspruch nehmen. Ob dies zutrifft, richtet sich nach den Umständen des Einzelfalles.

Beispiele:

Ist z.B. ein Arbeitnehmer erst einen Monat beschäftigt, so kann bereits eine Verhinderung von 2 Tagen verhältnismäßig lange sein. Ist hingegen ein Arbeitnehmer 20 Jahre bei dem Arbeitgeber beschäftigt, so kann eine Verhinderung von 6 Wochen noch verhältnismäßig unerheblich sein.

Bei Abwesenheit eines Arbeitnehmers wegen notwendiger Pflege eines erkrankten Kindes unter 8 Jahren besteht ein zu vergütender Befreiungsanspruch für die Dauer von 5 Tagen. Bei länger andauernden Erkrankungen hat der Arbeitnehmer für anderweitige Betreuung zu sorgen.

Der Vergütungsanspruch des Arbeitnehmers entfällt, wenn er die Arbeitsverhinderung durch **grobes Eigenverschulden** herbeigeführt hat.

Die Vorschrift des § 616 Abs. 1 BGB ist abdingbar, d.h. durch Tarifvertrag, Betriebsvereinbarung und Arbeitsvertrag kann eine von § 616 Abs. 1

BGB abweichende Regelung getroffen werden, selbst wenn diese Regelung den Arbeitnehmer schlechter stellt. In Tarifverträgen ist häufig eine abschließende Regelung der Verhinderungsfälle festgelegt.

e) Krankheit des Arbeitnehmers

Die Regelung der Krankenvergütung ist für Arbeiter und Angestellte nach wie vor in verschiedenen Gesetzen zu finden. Der Anspruch auf Fortzahlung der Vergütung ist für Arbeiter im Lohnfortzahlungsgesetz (LFZG), für Angestellte in § 616 BGB, § 63 HGB, § 133 c GewO geregelt.

aa) Lohnfortzahlung für Arbeiter

(1) Anspruchsvoraussetzungen

Anspruch auf Lohnfortzahlung hat ein Arbeiter, wenn er infolge krankheitsbedingter Arbeitsunfähigkeit an seiner Arbeitsleistung verhindert ist, die Arbeitsunfähigkeit nicht auf einem Verschulden des Arbeitnehmers beruht und die Arbeitsunfähigkeit nach Beginn der Beschäftigung eingetreten ist (§ 1 LFZG). **Krankheitsbedingte Arbeitsunfähigkeit** liegt vor, wenn der Arbeitnehmer wegen Krankheit (regelwidriger Körper- oder Geisteszustand, nach h. M. auch Trunk- und Drogensucht) unfähig ist, seine ihm vertragsmäßig obliegende Arbeit zu verrichten. Die Arbeitsunfähigkeit wird nicht dadurch ausgeschlossen, daß der Arbeiter eine andere Tätigkeit durchführen könnte. Gleichartige, ausübbare Tätigkeit hat er jedoch zu erbringen.

Ein **Verschulden** ist gegeben, wenn es auf einem gröblichen Verstoß gegen das von einem verständigen Menschen im eigenen Interesse zu erwartende Verhalten beruht.

Beispiele:
Verkehrsunfälle infolge Trunkenheit; gefährliche Sportart, wenn sie die persönliche Leistungsfähigkeit wesentlich überschreitet; Nichttragen eines Schutzhelms bei gefährlichen Arbeiten; Nichtanlegen des Sicherheitsgurts im Kfz; Suchtkrankheiten nur, wenn den AN am Eintritt ein Verschulden trifft.

Unter **Beginn der Beschäftigung** ist die tatsächliche Aufnahme, nicht der Zeitpunkt des Vertragsabschlusses – so bei Angestellten – zu verstehen (bereits der Weg zur ersten Arbeitsaufnahme). Diese Frage steht derzeit wegen eines möglichen Verstoßes gegen Art. 3 GG (Ungleichbehandlung Arbeiter–Angestellte) beim BVerfG zur Beurteilung an.

(2) Personenkreis

Nicht jeder Arbeiter hat Anspruch auf Lohnfortzahlung. Ausgeschlossen sind

- Arbeiter, deren Arbeitsverhältnis für höchstens 4 Wochen begründet ist und die in keinem Probearbeitsverhältnis stehen (wegen der Benachteiligung gegenüber Angestellten, bei denen eine derartige Regelung fehlt, steht auch hier eine Überprüfung des Art. 3 GG durch das BVerfG an);
- Arbeiter in einem Arbeitsverhältnis, in dem die regelmäßige Arbeitszeit wöchentlich 10 Stunden oder monatlich 45 Stunden nicht übersteigt;
- Arbeitnehmerinnen, die während der Schutzfristen der §§ 3 Abs. 2, 6 Abs. 1 MuSchG Mutterschaftsgeld gemäß § 200 RVO oder § 13 Abs. 2 MuSchG beziehen.

Soweit Arbeitnehmer nicht zu dem aufgeführten Personenkreis gehören, haben sie im Krankheitfall Anspruch auf Lohnfortzahlung gemäß § 1 LFZG.

(3) Dauer der Lohnfortzahlung

Der Arbeiter hat für die Dauer seiner Arbeitsunfähigkeit, **längstens** aber **für 6 Wochen** Anspruch auf Lohnfortzahlung. Der Anspruchszeitraum wird nicht verlängert, wenn während der Arbeitsunfähigkeit neue Krankheiten hinzutreten, die seine Wiedergenesung verzögern. Erkrankt der Arbeiter jedoch nach Wiederherstellung seiner Arbeitsfähigkeit an einem anderen Leiden, so erwirbt er einen neuen Anspruch auf Lohnfortzahlung für höchstens 6 Wochen.

Beruht die mehrfache Arbeitsunfähigkeit auf demselben Grundleiden, so besteht innerhalb von 12 Monaten nur einmal Anspruch auf Lohnfortzahlung für die Dauer von 6 Wochen (§ 1 Abs. 1 Satz 2 LFZG). Eine neue Bezugsdauer besteht jedoch dann, wenn der Arbeiter vor der erneuten Arbeitsunfähigkeit mindestens sechs Monate nicht wegen derselben Krankheit arbeitsunfähig war.

Der Arbeiter hat Anspruch auf Lohnfortzahlung grundsätzlich nur, solange das Arbeitsverhältnis besteht. Ausnahmsweise ist Lohnfortzahlung über das Ende des Arbeitsverhältnisses hinaus bis zum Ende der Krankheit, längstens jedoch für 6 Wochen zu leisten, wenn der Arbeitgeber das Arbeitsverhältnis **aus Anlaß der Krankheit** des Arbeiters gekündigt hat (§ 6 LFZG). Das gleiche gilt, wenn der Arbeiter aus einem vom Arbeitgeber zu vertretenden wichtigen Grund kündigt oder auf Initiative des Arbeitgebers ein Aufhebungsvertrag wegen der Krankheit des Arbeiters geschlossen wird.

(4) Berechnung der Krankenvergütung

Der Arbeiter hat während der Dauer der Arbeitsunfähigkeit Anspruch auf Fortzahlung des vertragsgemäßen Lohnes, den er verdient hätte, wenn er nicht arbeitsunfähig gewesen wäre **(Lohnausfallprinzip).** Daraus folgt, daß ein Anspruch **dem Grunde nach** schon nicht besteht, wenn der Arbeiter auch im Falle der Arbeitsunfähigkeit keine Arbeit geleistet hätte.

Beispiele:
Ausfall der Arbeit wegen witterungsbedingter Gründe, Betriebsstörungen, Arbeitszeitverlegung, Streik, Erfüllung staatsbürgerlicher Pflichten.

Hinsichtlich **der Höhe** hat der Arbeitgeber dem Arbeiter das ihm bei der für ihn maßgebenden Arbeitszeit zustehende Arbeitsentgelt fortzuzahlen (§ 2 Abs. 1 LFZG). Dazu gehören: Grundbezüge; Zuschläge, die wegen der Dauer der geleisteten Arbeit oder wegen besonderer Bedingungen gezahlt werden (z. B. Überstunden- und Mehrarbeitszuschläge, Gefahrenzuschläge, Nachtzuschläge); Leistungszulagen und Prämien; Provisionen; einmalige Bezüge (z. B. Gratifikationen), die während der Arbeitsunfähigkeit fällig werden; Sachbezüge. **Nicht** zu dem fortzuzahlenden Lohn zählen solche Leistungen des Arbeitgebers, durch die tatsächlich entstehende Aufwendungen des Arbeiters abgegolten werden sollen, wenn diese während der Arbeitsunfähigkeit nicht entstehen, z. B. Auflösung und Schmutzzulagen (§ 2 Abs. 1 Satz 2 LFZG).

Für Arbeiter, die im **Einzelakkord** arbeiten, ist der erzielbare Durchschnittsverdienst weiterzuzahlen. Zur Ermittlung dieses Verdienstes kann in der Regel der durchschnittliche arbeitstägliche Verdienst im letzten Lohnabrechnungszeitraum herangezogen werden. Bei Arbeitern im Gruppenakkord ist in der Regel der Vergleich mit den Verdiensten der übrigen Gruppenmitglieder sachgerecht.

(5) Forderungsübergang bei Dritthaftung

Nicht selten wird die Arbeitsunfähigkeit eines Arbeiters durch dritte Personen verursacht, z. B. durch Arbeitskollegen oder bei einem Verkehrsunfall. Hat der Arbeiter in solchen Fällen gegen den Dritten nach gesetzlichen Vorschriften Anspruch auf Schadensersatz wegen des Verdienstausfalles, so geht dieser Anspruch auf den Arbeitgeber über, wenn dieser dem Arbeiter während der Arbeitsunfähigkeit den Lohn nach den Vorschriften des LFZG zahlt (§ 4 LFZG). Der Schadensersatzanspruch geht in Höhe des Betrages über, den der Arbeitgeber für die Zeit der Arbeitsunfähigkeit des Arbeiters als Bruttolohn zuzüglich der Arbeitgeberanteile für Beiträge zur gesetzlichen Sozialversicherung und zu Einrichtungen der zusätzlichen Alters- und Hinterbliebenenversorgung fortgezahlt hat.

(6) Anzeige- und Nachweispflichten

Ist ein Arbeiter arbeitsunfähig erkrankt, ist er verpflichtet, dem Arbeitgeber die Arbeitsunfähigkeit und deren voraussichtliche Dauer **unverzüglich** anzuzeigen und **vor Ablauf des dritten Tages** nach Beginn der Arbeitsunfähigkeit eine ärztliche Bescheinigung über die Arbeitsunfähigkeit sowie deren voraussichtliche Dauer nachzureichen (§ 3 Abs. 1 LFZG). Solange der Arbeiter eine solche ärztliche Bescheinigung nicht vorlegt, ist der Arbeitgeber berechtigt, die Lohnfortzahlung zu verweigern oder wenn der Arbeiter seine Verpflichtung nicht erfüllt, dem Arbeitgeber alle Angaben zu machen, die dieser zur Geltendmachung von Schadensersatzansprüchen gegen denjenigen benötigt, der die Arbeitsunfähigkeit verursacht hat (§ 5 LFZG). Sobald der Arbeiter die erforderlichen Angaben macht, hat der Arbeitgeber den Lohn vom ersten Tag an fortzuzahlen. Verhindert der Arbeiter, daß ein ihm zustehender Schadensersatzanspruch wegen Verdienstausfalles auf den Arbeitgeber übergeht, indem er vor der Lohnfortzahlung über den Anspruch verfügt, kann der Arbeitgeber ebenfalls die Lohnfortzahlung verweigern (§ 5 LFZG). Ein Leistungsverweigerungsrecht des Arbeitgebers wegen der in § 5 LFZG aufgeführten Gründe entfällt, wenn der Arbeiter beweist, daß ihn an der Nichterfüllung der ihm obliegenden Verpflichtungen kein Verschulden trifft (vgl. § 5 Satz 2 LFZG).

(7) Unabdingbarkeit

Von den Vorschriften über die Lohnfortzahlung (§§ 1 bis 8 LFZG) kann **während eines Arbeitsverhältnisses** weder durch Tarifvertrag noch durch Betriebsvereinbarung oder Einzelvereinbarung **zuungunsten** der Arbeiter abgewichen werden (§ 9 LFZG). Lediglich die Höhe des fortzuzahlenden Lohns kann durch Tarifvertrag – nicht durch Betriebsvereinbarung oder Einzelvereinbarung – ohne Rücksicht auf die Bestimmungen des LFZG frei geregelt werden (§ 2 Abs. 3 LFZG).

Die zum Schutz des Arbeiters bestehende Unabdingbarkeit der Vorschriften über die Lohnfortzahlung besteht nach h. M. jedoch nicht mehr **nach der Beendigung des Arbeitsverhältnisses.** Der Arbeiter kann deshalb auf bereits entstandene Lohnfortzahlungsansprüche rechtswirksam verzichten.

Beispiel:

Erklärt ein Arbeiter z. B. bei Beendigung des Arbeitsverhältnisses in einer sog. **Ausgleichsquittung,** seine Lohnfortzahlungsansprüche seien erledigt, so kann er damit schon fällig gewordene Lohnfortzahlungsansprüche zum Erlöschen bringen.

(8) Übergang des Anspruchs auf die Krankenkasse

Hat ein in der Krankenversicherung versicherter Arbeiter während der Dauer seiner Arbeitsunfähigkeit Anspruch auf Lohnfortzahlung, zahlt jedoch der Arbeitgeber den Lohn nicht fort, kann der Arbeiter von der Krankenkasse die Zahlung von Krankengeld verlangen. Gewährt die Krankenkasse in diesem Fall Krankengeld, so geht der Anspruch des Arbeiters gegen den Arbeitgeber auf Lohnfortzahlung in Höhe des gezahlten Krankengeldes auf die Krankenkasse über (§ 115 Abs. 1 SGB X). Die Krankenkasse kann somit unmittelbar von dem Arbeitgeber die Erstattung des von ihr gezahlten Krankengeldes verlangen. Sieht die Krankenkasse sich gezwungen, Klage gegen den Arbeitgeber zu erheben, muß sie ihren Anspruch vor den Arbeitsgerichten geltend machen. Der Arbeiter, der von der Krankenkasse Krankengeld erhalten hat, behält gegen den Arbeitgeber seinen Anspruch auf Lohnfortzahlung in Höhe des Differenzbetrages zwischen dem fortzuzahlenden Lohn und dem gezahlten Krankengeld.

(9) Lohnfortzahlung bei Kuren

Hat ein Träger der Sozialversicherung oder ein sonstiger Sozialleistungsträger eine Vorbeugungs-, Heil- oder Genesungskur bewilligt, so gilt der Arbeiter in dem Zeitraum, für den der Sozialleistungsträger die vollen Kosten der Kur übernimmt, als **arbeitsunfähig** i. S. des LFZG (vgl. § 7 Abs. 1 LFZG), d. h., während der Kur hat der Arbeiter Anspruch auf Lohnfortzahlung wie ein Arbeitsunfähiger.

Für den Zeitraum einer ärztlich verordneten Schonungszeit, die sich an eine Kur anschließt, hat der Arbeiter Anspruch auf Lohnfortzahlung nur, soweit er während dieses Zeitraums **arbeitsunfähig** ist (§ 7 Abs. 4 LFZG).

bb) Gehaltsfortzahlung für Angestellte

(1) Anspruchsvoraussetzungen

Der Gehaltsfortzahlungsanspruch eines Angestellten wegen Krankheit setzt voraus, daß der Angestellte arbeitsunfähig erkrankt und ihn an dieser Krankheit kein grobes Verschulden trifft (§ 616 BGB, § 63 HGB). Es ist nicht erforderlich, daß der Angestellte seine Arbeit bei dem Arbeitgeber bereits aufgenommen hat. Das Vorliegen eines **Arbeitsvertrages genügt.**

(2) Personenkreis

Jeder Angestellte hat im unverschuldeten Krankheitsfall Anspruch auf Gehaltsfortzahlung. Im Gegensatz zur Regelung der Lohnfortzahlung für Arbeiter ist **kein bestimmter Personenkreis** unter den Angestellten von der Gehaltsfortzahlung ausgeschlossen.

(3) Dauer der Gehaltsfortzahlung

Hinsichtlich der Dauer der Gehaltsfortzahlung gelten im wesentlichen die für Arbeiter festgelegten Grundsätze (s. Teil 2 B II 3 e, aa (3)). Rechtsgrundlagen für die Angestellten sind § 616 BGB, § 63 HGB, § 133 c GewO sowie die Rechtsprechung des Bundesarbeitsgerichts (insbesondere zu den Fragen bei wiederholter Arbeitsunfähigkeit wegen derselben Krankheit).

(4) Berechnung der Krankenvergütung

Hier kann auf die Ausführungen zum Lohnfortzahlungsgesetz verwiesen werden (s. Teil 2 B II 3 e aa (4)). Zu ergänzen ist, daß sich der nichtkaufmännische Angestellte auf den Gehaltsfortzahlungsanspruch den Betrag anrechnen lassen muß, der ihm für die Zeit seiner Arbeitsunfähigkeit aus einer gesetzlichen Kranken- oder Unfallversicherung zukommt (§ 616 Abs. 1 Satz 2 BGB, § 133 c Satz 3 GewO). Bei kaufmännischen Angestellten ist die Anrechnung verboten (§ 63 Abs. 2 HGB).

(5) Forderungsübergang bei Dritthaftung

Hat ein Angestellter neben dem Anspruch auf Gehaltsfortzahlung einen Anspruch auf Schadensersatz gegen einen Dritten, so geht im Gegensatz zum Arbeiter ein Schadensersatzanspruch des Angestellten **nicht automa-**

tisch auf den Arbeitgeber über. Vielmehr bedarf es einer gesonderten Abtretung (§ 398 BGB), zu der der Angestellte verpflichtet ist.

(6) Anzeige- und Nachweispflichten

Der Gehaltsfortzahlungsanspruch des Angestellten ist, wenn kollektivvertraglich oder einzelvertraglich nichts anderes vereinbart ist, nicht stets davon abhängig, daß der Angestellte dem Arbeitgeber eine ärztliche Bescheinigung über seine Arbeitsunfähigkeit vorlegt. Allerdings muß der Angestellte aufgrund seiner Treuepflicht dem Arbeitgeber unverzüglich seine Erkrankung mitteilen. Zur Vorlage einer ärztlichen Bescheinigung ist er verpflichtet, wenn der Arbeitgeber dies verlangt und begründete Zweifel an seiner Arbeitsunfähigkeit bestehen. Das gleiche gilt im Falle einer längeren Erkrankung des Arbeitnehmers. Auch hier hat der Arbeitnehmer auf Verlangen des Arbeitgebers eine Arbeitsunfähigkeitsbescheinigung vorzulegen. Solange der Angestellte seine Erkrankung dem Arbeitgeber nicht mitgeteilt hat, braucht dieser das Gehalt für die Fehltage des Angestellten nicht zu zahlen. Teilt der Angestellte die Erkrankung mit und bestehen keine begründeten Zweifel an der Arbeitsunfähigkeit, muß der Arbeitgeber das Gehalt fortzahlen. In diesem Fall hat er kein Leistungsverweigerungsrecht. Kann der Arbeitgeber mit Recht die Vorlage einer ärztlichen Bescheinigung verlangen, darf er bis zur Vorlage der ärztlichen Bescheinigung die Gehaltsfortzahlung verweigern.

(7) Unabdingbarkeit

Für Angestellte kann der Anspruch auf Gehaltsfortzahlung zu deren Nachteil weder kollektivvertraglich noch einzelvertraglich abbedungen werden (§§ 616 Abs. 2 Satz 1 BGB, § 63 Abs. 1 Satz 4 HGB, § 133 c Satz 4 GewO). Eine Ausnahme bilden die Angestellten, die einen Anspruch nach § 616 Abs. 2 BGB haben. Für sie kann tarifvertraglich die Anspruchsdauer von 6 Wochen verkürzt werden.

(8) Übergang des Anspruchs auf die Krankenkasse

Es kann auf die Ausführungen zum Lohnfortzahlungsgesetz verwiesen werden (s. ob. Buchst. e aa (8)).

(9) Gehaltsfortzahlung bei Kuren

Auch hier kann auf die Ausführungen zum Lohnfortzahlungsgesetz verwiesen werden (s. ob. Buchst. e aa (9)). Eine andere Regelung gilt nur bei ärztlich verordneten Schonungszeiten im Anschluß an eine Kur. Auch hier hat der Angestellte Anspruch auf Gehaltsfortzahlung, **ohne** daß es darauf ankommt, ob der Angestellte in diesem Zeitraum **arbeitsunfähig** ist oder nicht.

f) Urlaub

Urlaub ist die Freistellung dès Arbeitnehmers von der Arbeit unter Fortzahlung der Vergütung. Er dient der Erholung des Arbeitnehmers. Als Rechtsgrundlagen des Urlaubsanspruchs kommen das Bundesurlaubsgesetz – für bestimmte Arbeitnehmergruppen die Spezialgesetze (z. B. für Jugendliche das Jugendarbeitsschutzgesetz) – sowie kollektiv – und einzelvertragliche Regelungen in Betracht.

aa) Gesetzliche Regelung (Bundesurlaubsgesetz)

(1) Entstehung und Umfang des Urlaubs

Das Bundesurlaubsgesetz gewährt in jedem Kalenderjahr einen **Anspruch** auf bezahlten Erholungsurlaub (§ 1 BUrlG). Anspruch darauf haben alle Arbeiter, Angestellten und die zu ihrer Berufsausbildung Beschäftigten (§ 2 BUrlG).

Arbeitnehmer haben ohne Rücksicht auf ihr Alter für das Kalenderjahr Anspruch auf **18 Werktage.** Werktage sind alle Tage, die nicht Sonn- oder Feiertage sind.

Der **volle** Urlaubsanspruch wird erstmalig nach **sechsmonatigem** Bestehen des Arbeitsverhältnisses erworben (§ 4 BUrlG). Da der Arbeitnehmer in einem Urlaubsjahr **nur einmal** Anspruch auf vollen Urlaub erwirbt, muß er sich allerdings den Urlaub anrechnen lassen, den ihm ein früherer Arbeitgeber für das laufende Kalenderjahr bereits gewährt hat (§ 6 BUrlG). Damit der neue Arbeitgeber feststellen kann, welchen Urlaub bzw. welche Urlaubsabgeltung der Arbeitnehmer im laufenden Kalenderjahr erhalten hat, ist jeder Arbeitgeber verpflichtet, bei Beendigung des Arbeitsverhältnisses dem Arbeitnehmer eine **Bescheinigung** über den im laufenden Kalenderjahr gewährten oder abgegoltenen Urlaub auszuhändigen (§ 6 Abs. 2 BUrlG).

Nur Anspruch auf ein Zwölftel des Jahresurlaubs für jeden vollen Monat des Bestehens des Arbeitsverhältnisses (sog. **Teilurlaub,** § 5 BUrlG) hat ein Arbeitnehmer,

- wenn er im laufenden Kalenderjahr den vollen Urlaubsanspruch nicht erwirbt, weil die Wartezeit von 6 Monaten nicht erfüllt werden kann (z. B. wenn das Arbeitsverhältnis erst am 1. August beginnt),
- wenn er im laufenden Kalenderjahr den vollen Urlaubsanspruch nicht erwirbt, weil das Arbeitsverhältnis vor Erfüllung der Wartezeit von 6 Monaten beendet wird (z. B. wenn das Arbeitsverhältnis nur vom 1. März bis 31. Juli besteht),
- wenn er zwar die Wartezeit von 6 Monaten erfüllt hat, aber bereits in der ersten Hälfte eines Kalenderjahres ausscheidet. Hat der Arbeitnehmer beim Ausscheiden aus dem Arbeitsverhältnis bereits mehr Urlaub erhalten, als ihm zusteht, kann der Arbeitgeber das zuviel gezahlte Urlaubsentgelt **nicht** zurückfordern.

Entstehen bei der Berechnung des gesetzlichen Urlaubs Bruchteile von Urlaubstagen (z. B. 1/12 von 18 Werktagen = 1 ½ Werktage), so sind Bruchteile von Urlaubstagen, die mindestens einen halben Tag ergeben, auf volle Urlaubstage aufzurunden (§ 5 Abs. 2 BUrlG). Arbeitnehmer, die keinen vollen Monat bei einem Arbeitgeber beschäftigt waren, haben überhaupt keinen gesetzlichen Anspruch auf Urlaub.

Unerheblich ist, ob der Arbeitnehmer im Urlaubsjahr tatsächlich gearbeitet hat.

(2) Urlaubsentgelt

Der Arbeitnehmer hat während seines Urlaubs Anspruch auf Vergütung, die sich nach dem durchschnittlichen Arbeitsverdienst bemißt, das der Arbeitnehmer in den letzten 13 Wochen vor Urlaubsbeginn erhalten hat (§ 11 BUrlG). Diese Bestimmung hat in erster Linie Bedeutung für solche Arbeitnehmer, deren Vergütung in den letzten 13 Wochen vor Urlaubsbeginn nicht gleichbleibend hoch war. Zu dem Arbeitsverdienst der letzten 13 Wochen zählen auch die Überstundenvergütungen, die der Arbeitnehmer erzielte.

Sind während der letzten 13 Wochen vor Beginn des Urlaubs oder während des Urlaubs nicht nur vorübergehende **Verdiensterhöhungen** eingetreten, so ist bei der Berechnung der Urlaubsvergütung der erhöhte Verdienst zugrunde zu legen (§ 11 Abs. 1 Satz 2 BUrlG).

War in den letzten 13 Wochen vor Beginn des Urlaubs regelmäßige Arbeitszeit ausgefallen infolge von Kurzarbeit, betrieblichen Arbeitsausfällen etc., so sind **Verdienstkürzungen,** die infolge des Arbeitsausfalls eingetreten sind, bei der Berechnung der Urlaubsvergütung **nicht** zu berücksichtigen (§ 11 Abs. 1 Satz 2 BUrlG).

Dem Arbeitnehmer ist es untersagt, während des Urlaubs dem Urlaubszweck widersprechende Erwerbstätigkeit zu leisten (§ 8 BUrlG).

Vom Urlaubsentgelt zu unterscheiden ist das Urlaubsgeld. Unter **Urlaubsgeld** ist die zusätzliche über das Urlaubsentgelt hinaus gezahlte Vergütung zu verstehen. Im einzelnen kann auf die Ausführungen zu den Sonderzuwendungen verwiesen werden.

(3) Geltendmachung und Gewährung des Urlaubs

Der Urlaub wird vom Arbeitgeber **zeitlich** festgelegt. Hierbei hat der Arbeitgeber die Urlaubswünsche des Arbeitnehmers zu berücksichtigen, wenn nicht dringende betriebliche Belange oder die Urlaubswünsche anderer Arbeitnehmer, die unter sozialen Gesichtspunkten den Vorrang verdienen, dem entgegenstehen (§ 7 Abs. 1 BUrlG). Der Arbeitnehmer ist nicht berechtigt, ohne Einverständnis des Arbeitgebers sich selbst Urlaub zu nehmen. Macht er es trotzdem, ist der Arbeitgeber in der Regel berechtigt, dem Arbeitnehmer fristlos zu kündigen. Bei der Festlegung des Urlaubs hat der Arbeitgeber darauf zu achten, daß der Arbeitnehmer grundsätzlich den Urlaub **zusammenhängend** erhält (vgl. § 7 Abs. 2 BUrlG). Aus dringenden betrieblichen oder in der Person des Arbeitnehmers liegenden Gründen darf der Urlaub ausnahmsweise in Raten gewährt werden.

Auch wenn der Arbeitgeber die zeitliche Lage des Urlaubs festzulegen hat, ist es doch Sache des Arbeitnehmers, seine Urlaubsansprüche rechtzeitig geltend zu machen. Grundsätzlich muß der Arbeitnehmer seine Urlaubsansprüche so **rechtzeitig** geltend machen, daß der gesamte Urlaub noch bis zum Ende des laufenden Kalenderjahres abgewickelt werden kann. Versäumt der Arbeitnehmer die rechtzeitige Geltendmachung, **verfallen** die Urlaubsansprüche. Macht er sie rechtzeitig geltend, bleiben die Urlaubsansprüche bestehen, selbst wenn der Arbeitgeber ihm im laufenden Kalenderjahr keinen Urlaub gewährt. Ausnahmsweise darf der Urlaub noch bis **spätestens 31. März des folgenden Jahres** geltend gemacht werden, wenn dringende betriebliche oder in der Person des Arbeitnehmers liegende Gründe eine Übertragung des Urlaubs auf das nächste Kalenderjahr rechtfertigen (vgl. § 7 Abs. 3 Satz 2 BUrlG). Auch in diesem Fall muß der Urlaub aus dem Vorjahr so rechtzeitig geltend gemacht werden, daß er bis zum 31. März abgewickelt werden kann. Andernfalls verfällt der Urlaubsanspruch. Nach der Rspr. des Bundesarbeitsgerichts gilt dies selbst im Falle der Erkrankung des Arbeitnehmers.

Ausnahmsweise geht der Urlaub **ohne zeitliche Beschränkung** auf das nächste Kalenderjahr über, wenn der Arbeitnehmer im laufenden Kalenderjahr nicht mehr die Wartezeit von 6 Monaten erfüllen kann und deshalb nur einen Anspruch auf Teilurlaub erwirbt (§ 7 Abs. 3 Satz 4 BUrlG).

(4) Urlaubsabgeltung

Während des Bestehens **eines Arbeitsverhältnisses** darf Urlaub nicht durch eine Geldzahlung abgegolten werden. Der Urlaubsanspruch ist ein Anspruch auf Freistellung von der Arbeit unter Fortzahlung der Vergütung. Dieser Anspruch ist, solange das Arbeitsverhältnis besteht, unabdingbar. Selbst mit Einverständnis des Arbeitnehmers darf der Arbeitgeber nicht statt bezahlter Freizeit eine bestimmte Vergütung gewähren oder mit dem Arbeitnehmer vereinbaren, daß in der Arbeitsvergütung das Urlaubsentgelt mitenthalten sei. Hat der Arbeitnehmer eine derartige Urlaubsabgeltung erhalten, kann er trotzdem von dem Arbeitgeber die Gewährung bezahlter Freizeit verlangen. Die bereits empfangene Urlaubsabgeltung braucht er in der Regel nicht zurückzuzahlen.

Von dem Grundsatz des Urlaubsabgeltungsverbots besteht nur im Falle der Beendigung des Arbeitsverhältnisses eine Ausnahme. Kann nämlich **wegen der Beendigung des Arbeitsverhältnisses** der noch ausstehende Urlaub nicht mehr genommen werden, ist er vergütungsmäßig **abzugelten** (§ 7 Abs. 4 BUrlG). Dabei ist es gleichgültig, aus welchem Grunde das Arbeitsverhältnis beendet worden ist. Ein Urlaubsabgeltungsanspruch kommt allerdings nicht in Betracht, wenn der Arbeitnehmer wegen Erkrankung den Urlaub nicht nehmen konnte und diese Erkrankung bis zum Ende des Übertragungszeitraums (31. März des nächsten Jahres) weiter fortbesteht, so daß der Urlaubsanspruch auch bei Fortbestehen des Arbeitsverhältnisses nicht hätte erfüllt werden können.

(5) Krankheit während des Urlaubs

Krankheitstage dürfen auf den Urlaub grundsätzlich nicht angerechnet werden. Erkrankt der Arbeitnehmer während seines Urlaubs, muß er jedoch, um die Anrechnung der Krankheitstage auf den Urlaub zu vermeiden, die Tage der Arbeitsunfähigkeit durch ärztliches Zeugnis nachweisen (§ 9 BUrlG). Der Urlaub verlängert sich nicht automatisch um die Tage der Arbeitsunfähigkeit. Der Arbeitnehmer muß vielmehr nach Urlaubsende bzw. nach Wiedergenesung zurückkehren und mit dem Arbeitgeber den Resturlaub erneut festsetzen. Eine Unterbrechung des Urlaubs mit der Folge der Krankenvergütung kommt allerdings nicht in Betracht, wenn es sich bei der Freizeit in Wirklichkeit um ein Ruhen des Arbeitsverhältnisses ohne Vergütungsanspruch oder um unbezahlten Urlaub ohne Erholungszweck handelt.

Kuren, die von einem Sozialleistungsträger bewilligt sind, und anschließende ärztlich verordnete Schonungszeiten dürfen nicht auf den Urlaub angerechnet werden, soweit ein Anspruch auf Fortzahlung des Arbeitsentgeltes nach den gesetzlichen Vorschriften über die Entgeltfortzahlung im Krankheitsfalle besteht (§ 10 BUrlG).

bb) Tarifliche Regelungen

Durch Tarifvertrag kann das Urlaubsrecht grundsätzlich eigenständig ohne Rücksicht auf die Vorschriften des Bundesurlaubsgesetzes geregelt werden. Die Tarifpartner müssen lediglich beachten, daß Arbeitnehmer und arbeitnehmerähnliche Personen in jedem Kalenderjahr Anspruch auf bezahlten Erholungsurlaub haben und der volle Mindesturlaub je Kalenderjahr 18 Werktage beträgt (§ 13 BUrlG). Dies gilt auch für die Urlaubsabgeltung. Von diesen Grundsätzen dürfen die Tarifpartner nicht abweichen.

cc) Regelungen durch Betriebsvereinbarungen

Urlaubsregelungen in einer Betriebsvereinbarung sind selten. Sie sind nur zulässig, wenn der einschlägige Tarifvertrag den Abschluß einer Betriebsvereinbarung über urlaubsrechtliche Fragen ausdrücklich zuläßt oder wenn in der Branche des Arbeitgebers der Urlaub nicht üblicherweise durch Tarifvertrag geregelt ist (§ 77 Abs. 3 BetrVG).

Wird der Urlaub zulässigerweise in einer Betriebsvereinbarung geregelt, so darf von keiner Bestimmung des Bundesurlaubsgesetzes zuungunsten des Arbeitnehmers abgewichen werden (§ 13 BUrlG).

dd) Einzelvertragliche Regelungen

Einzelvertragliche Vereinbarungen über Urlaubsfragen sind zulässig. Es dürfen aber grundsätzlich nur Regelungen getroffen werden, die den Arbeitnehmer nicht schlechter stellen als das Bundesurlaubsgesetz (§ 13 BUrlG).

g) Arbeitsausfall an Feiertagen

An gesetzlichen Feiertagen fällt die Arbeit – ebenso wie an Sonntagen – in der Regel aus. Nur in wenigen Gewerbezweigen (z. B. Gaststätten- und Hotelgewerbe) wird regelmäßig auch an Sonn- und Feiertagen gearbeitet.

Fällt ein gesetzlicher Feiertag auf einen Werktag und fällt die Arbeitszeit wegen des gesetzlichen Feiertages aus, hat der Arbeitnehmer Anspruch auf den Arbeitsverdienst, den er ohne den Arbeitsausfall erhalten hätte (§ 1 FeiertagslohnzahlungsG). Der Anspruch auf Feiertagsbezahlung entfällt, wenn der Arbeitnehmer am letzten Arbeitstag vor oder am ersten Arbeitstag nach dem Feiertag unentschuldigt der Arbeit fernbleibt (§ 1 Abs. 2 FeiertagslohnzahlungsG).

h) Erziehungsurlaub

Unter Erziehungsurlaub im Sinne des BErzGG ist die völlige oder teilweise unbezahlte Freistellung von der Arbeit zur Betreuung und Erziehung eines Kindes bis zur Vollendung des 12. Lebensmonats zu verstehen. Anspruchsberechtigt sind nur Arbeitnehmer, zur Berufsbildung und in Heimarbeit Beschäftigte. Hierbei können grundsätzlich sowohl die Mutter als auch der Vater oder sonstige Sorgeberechtigte Erziehungsurlaub nehmen. Im einzelnen setzt der Anspruch auf Erziehungsurlaub voraus:

aa) Der Arbeitnehmer muß **Anspruch auf Erziehungsgeld** haben (§ 15 Abs. 1 BErzGG). Hierfür ist insbesondere erforderlich, daß dem Arbeitnehmer die Personensorge für das Kind zusteht, das Kind in seinem Haushalt lebt und von ihm selbst betreut und erzogen wird (§ 1 Abs. 3 und 5 BErzGG). Der Anspruch auf Erziehungsgeld wird durch geringfügige Erwerbstätigkeit des Arbeitnehmers nicht beeinträchtigt. Als geringfügige Erwerbstätigkeit ist eine Tätigkeit anzusehen, die auf weniger als 18 Stunden wöchentlich der Natur der Sache nach beschränkt zu sein pflegt oder im voraus vertraglich beschränkt ist (§ 2 Abs. 1 BErzGG i. V. mit § 102 AFG). Der Anspruch auf Erziehungsurlaub entfällt nicht, wenn der Anspruch auf Erziehungsgeld nach Beginn des siebten Lebensmonats des

Kindes wegen Überschreitung bestimmter Einkommensgrenzen nach §§ 5, 6 BErzGG wegfällt.

bb) Grundsätzlich muß das **Beschäftigungsverbot für die Mutter** des Kindes nach dem MuSchG (bis zum Ablauf von acht Wochen, bei Früh- und Mehrlingsgeburten bis zum Ablauf von zwölf Wochen nach der Geburt) **abgelaufen** sein (§ 15 Abs. 2 und 3 BErzGG).

cc) Sofern der Arbeitnehmer verheiratet ist und der **Ehegatte** im Haushalt des Arbeitnehmers lebt, muß dieser **erwerbstätig** sein, wobei Arbeitslosigkeit oder Berufsausbildung einer Erwerbstätigkeit gleichgestellt sind (§ 15 Abs. 2 Nr. 2 BErzGG).

dd) Eine **Teilzeitarbeit** von weniger als 18 Stunden wöchentlich, die den Anspruch auf Erziehungsgeld nicht beeinträchtigt, darf nur bei dem Arbeitgeber geleistet werden, von dem der Arbeitnehmer Erziehungsurlaub beansprucht (vgl. § 15 Abs. 5 BErzGG).

Erziehungsurlaub kann bis zur Vollendung des 12. Lebensmonats des Kindes verlangt werden, wobei es dem Arbeitnehmer überlassen bleibt, ob er den Erziehungsurlaub für die gesamte in Betracht kommende Zeit oder nur für einen geringeren Zeitraum in Anspruch nehmen will (vgl. § 4 BErzGG). Sind beide Ehegatten erwerbstätig, können sie den Erziehungsurlaub unter sich aufteilen. Für den Zeitraum des Erziehungsurlaubs schuldet der Arbeitgeber keine Vergütung. Der Anspruch auf Erziehungsurlaub kann vertraglich weder ausgeschlossen noch beschränkt werden, auch nicht durch Tarifvertrag oder Betriebsvereinbarung (§ 15 Abs. 4 BErzGG).

Zum Kündigungsschutz während des Erziehungsurlaubs s. Teil 2 C II 3.

Literaturverzeichnis

zu B II 1: *Schaub,* Arbeitsrechtshandbuch, 6. Aufl. 1987, S. 329–402, 559–603.

zu B II 2: *Schaub,* Arbeitsrechtshandbuch, 6. Aufl. 1987, S. 403–558, 760–776; *Gaul/Bartenbach,* Arbeitnehmererfindungsrecht, 1979.

zu B II 3 a: *Schaub,* Arbeitsrechtshandbuch, 6. Aufl., 1987, S. 615–621.

zu B II 3 b: *Schaub,* Arbeitsrechtshandbuch, 6. Aufl., 1987, S. 621, 622.

zu B II 3 c: *Schaub,* Arbeitsrechtshandbuch, 6. Aufl., 1987, S. 660–664; *Biedenkopf,* Die Betriebsrisikolehre als Beispiel richterlicher Rechtsfortbildung, 1970.

zu B II 3 d: *Schaub,* Arbeitsrechtshandbuch, 6. Aufl., 1987, S. 622–628.

zu B II 3 e: *Schaub,* Arbeitsrechtshandbuch, 6. Aufl., 1987, S. 628–658; *Brecht,* Lohnfortzahlungsgesetz, 3. Aufl. 1979; *Doetsch/Schnabel/Paulsdorff,* Lohnfortzahlungsgesetz, 6. Aufl., 1983; *Kehrmann/Pelikan,* Lohnfortzahlungsgesetz, 2. Aufl., 1973; *Kaiser/Dunkl,* Lohnfortzahlungsgesetz, 3. Aufl., 1984; *Marienhagen,* Lohnfortzahlungsgesetz, 3. Aufl., 1971.

zu B II 3f: *Schaub,* Arbeitsrechtshandbuch, 6. Aufl., 1987, S. 664–690; *Dersch/Neumann,* Bundesurlaubsgesetz, 6. Aufl., 1981; *Stahlhacke/Bachmann/Bleistein,* Bundesurlaubsgesetz mit Nebenbestimmungen, 4. Aufl., 1984; *Siara,* BUrlG, 1975.
zu B II 3g: *Schaub,* Arbeitsrechtshandbuch, 6. Aufl., 1987, S. 704–710.
zu B II 3h: *Schaub,* Arbeitsrechtshandbuch, 6. Aufl., 1987, S. 690–703.

Kontrollfragen:

27. Nennen Sie Formen der Vergütung.
28. Wie unterscheiden sich widerrufliche Leistungs- und Sonderzulagen voneinander?
29. Wie unterscheiden sich Überstunden und Mehrarbeit voneinander?
30. Nennen Sie die wichtigsten Fälle der Sicherung von Arbeitsvergütung (ohne nähere Beschreibung).
31. In welchen Fällen besteht ein Anspruch auf Sonderzuwendungen?
32. In welchem Rahmen sind bei der freiwilligen Zahlung von Weihnachtsgratifikationen Vorbehalte des Arbeitgebers zulässig?
33. Wann gerät der Arbeitgeber in Annahmeverzug und welche Rechtsfolgen entstehen daraus?
34. In welchen Fällen hat bei einem Arbeitsausfall aus betrieblichen Gründen der Arbeitgeber ausnahmsweise das Risiko der Vergütungszahlung nicht zu tragen?
35. Nennen Sie die Voraussetzungen für die Lohnfortzahlung der Arbeiter im Krankheitsfalle.
36. In welchen wesentlichen Punkten unterscheiden sich im Krankheitsfalle die Lohnfortzahlungsvorschriften der Arbeiter von den Regelungen der Gehaltsfortzahlung der Angestellten?
37. Was verstehen Sie im Rahmen der Vergütungszahlung im Krankheitsfalle unter dem Lohnausfallprinzip?
38. Welche Rechtsgrundlagen kommen für die Gewährung von Urlaub in Betracht?
39. Welche Vorschriften des Bundesurlaubsgesetzes sind auch für die Tarifvertragsparteien unabdingbar?
40. In welchen Fällen besteht Anspruch auf Teilurlaub?
41. Ist eine Abgeltung des Urlaubs durch Geldzahlung zulässig?
42. Was ist Erziehungsurlaub und wer kann ihn in Anspruch nehmen?

Die Lösungen zu den Kontrollfragen 27–42 finden Sie auf den Seiten 220–222.

Aufgabe 5:

Der Arbeitnehmer AN war als Mechaniker bei dem Arbeitgeber AG beschäftigt. AG zahlte seit Jahren an seine Arbeitnehmer neben dem Urlaubsentgelt ein besonderes Urlaubsgeld in Höhe einer halben Monatsvergütung. Mit der Ankündigung der Zahlung von Urlaubsgeld traf AG in einem Schreiben gleichzeitig folgende Regelung:

„Arbeitnehmer, die vor dem 30. 9. eines Jahres bei uns ausscheiden, haben das Urlaubsgeld voll zurückzuzahlen."

Für 1988 erhielt AN sein Urlaubsgeld im Mai dieses Jahres. Am 31. 8. 1988 schied AN aufgrund eigener fristgemäßer Kündigung aus dem Arbeitsverhältnis aus. Von der Augustvergütung behielt AG das an AN gezahlte Urlaubsgeld ein. Den einbehaltenen Betrag macht AN gegen AG geltend. Mit Recht?

Aufgabe 6:

Arbeitgeber AG kündigt das Arbeitsverhältnis mit seinem Arbeitnehmer AN fristlos. Gegen diese Kündigung erhebt AN Klage beim zuständigen Arbeitsgericht. In seiner Klage weist AN darauf hin, daß er für 2 Monate arbeitsunfähig krank sei. 4 Monate später ergeht ein rechtskräftiges Urteil dahingehend, daß die von AG ausgesprochene Kündigung unwirksam ist. AN fordert von AG die Vergütung für die vergangenen 4 Monate (Klageerhebung - Urteil). AG lehnt die Zahlung für die letzten 2 Monate (Zeit der Wiedergenesung bis zum Urteilsspruch) ab. Wie ist die Rechtslage?

Aufgabe 7:

Der Arbeiter AN hat außerhalb seiner Arbeitszeit an einem Moto-Cross-Rennen teilgenommen, das hinsichtlich der Rennstrecke von einer Sachverständigen-Kommission freigegeben worden ist. Im Verlauf des Rennens stieß AN mit seinem Lenkrad an einen Holzpfahl und zog sich bei dem folgenden Sturz eine starke Prellung zu. Aufgrund dieser Verletzung war AN für 4 Wochen arbeitsunfähig krank. Nachdem der Arbeitgeber sich geweigert hatte, Lohnfortzahlung zu leisten, zahlte die Krankenkasse an AN Krankengeld in Höhe von DM 800,–. Die Krankenkasse macht gegenüber AG in Höhe von DM 1.000,– Lohnfortzahlung geltend. Mit Recht?

Aufgabe 8:

Der Arbeitnehmer AN ist seit einigen Jahren bei dem Arbeitgeber AG beschäftigt. In der Zeit vom 1. 1. 1988 bis 30. 4. 1989 war AN ohne Unterbrechung arbeitsunfähig krank. Im Mai 1989 nimmt er die Arbeit wieder auf. AN verlangt von AG noch den Urlaub für das Jahr 1988. Mit Recht?

Die Lösungen zu den Aufgaben 5–8 finden Sie auf den Seiten 232–234.

4. Sonstige Pflichten während des Arbeitsverhältnisses

a) Beschäftigungspflicht

Solange das Arbeitsverhältnis besteht, ist der Arbeitgeber grundsätzlich verpflichtet, einen Arbeitnehmer auf dessen Verlangen zu beschäftigen. Beschäftigt er den Arbeitnehmer nicht, so erweckt er den Eindruck, als sei die Arbeitsleistung des Arbeitnehmers für ihn wertlos; das ist eine ungerechtfertigte Diskriminierung des Arbeitnehmers. Der Arbeitnehmer kann seinen **Anspruch auf vertragsgemäße Beschäftigung** durch den Arbeitgeber vor den Gerichten für Arbeitssachen **einklagen.**

Die Pflicht des Arbeitgebers **zur Beschäftigung** des Arbeitnehmers **entfällt nur bei besonders schützenswerten Interessen des Arbeitgebers.** Ein solches Interesse ist etwa zu bejahen, wenn nach einer Kündigung während des Laufs der Kündigungsfrist kein Bedarf mehr für die von dem Arbeitnehmer geschuldete Arbeit besteht oder wenn nach einer Kündigung der Verdacht begründet ist, daß der Arbeitnehmer dem Arbeitgeber durch fehlerhafte Arbeit oder andere Pflichtwidrigkeiten (z. B. Abwerbung von Kunden für einen neuen Arbeitgeber) Schaden zufügen werde.

Die lange Zeit umstrittene Frage, ob ein Arbeitnehmer, der gegen eine Kündigung Klage erhebt, auch nach Ablauf des Kündigungstermins **für die Dauer des Kündigungsschutzprozesses** vom Arbeitgeber außerhalb der Regelung des § 102 Abs. 5 BetrVG (s. hierzu Teil 3 D II 4d) seine Weiterbeschäftigung verlangen kann, ist vom Großen Senat des BAG grundsätzlich entschieden worden (BAG 27. 2. 1985, in: DB 1985, 2197). Danach besteht bei einer offensichtlich unwirksamen Kündigung für die gesamte Dauer des Kündigungsschutzprozesses ein Weiterbeschäftigungsanspruch des Arbeitnehmers unter denselben Voraussetzungen wie in einem ungekündigten Arbeitsverhältnis. Bei allen anderen Kündigungen verneint hingegen das BAG grundsätzlich einen Weiterbeschäftigungsanspruch des Arbeitnehmers für die Zeit nach Ablauf des Kündigungstermins bis zu einer abschließenden Entscheidung des Arbeitsgerichts über die Wirksamkeit der Kündigung. Gibt das Arbeitsgericht der Kündigungsschutzklage statt, besteht von diesem Zeitpunkt an grundsätzlich ein Weiterbeschäftigungsanspruch des Arbeitnehmers, der solange fortbesteht, bis das Urteil des Arbeitsgerichts aufgehoben wird. Der Weiterbeschäftigungsanspruch kann bereits während des Kündigungsprozesses durch Klage geltend gemacht werden.

b) Fürsorgepflicht

aa) Allgemeines

Aus dem personenrechtlichen Charakter des Arbeitsverhältnisses erwachsen für beide Parteien des Arbeitsverhältnisses gegenseitige Treuepflichten. Die dem Arbeitgeber gegenüber dem Arbeitnehmer obliegenden Treuepflichten nennt man allgemein Fürsorgepflicht. Die Fürsorgepflicht gebietet es dem Arbeitgeber, im Rahmen des Arbeitsverhältnisses sich für den Arbeitnehmer einzusetzen, ihm Schutz und Fürsorge zuteil werden zu lassen, und alles zu unterlassen, was den Interessen des Arbeitnehmers schaden könnte. Die Fürsorgepflicht des Arbeitgebers als solche kann vertraglich weder ausgeschlossen noch eingeschränkt werden. Welche Pflichten dem Arbeitgeber im einzelnen obliegen, hängt – wie bei der Treuepflicht des Arbeitnehmers – weitgehend von den besonderen Umständen des einzelnen Arbeitsverhältnisses ab und ergibt sich aus der jeweiligen Situation. Verletzt der Arbeitgeber seine Fürsorgepflicht, macht er sich gegenüber dem Arbeitnehmer schadensersatzpflichtig (s. Teil 2 B II 7).

Besonders hervorzuheben sind folgende aus der Fürsorgepflicht abzuleitende Pflichten des Arbeitgebers, die bei jedem Arbeitsverhältnis zu beachten sind:

bb) Schutz für Leben und Gesundheit des Arbeitnehmers

Der Arbeitgeber ist verpflichtet, alle Arbeitsbedingungen so zu regeln, daß der Arbeitnehmer gegen Gefahren für Leben und Gesundheit so weit wie möglich geschützt ist. Die §§ 617, 618 BGB enthalten hierüber auch gesetzliche Vorschriften. So hat jeder Arbeitgeber nach § 618 Abs. 1 BGB Räume, Vorrichtungen und Gerätschaften, die er dem Arbeitnehmer zur Dienstleistung zur Verfügung stellt, so einzurichten und zu unterhalten, daß der Arbeitnehmer gegen Gefahren für Leben und Gesundheit soweit geschützt ist, als die Art der Dienstleistung dies gestattet. Ferner bestehen gesetzliche Sondervorschriften für kaufmännische Angestellte (§ 62 HGB), gewerbliche Arbeiter (§§ 120a ff. GewO), Heimarbeiter (§§ 12 ff. HAG), Seeleute (§ 80 SeemannsG) sowie für Kinder und Jugendliche (§§ 28 ff. JArbSchG).

Zu dem vom Arbeitgeber geschuldeten Schutz des Arbeitnehmers gegen Gefahren für Leben und Gesundheit gehört auch die Beachtung der öffentlich-rechtlichen **Vorschriften des Arbeitsschutzes** (s. unter Buchst. e).

cc) Schutz für eingebrachte Sachen

Der Arbeitgeber ist grundsätzlich verpflichtet, für die Sicherheit von Sachen zu sorgen, die der Arbeitnehmer **berechtigterweise in den Betrieb mitbringt,** dort ablegt oder unterstellt und während der Arbeitszeit nicht bewachen kann. Berechtigt zum Mitbringen der Sachen ist der Arbeitnehmer,

- wenn er sie benötigt, um die Arbeitsstelle zu erreichen oder die Arbeitsleistung zu erbringen (z. B. Arbeitskleidung, Arbeitsgeräte);
- wenn das Mitbringen der Sachen im Betrieb üblich ist (z. B. ist in vielen Großbetrieben das Mitbringen von Fahrrädern und Kraftfahrzeugen üblich);
- wenn der Arbeitgeber das Mitbringen der Sachen ausdrücklich oder stillschweigend gestattet.

Der Arbeitgeber genügt seiner Obhutspflicht, wenn er die Maßnahmen trifft, die ihm unter Berücksichtigung der beruflichen und betrieblichen Übung, der Verkehrssitte und des Ortsgebrauchs zugemutet werden können.

Beispiel:

Wenn die Arbeitnehmer üblicherweise mit Kraftfahrzeugen zur Arbeit kommen, gebietet es die Fürsorgepflicht, daß der Arbeitgeber – soweit räumliche Möglichkeiten bestehen – den Arbeitnehmern einen **Parkplatz** zur Verfügung stellt und für die Verkehrssicherheit des Parkplatzes sorgt; im Regelfall ist der Arbeitgeber jedoch nicht gehalten, die auf dem Parkplatz abgestellten Fahrzeuge seiner Arbeitnehmer vor solchen Schäden zu bewahren, die durch die Unachtsamkeit eines Dritten verursacht werden und denen jeder Kraftfahrer allenthalben ausgesetzt ist.

dd) Haftung für sonstige Sachschäden des Arbeitnehmers

Aus der Fürsorgepflicht wird abgeleitet die Verpflichtung des Arbeitgebers, unter bestimmten Voraussetzungen Sachschäden des Arbeitnehmers zu ersetzen, die dieser bei Ausübung seiner Arbeit erleidet. Nach der Rechtsprechung des BAG (Urteil vom 8. 5. 1980, in: AP Nr. 6 zu § 611 BGB Gefährdungshaftung) sind hierbei **zwei Schadensgruppen** zu unterscheiden:

- Zur ersten Gruppe gehören zwei Arten von Schäden des Arbeitnehmers, die dieser selbst tragen muß. Die erste Art dieser Schäden sind solche, die ein **Arbeitnehmer herkömmlicherweise** (nach der Natur der Sache) **zu tragen** hat, z. B. Laufmasche der Sekretärin beim Bücken, normale Abnutzung der Kleider und Schuhsohlen. Die zweite Art dieser Schäden sind solche, die der Arbeitnehmer zwar nicht herkömmlicherweise tragen muß, **für deren Hinnahme** er aber ausdrücklich oder erkennbar **bezahlt wird,** z. B. bei Schmutzzulagen und angemessenem Kilometergeld. Für diese beiden Arten von Schäden kann der Arbeitnehmer nichts verlangen, es sei denn, daß sie wider Erwarten nach Anlaß und Umfang ungewöhnlich sind.
- Zur zweiten Schadensgruppe gehören **sonstige Schäden,** die der Arbeitnehmer im Dienste des Arbeitgebers erleidet und die er nicht nach der Natur der Sache oder wegen besonderer Vergütung hinnehmen muß. Bei dieser Schadensgruppe ist zu unterscheiden, ob es sich um nicht vergütete Schäden aus dem Lebensbereich des Arbeitnehmers oder um nicht vergütete Schäden aus dem Betätigungsbereich des Arbeitgebers handelt. Für **Schäden aus dem Betätigungsbereich des Arbeitgebers** kann der Arbeitnehmer Ersatz verlangen, für Schäden aus seinem eigenen Lebensbereich hingegen nicht. Wenn etwa ein Arbeitnehmer für die Benutzung seines eigenen PKWs bei Ausübung seines Dienstes keine besondere Vergütung erhält, die das Unfallrisiko deckt, gehören Unfallschäden am PKW des Arbeitnehmers, die er in Ausübung des Dienstes erleidet, zur zweiten Schadensgruppe. Diese Schäden fallen dann unter den Betätigungsbereich des Arbeitgebers, wenn dieser ohne den Einsatz des Kraftfahrzeuges des Arbeitnehmers ein eigenes Fahrzeug einsetzen und das damit verbundene Unfallrisiko tragen müßte. Zum Betätigungsbereich des Arbeitgebers gehört es ferner, wenn ein Arbeitnehmer, der ein Kraftfahrzeug des Arbeitgebers durch Gebiete außerhalb der Bundesrepublik Deutschland und West-Berlins zu führen hat (z. B.

über Transitstrecken der DDR nach West-Berlin), bei einem Unfall mit unzumutbaren Strafverfolgungsmaßnahmen der örtlichen Behörden zu rechnen hat, ohne für die Übernahme dieses Risikos vom Arbeitgeber eine angemessene Vergütung zu erhalten. Läßt der Arbeitnehmer unter diesen Umständen eine Kaution verfallen, um einer unzumutbaren Freiheitsstrafe zu entgehen, kann er hierfür vom Arbeitgeber wie ein Beauftragter Ersatz fordern (BAG 11. 8. 1988, in: DB 1988, 2516). Bei einem Mitverschulden des Arbeitnehmers vermindern sich seine Ersatzansprüche nach den Grundsätzen des § 254 BGB, im Falle gefahrgeneigter Arbeit nach den für diese Tätigkeit geltenden Haftungsgrundsätzen (s. Teil 2 B I 2 d bb).

ee) Beachtung der Sozialversicherungsgesetze

Die Sozialversicherungsgesetze (z. B. Sozialgesetzbuch, Reichsversicherungsordnung, Angestelltenversicherungsgesetz) erlegen dem Arbeitgeber öffentlich-rechtliche Pflichten auf, die den Arbeitnehmer begünstigen, z. B. Berechnung und Abführung der Sozialversicherungsbeiträge, Erstattung von Unfallanzeigen. Die Erfüllung dieser öffentlich-rechtlichen Pflichten zugunsten der Arbeitnehmer gehört ebenfalls zur Fürsorgepflicht des Arbeitgebers.

ff) Fürsorgepflicht bei Vertragsverhandlungen

Schon bei den Vertragsverhandlungen über den Abschluß eines Arbeitsvertrages entsteht eine begrenzte Fürsorgepflicht des Arbeitgebers. Der Arbeitgeber muß den Arbeitnehmer über alle Umstände des künftigen Arbeitsverhältnisses, die – wie der Arbeitgeber weiß oder wissen muß – für den Arbeitnehmer wesentlich sind, zutreffend unterrichten.

gg) Fürsorgepflicht nach Beendigung des Arbeitsverhältnisses

Nach Beendigung des Arbeitsverhältnisses bleibt die Fürsorgepflicht des Arbeitgebers noch in beschränktem Umfang bestehen; der Arbeitgeber hat dem Arbeitnehmer Schutz und Fürsorge zuteil werden zu lassen in allen Dingen, die mit dem beendeten Arbeitsverhältnis im Zusammenhang stehen, z. B. darf er Dritten nur wahrheitsgemäßte Auskünfte über den Arbeitnehmer erteilen.

c) Gleichbehandlungsgrundsatz

Der sog. arbeitsrechtliche Gleichbehandlungsgrundsatz besagt, daß es dem Arbeitgeber verboten ist, Arbeitnehmer aus sachfremden Gründen gegenüber einer Gruppe in vergleichbarer Lage befindlichen Arbeitnehmern schlechter zu stellen. Hierbei ist es unerheblich, ob die von dem Arbeitgeber bevorzugte Gruppe größer ist als die benachteiligte Gruppe. Wann eine vom Arbeitgeber vorgenommene Differenzierung sachwidrig ist, richtet sich nach den sozialen Anschauungen der jeweiligen Zeit. Die Anwendung des Gleichbehandlungsgrundsatzes ist daher einem gewissen Wandel unterworfen. Gesetzlich geregelt ist seit dem EG-Anpassungsgesetz vom 13. 8. 1980 die Gleichbehandlung der Geschlechter. Danach ist bei einzelvertraglichen Vereinbarungen und sonstigen Maßnahmen des Arbeitgebers eine Differenzierung wegen des Geschlechts grundsätzlich verboten (§§ 611 a, 611 b, 612 Abs. 3 BGB).

Die Pflicht des Arbeitgebers zur Gleichbehandlung beschränkt sich grundsätzlich **auf den gleichen Betrieb;** führt ein Arbeitgeber mehrere Betriebe, so ist er nur jeweils innerhalb ein und desselben Betriebes zur Gleichbehandlung verpflichtet. Ausnahmsweise erstreckt sich die Pflicht zur Gleichbehandlung auf den Bereich des Unternehmens, wenn der Arbeitgeber Maßnahmen gegenüber seinen Arbeitnehmern trifft, die auf der besonderen Lage seines Unternehmens beruhen und nicht durch Besonderheiten eines seiner Betriebe bedingt sind, z. B. Kürzung von Ruhegeldzusagen wegen wirtschaftlicher Notlage des Unternehmens.

Vor Abschluß des Arbeitsvertrages gilt der Gleichbehandlungsgrundsatz noch nicht. Infolgedessen steht es grundsätzlich im freien, nicht nachprüfbaren Ermessen des Arbeitgebers, ob und wen er als Arbeitnehmer einstellen will. Jedoch darf der Arbeitgeber bei seiner Entscheidung über die Einstellung keinen Bewerber wegen seines Geschlechts benachteiligen (§ 611 a Abs. 1 BGB). Ein Verstoß gegen dieses Diskriminierungsverbot führt zu Schadensersatzansprüchen des abgewiesenen Bewerbers (§ 611 a Abs. 2 BGB).

Bei der **Festsetzung der Arbeitsvergütung** und der sonstigen Arbeitsbedingungen hat der Grundsatz der Vertragsfreiheit Vorrang vor dem arbeitsrechtlichen Grundsatz der Gleichbehandlung. Deshalb kann ein Arbeitgeber mit neu eintretenden Arbeitnehmern wirksam eine niedrigere Vergütung vereinbaren, als sie sonst in seinem Betrieb üblich ist. Bei der Vergütungsvereinbarung muß der Arbeitgeber allerdings einen evtl. auf das Arbeitsverhältnis anwendbaren Tarifvertrag beachten (s. Teil 2 B II 1b) sowie den Gleichheitssatz des Grundgesetzes (Art. 3 GG) und die Vorschriften des EG-Anpassungsgesetzes vom 13. 8. 1980 (§ 611a BGB). So sind Lohnvereinbarungen mit weiblichen Arbeitnehmern wegen Verstoßes gegen Art. 3 GG, § 611a BGB unwirksam, wenn in diesen Vereinbarungen ein niedrigerer Lohn festgesetzt ist, als er vergleichbaren männlichen Arbeitnehmern im Betrieb generell gewährt wird.

Bei **nachträglichen Vergütungserhöhungen** muß der Arbeitgeber den Gleichbehandlungsgrundsatz beachten; er darf bei einer allgemeinen Vergütungserhöhung im Betrieb nicht einzelne Belegschaftsmitglieder ohne sachlichen Grund von der Erhöhung ausschließen. Als sachlicher Grund für den Ausschluß von einer allgemeinen Vergütungserhöhung können nur Umstände anerkannt werden, die sich auf die Arbeitsleistung des Arbeitnehmers beziehen, z. B. unterdurchschnittliche Arbeitsleistungen. Soweit allerdings mit der Vergütungserhöhung die Verteuerung der Lebenshaltungskosten innerhalb eines bestimmten Zeitraumes ausgeglichen werden soll, dürfen hiervon auch Arbeitnehmer mit unterdurchschnittlichen Arbeitsleistungen oder aus sonstigen persönlichen Gründen nicht ausgeschlossen werden. Im übrigen schließt es die Geltung des Gleichbehandlungsgrundsatzes nicht aus, daß der Arbeitgeber einzelnen Arbeitnehmern eine Vergütungserhöhung gewährt, ohne zu einer Erhöhung der übrigen Arbeitnehmer verpflichtet zu sein.

Auch bei der **Gewährung freiwilliger sozialer Leistungen,** insbesondere Gratifikationen (s. Teil 2 B II 2d), muß der Arbeitgeber den Gleichbehandlungsgrundsatz beachten. Ferner ist er bei der Ausübung seines Weisungsrechts (s. Teil 2 B I 3a) an den Gleichbehandlungsgrundsatz gebunden. So darf er nicht einem einzigen Arbeitnehmer einer bestimmten Abteilung das Rauchen im Betrieb verbieten, aber den übrigen Arbeitnehmern der Abteilung das Rauchen gestatten.

Bei ordentlichen und außerordentlichen **Kündigungen** ist der Gleichbehandlungsgrundsatz grundsätzlich nicht anwendbar. Ein Arbeitnehmer, der etwa wegen eines bestimmten Fehlverhaltens entlassen worden ist, kann sich zur Rechtfertigung seiner Kündigungsschutzklage nicht darauf berufen, ein anderer Arbeitnehmer, der die gleiche Verfehlung begangen habe, sei nicht entlassen worden.

d) Betriebsübung

Bei der Betriebsübung handelt es sich um eine ständige, tatsächliche Übung des Arbeitgebers innerhalb eines Betriebes, durch die bei den Arbeitnehmern der Eindruck entstehen muß, der Arbeitgeber wolle sich für die Zukunft an sein Verhalten binden. Aus einer Betriebsübung kann ein Arbeitnehmer dann Rechte herleiten bzw. verpflichtet werden, wenn er sich mit dem in der Übung zum Ausdruck gekommenen Willen des Arbeitgebers, sich für die Zukunft binden zu wollen, einverstanden erklärt. Ein solches Einverständnis kann auch stillschweigend erklärt werden. Für die stillschweigende Erklärung – auch bei neu eingestellten Arbeitnehmern – genügt es, wenn der Arbeitgeber mit einem stillschweigenden Einverständnis rechnen kann. Will der Arbeitgeber verhindern, daß neu eingestellte Arbeitnehmer Rechte aus einer bestimmten Betriebsübung erwerben, muß er dies ausdrücklich mit ihnen vereinbaren.

Eine Betriebsübung kann sich auf jede Art von Arbeitsbedingungen beziehen. In der Praxis beruhen insbesonderee soziale Zuwendungen des Arbeitgebers (z. B. Gratifikationen, Jubiläumsgelder, Ruhegelder) oft auf einer betrieblichen Übung.

Rechte, die Arbeitnehmer aus einer Betriebsübung erworben haben, kann der Arbeitgeber **grundsätzlich nur durch Ausspruch einer wirksamen Änderungskündigung** (s. Teil 2 C IV) **oder durch Vereinbarung** mit den einzelnen Arbeitnehmern **beseitigen.** Eine solche Vereinbarung kann auch stillschweigend getroffen werden; dies ist dann anzunehmen, wenn sich der Arbeitgeber nicht mehr an die Übung hält, dies unter den Arbeitnehmern bekannt wird und sie nicht widersprechen. Darüber hinaus kann der Arbeitgeber zusätzliche soziale Leistungen, die auf einer Betriebsübung beruhen, ohne Einhaltung einer Frist kürzen oder ganz einstellen, wenn und soweit bei ungekürzter Weitergewährung der Bestand des Unternehmens gefährdet wäre und Aussicht besteht, daß durch die Kürzung bzw. Einstellung der Leistung das Unternehmen saniert wird. Ferner kann der Arbeitgeber einzelnen Arbeitnehmern bei schwerwiegenden und groben Treuepflichtverletzungen soziale Leistungen, die auf einer Betriebsübung beruhen, für die Zukunft entziehen (Einwand des Rechtmißbrauchs).

e) Arbeitsschutz: Betriebsschutz, Arbeitszeitschutz, Arbeitsvertragsschutz

aa) Allgemeines

Unter Arbeitsschutzrecht versteht man die Gesamtheit der Rechtsnormen, die dem Arbeitgeber öffentlich-rechtliche Pflichten auferlegen, um die Arbeitnehmer vor Gefahren zu schützen. „Öffentlich-rechtliche" Pflichten bedeutet, daß der Arbeitgeber gegenüber dem Staat zur Einhaltung der Arbeitsschutzvorschriften verpflichtet ist, amtliche Stellen (z. B. Gewerbeaufsichtsämter, Berufsgenossenschaften) die Einhaltung der Vorschriften überwachen und Verstöße in der Regel mit Strafe bedroht sind. Gegenüber dem einzelnen Arbeitnehmer ist der Arbeitgeber aufgrund seiner **Fürsorgepflicht** zur Beachtung der Arbeitsschutzvorschriften verpflichtet. Auf die Einhaltung dieser Vorschriften kann der Arbeitnehmer nicht verzichten.

Innerhalb der Arbeitsschutzvorschriften kann man unterscheiden zwischen Betriebsschutz, Arbeitszeitschutz und Arbeitsvertragsschutz.

bb) Betriebsschutz

Diejenigen Normen, die den Arbeitnehmer gegen die durch den Betrieb und die Arbeitsstätte drohenden Gefahren für **Leben, Gesundheit und Sittlichkeit** schützen sollen, werden unter dem Begriff Betriebsschutz zusammengefaßt. Vorschriften über den Betriebsschutz finden sich insbesondere in der Gewerbeordnung (§§ 120 a–120 e GewO), der Arbeitsstätten-Verordnung, der Arbeitsstoff-Verordnung und dem Arbeitssicherheitsgesetz. Nach dem **Arbeitssicherheitsgesetz** muß der Arbeitgeber Betriebsärzte und Fachkräfte für Arbeitssicherheit bestellen, wenn dies wegen der Betriebsart und der damit für die Arbeitnehmer verbundenen Unfall- und Gesundheitsgefahren, wegen der Zahl der beschäftigten Arbeitnehmer und der Zusammensetzung der Arbeitnehmerschaft und wegen der Betriebsorganisation, insbesondere im Hinblick auf die Zahl und die Art der für den Arbeitsschutz und die Unfallverhütung verantwortlichen Personen, erforderlich ist.

Für bestimmte Arbeitnehmergruppen (Schwangere und junge Mütter, Jugendliche, Heimarbeiter, Schwerbehinderte) hat der Gesetzgeber noch besondere Schutzvorschriften in den einschlägigen Gesetzen (Mutterschutzgesetz, Jugendarbeitsschutzgesetz, Jugendschutzgesetz, Heimarbeitsgesetz, Schwerbehindertengesetz) festgelegt.

Der staatliche Schutz wird durch die **Unfallverhütungsvorschriften der Berufsgenossenschaften** ergänzt. Diese erlassen Vorschriften über Einrichtungen, Anordnungen und Maßnahmen, die der Unternehmer zur Verhütung von Arbeitsunfällen zu treffen hat.

cc) Arbeitszeitschutz

Der Begriff Arbeitszeitschutz umfaßt diejenigen öffentlich-rechtlichen Normen, die den Arbeitnehmer vor übermäßiger zeitlicher Beanspruchung durch den Arbeitgeber schützen sollen. Diese Normen legen die unabdingbaren **Höchstgrenzen** der zulässigen Arbeitszeit nach Dauer und Lage fest und stellen Mindestbedingungen für Ruhezeiten und Ruhepausen auf. Das heißt: Die Parteien des Arbeitsvertrages können eine über die Normen des Arbeitszeitrechts hinausgehende Arbeitszeit oder kürzere Ruhezeiten und Ruhepausen nicht wirksam vereinbaren; die Vereinbarung einer kürzeren als der gesetzlichen Höchstarbeitszeit und von längeren Ruhezeiten und Ruhepausen sind hingegen zulässig. Die gesetzlichen Beschränkungen der Arbeitszeit gelten für einen Arbeitnehmer unabhängig davon, in wieviel Arbeitsverhältnissen er steht; bei mehreren Arbeitsverhältnissen eines Arbeitnehmers dürfen die zusammengezählten Arbeitszeiten die gesetzlichen Höchstgrenzen nicht überschreiten.

Der Arbeitszeitschutz **an Werktagen** ist in der Arbeitszeitordnung (AZO) geregelt, die für alle Betriebe und Verwaltungen mit Ausnahme der Bäckereien und Konditoreien, der land- und forstwirtschaftlichen Betriebe und der Betriebe der Seeschiffahrt und Luftfahrt gilt (§ 1 Abs. 1, § 3 AZO). In den von der AZO erfaßten Betrieben gelten deren Vorschriften für alle Arbeitnehmer über 18 Jahre mit Ausnahme der Generalbevollmächtigten, Prokuristen und der sonstigen leitenden Angestellten, die Vorgesetzte von mindestens 20 Arbeitnehmern sind (§ 1 Abs. 1 AZO), und mit Ausnahme der pharmazeutisch vorgebildeten Arbeitnehmer in Apotheken und des Pflegepersonals in Krankenpflegeanstalten (§ 1 Abs. 2, 3 AZO). Für die meisten von der AZO nicht erfaßten Betriebe und nicht erfaßten Arbeitnehmergruppen gelten Sondervorschriften in einschlägigen Gesetzen und Verordnungen (z. B. für Arbeitnehmer unter 18 Jahren §§ 8 ff. JArbSchG). Lediglich Generalbevollmächtigte, Prokuristen und sonstige leitende Angestellte, die Vorgesetzte von mindestens 20 Arbeitnehmern sind, ferner Hausgehilfen und landwirtschaftliche Arbeitnehmer genießen überhaupt keinen öffentlich-rechtlichen Arbeitszeitschutz.

Für bestimmte von der AZO erfaßte Arbeitnehmergruppen gelten neben der AZO noch zusätzlich Sondervorschriften in einschlägigen Gesetzen und Verordnungen, die den betroffenen Arbeitnehmern in einzelnen Punkten einen geringeren oder einen weitergehenden Schutz als die AZO gewähren. Hier sind insbesondere zu nennen das Ladenschlußgesetz für das Personal in Verkaufsstellen, das Mutterschutzgesetz für Schwangere und junge Mütter und EWG-Verordnungen für Kraftfahrer und Beifahrer.

Die werktägliche Arbeitszeit von Arbeitnehmern, die unter die AZO fallen, darf grundsätzlich 8 Stunden nicht überschreiten (§ 3 Abs. 1 AZO). Hierbei zählen zur Arbeitszeit nicht nur die Zeiten der tatsächlichen Arbeitsleistung, sondern auch Zeiten von Arbeitsbereitschaft. Von **Arbeitsbereitschaft** spricht man, wenn der Arbeitnehmer nicht die geschuldete Arbeitsleistung erbringt, sich aber an seinem Arbeitsplatz zur jederzeitigen Arbeitsaufnahme bereithalten muß und darüber hinaus ständig darauf zu achten hat, ob sein Eingreifen in den Arbeitsprozeß gemäß seinem Arbeitsvertrag erforderlich wird (z. B. ein Pförtner, der auf ein Klingelzeichen hin das Betriebstor zu bedienen hat). Hingegen zählen der sog. **Bereitschaftsdienst** und die sog. **Rufbereitschaft** nicht zur Arbeitszeit i. S. der AZO. Bereitschaftsdienst und Rufbereitschaft sind dadurch gekennzeichnet, daß der Arbeitnehmer im Betrieb des Arbeitgebers (Bereitschaftsdienst) bzw. an einem vereinbarten Ort außerhalb des Betriebes (Rufbereitschaft) auf Abruf zur Arbeitsleistung zur Verfügung zu stehen hat. Die Vereinbarung von Bereitschaftsdienst und Rufbereitschaft ist keinen Beschränkungen durch die AZO unterworfen.

Von dem Grundsatz der werktäglichen Höchstarbeitszeit von 8 Stunden gibt es zahlreiche Ausnahmen:

- *Arbeitszeitverlängerung bis zu 10 Stunden*

(1) Wenn an **einzelnen Werktagen regelmäßig nicht gearbeitet** wird (z. B. arbeitsfreier Samstag), darf die für diesen Werktag zulässige Arbeitszeit von 8 Stunden auf die übrigen Werktage verteilt werden; jedoch darf die Arbeitszeit an einem Werktag 10 Stunden nicht übersteigen (§ 4 AZO).

(2) Wenn **Arbeitszeit an Werktagen in Verbindung mit Feiertagen ausfällt,** um den Arbeitnehmern eine längere zusammenhängende Freizeit zu gewähren (z. B. Freitag nach Himmelfahrtstag), oder wenn Arbeitszeit an Werktagen infolge einer Betriebsfeier, eines Volksfestes, einer öffentlichen Veranstaltung oder aus ähnlichen Anlässen ausfällt, darf die ausgefallene Arbeitszeit innerhalb von 5 Wochen durch Mehrarbeit ausgeglichen wer-

den; jedoch darf auch in diesem Falle die werktägliche Arbeitszeit 10 Stunden nicht übersteigen (§ 4 AZO).

(3) Erfordert die besondete Art des Betriebes eine **ungleichmäßige Arbeitszeit** (z.B. in Gast- und Schankwirtschaften), darf der Arbeitnehmer an einzelnen Werktagen bis zu 10 Stunden beschäftigt werden, wenn die Mehrarbeit (über 8 Stunden werktäglich) innerhalb von 3 Wochen durch Arbeitszeitverkürzung (unter 8 Stunden werktäglich) ausgeglichen wird (§ 4 AZO).

(4) Unabhängig davon, ob die Arbeitszeit an einzelnen oder mehreren Werktagen schon nach (1)–(3) verlängert wurde, und unabhängig davon, ob eine der Voraussetzungen für eine Arbeitszeitverlängerung nach (1)–(3) vorliegt, darf die Arbeitszeit für den Betrieb oder eine Betriebsabteilung **an 30 Tagen im Kalenderjahr** bis zu 10 Stunden täglich verlängert werden (§ 6 AZO).

(5) Die Tarifpartner können nach freiem Ermessen durch **Tarifvertrag** die regelmäßige Arbeitszeit bis zu 10 Stunden werktäglich verlängern (§ 7 Abs. 1 AZO).

(6) Mit **Genehmigung des Gewerbeaufsichtsamtes** darf die Arbeitszeit für einen befristeten Zeitraum bis zu 10 Stunden werktäglich verlängert werden, wenn der Unternehmer hierfür ein dringendes Bedürfnis nachweist, z.B. dringende Aufträge (§ 8 Abs. 1 AZO).

(7) Beim **Zu-Ende-Bedienen der Kundschaft** einschließlich der damit zusammenhängenden notwendigen Aufräumungsarbeiten darf die für den Betrieb nach (1)–(3) zulässige Arbeitszeit um eine halbe Stunde, höchstens jedoch bis zu insgesamt 10 Stunden werktäglich verlängert werden.

(8) Bei **Reinigungs- und Instandhaltungsarbeiten,** die sich während des regelmäßigen Betriebes nicht ohne erhebliche Störung ausführen lassen, und bei Arbeiten zur Wiederaufnahme oder Aufrechterhaltung des vollen Betriebes darf die für den Betrieb nach (1)–(6) zulässige Arbeitszeit um 2 Stunden werktäglich, höchstens jedoch bis zu insgesamt 10 Stunden werktäglich verlängert werden (§ 5 Abs. 1 AZO).

(9) Bei **besonders gefährlichen Arbeiten** kommt eine Arbeitszeitverlängerung nur unter den besonderen Voraussetzungen des § 9 AZO in Betracht; für weibliche Arbeitnehmer vgl. ferner § 16 AZO.

(10) Die Möglichkeit der Arbeitszeitverlängerung nach (1)–(8) ist für **weibliche Arbeitnehmer** eingeschränkt (vgl. §§ 17, 19–21 AZO).

● *Arbeitszeitverlängerung über 10 Stunden*

(11) Wenn in die Arbeitszeit regelmäßig und in erheblichem Umfang **Arbeitsbereitschaft** fällt, kann durch Tarifvertrag oder mit Genehmigung des Gewerbeaufsichtsamtes die Arbeitszeit werktäglich über 10 Stunden hinaus verlängert werden (§ 7 Abs. 2, § 8 Abs. 2 AZO).

(12) **Mit Genehmigung des Gewerbeaufsichtsamtes** kann die Arbeitszeit ferner über 10 Stunden werktäglich hinaus verlängert werden, wenn einer der Fälle zu (1)–(3) vorliegt, oder wenn die Arbeitszeitverlängerung aus dringenden Gründen des Gemeinwohls (z. B. Sicherung der Volksernährung, Versorgung mit Strom, Gas und Wasser) erforderlich ist.

(13) Auch ohne Genehmigung des Gewerbeaufsichtsamtes kann die werktägliche Arbeitszeit über 10 Stunden hinaus verlängert werden in den Fällen zu (8), wenn die dort angeführten Arbeiten nur von den hierfür eingesetzten Arbeitnehmern, nicht aber von anderen Betriebsangehörigen ausgeführt werden können und die **Heranziehung betriebsfremder Personen dem Arbeitgeber nicht zugemutet werden kann** (§ 5 Abs. 3 AZO), bei vorübergehenden Arbeiten **in Notfällen** und sonstigen nicht voraussehbaren, außergewöhnlichen Fällen (§ 14 Abs. 1 AZO), an einzelnen Tagen für eine verhältnismäßig geringe Zahl von Arbeitnehmern, wenn sie Arbeiten auszuführen haben, deren Nichterledigung das **Ergebnis der Arbeit gefährden** oder einen unverhältnismäßig **großen Schaden** notwendig mit sich bringen würde, sowie in sog. **„Mehrschichtbetrieben“** (das sind Betriebe, in denen werktags und sonntags ununterbrochen in mehreren Schichten gearbeitet werden muß) für männliche Arbeitnehmer innerhalb von 3 Wochen einmal bis zu 16 Stunden einschließlich der Pausen, wenn ihnen dafür in diesen 3 Wochen zweimal eine ununterbrochene Ruhezeit von je 24 Stunden gewährt wird (§ 10 AZO).

(14) Für **weibliche Arbeitnehmer** darf die Arbeitszeit nur bei vorübergehenden Arbeiten in Notfällen über 10 Stunden hinaus verlängert werden (§ 21 AZO).

Wenn in die Arbeitszeit nicht regelmäßig und in erheblichem Umfange Arbeitsbereitschaft fällt, können die Arbeitnehmer für die über die Grenzen der §§ 3–5 AZO hinausgehende Arbeitszeit nach Maßgabe des § 15 AZO einen angemessenen **Mehrarbeitszuschlag** verlangen (s. Teil 2 B II 1 d cc (3)).

An **Sonn- und Feiertagen** darf in Gewerbebetrieben grundsätzlich nicht gearbeitet werden (§ 105 a GewO). Ausnahmen bestehen für das Gast- und

Schankgewerbe, das Vergnügungsgewerbe, das Verkehrsgewerbe sowie für bestimmten dringende Arbeiten (vgl. § 105b–§ 105i GewO).

Männlichen Arbeitnehmern sind bei einer Arbeitszeit von mehr als 6 Stunden, weiblichen Arbeitnehmern bei einer Arbeitszeit von mehr als 4 ½ Stunden **Ruhepausen** zu gewähren (näheres s. § 12 Abs. 2, § 18 AZO).

Nach Beendigung der täglichen Arbeitszeit ist den Arbeitnehmern eine **ununterbrochene Ruhezeit** von mindestens 11 Stunden zu gewähren, die im Gast- und Schankstättengewerbe, im Beherbergungswesen und im Verkehrswesen auf 10 Stunden, im übrigen nur mit Genehmigung des Gewerbeaufsichtsamtes verkürzt werden kann (§ 12 Abs. 1 AZO).

dd) Arbeitsvertragsschutz

Der öffentlich-rechtliche Arbeitsvertragsschutz ist dadurch gekennzeichnet, daß das Gesetz für bestimmte Arten von Arbeits- oder arbeitnehmerähnlichen Verhältnissen bestimmte Mindestbedingungen aufstellt, zu deren Erfüllung der Staat den Arbeitgeber durch Zwangsmittel anhalten kann. Die wichtigsten Normen des Arbeitsvertragsschutzes sind das **Heimarbeitsgesetz** (s. Teil 1 C I 2d), das Gesetz über die **Festsetzung von Mindestarbeitsbedingungen** vom 11. 1. 1952 sowie das **Verbot** für Arbeitgeber eines Gewerbebetriebes, **Zeugnisse mit Geheimzeichen zu versehen** (§ 113 Abs. 3, § 146 Abs. 1 Nr. 3 GewO).

Literaturhinweise:

zu B II 4a: *Schaub,* Arbeitsrechtshandbuch, 6. Auf.l. 1987, S. 733–741.
zu B II 4b: *Schaub,* a.a.O., S. 710–720.
zu B II 4c: *Schaub,* a.a.O., S. 748–756.
zu B II 4d: *Schaub,* a.a.O., S. 741–748; *Seiter,* Die Betriebsübung, 1967.
zu B II 4e: *Schaub,* a.a.O., S. 1015–1063; *Denecke–Neumann,* Die Arbeitszeitordnung, 10. Aufl. 1987; *Röhsler,* Die Arbeitszeit, 1973.

Kontrollfragen:

43. Besteht ein Anspruch des Arbeitnehmers auf Beschäftigung?
44. Was bedeutet die Fürsorgepflicht des Arbeitgebers?
45. Muß der Arbeitgeber für die Sicherheit von Sachen sorgen, die der Arbeitnehmer in den Betrieb mitbringt?
46. Was bedeutet der Gleichbehandlungsgrundsatz?
47. Kann ein Arbeitnehmer aus einer Betriebsübung Rechte herleiten?

48. Welche Gruppen von Vorschriften faßt man unter dem Begriff „Arbeitsschutz" zusammen und worin liegt ihre Besonderheit gegenüber sonstigen arbeitsrechtlichen Vorschriften?
49. Was regeln die Vorschriften des Arbeitszeitschutzes?

Die Lösungen zu den Kontrollfragen 43–49 finden Sie auf Seite 222.

Aufgabe 9:

Arbeitgeber AG stellt dem Arbeitnehmer AN, der fünf Minuten Fußweg vom Betrieb des AG entfernt wohnt, auf dem betriebseigenen Parkplatz einen Platz zur Verfügung, auf dem AN während seiner Arbeitszeit seinen Privat-Pkw unterstellen kann. AN unterzeichnet hierbei auf Wunsch des AG folgende Erklärung: „Die Firma übernimmt für die Zeit der Unterstellung des Pkw's auf dem betriebseigenen Parkplatz keine Haftung für Diebstahl und Beschädigung jeder Art an dem Pkw. Der Arbeitnehmer ist damit einverstanden." Als einige Zeit später Facharbeiter der Firma in einer Entfernung von 30 m vom Parkplatz des AN auf einem Wiesengelände Farbspritzarbeiten an Eisenteilen durchführen, werden umhersprühende Farbspritzer vom Wind zum Parkplatz des AN getragen und bleiben an seinem Fahrzeug fest hängen. Der Schaden kann nur durch eine Neulakkierung behoben werden. Ist die von AN unterzeichnete Erklärung rechtswirksam? Kann er von AG eine Neulackierung seines Pkw's verlangen?

Aufgabe 10:

Im Jahre 1989 erhöhte der Arbeitgeber AG in Schreiben an die Arbeitnehmer, deren Arbeitsverhältnisse sich grundsätzlich nach dem einschlägigen Tarifvertrag richteten, und an die Arbeitnehmer, deren Arbeitsbedingungen durch Einzelvereinbarung festgelegt worden waren (sog. außertarifliche Angestellte), „mit Rücksicht auf die gestiegenen Lebenshaltungskosten und den wirtschaftlichen Ertrag des Unternehmens" die Vergütung seiner Mitarbeiter um 5 %. Lediglich die Vergütung von 2 außertariflichen Angestellten wurde nicht erhöht, da die Leistungen dieser Angestellten unbestritten nicht zufriedenstellend waren. Ferner führte AG für seine männlichen gewerblichen Arbeiter eine „außertarifliche, jederzeit widerrufliche Zulage" in Höhe von 100,– DM monatlich ein. Können die beiden von der Vergütungserhöhung ausgeschlossenen außertariflichen Angestellten die Erhöhung ihrer Vergütung und die weiblichen gewerblichen

Arbeiter dieselbe außertarifliche Zulage, wie sie ihren männlichen Kollegen gewährt wird, verlangen?

Die Lösungen zu den Aufgaben 9–10 finden Sie auf den Seiten 234–235.

5. Sonderpflichten bei bestimmten Arbeitnehmergruppen

a) Jugendschutz

aa) Allgemeines

Die Sonderrechte von Kindern und Jugendlichen, die als Arbeitnehmer beschäftigt werden, sind im Jugendarbeitsschutzgesetz geregelt. Als Kinder gelten Personen, die noch nicht 14 Jahre alt oder noch zum Besuch einer Schule mit Vollunterricht verpflichtet sind. Jugendliche sind alle Personen, die 14, aber noch nicht 18 Jahre alt sind (§ 2 JArbSchG).

bb) Beschäftigung von Kindern

Die Beschäftigung von Kindern ist grundsätzlich verboten. In der Landwirtschaft dürfen Kinder über 13 Jahre geringfügig beschäftigt werden (§ 5 JArbSchG). Darüber hinaus sind bei bestimmten Veranstaltungen für Kinder behördliche Ausnahmen vorgesehen (§ 6 JArbSchG).

cc) Beschäftigung von Jugendlichen

Die Beschäftigung Jugendlicher unter 15 Jahren ist verboten. Für Jugendliche außerhalb der Vollzeitschulpflicht, aber unter 15 Jahren, ist die Beschäftigung in einem Berufsausbildungsverhältnis sowie mit leichten und geeigneten Tätigkeiten bis zu 7 Stunden täglich und 35 Stunden wöchentlich erlaubt (§ 7 JArbSchG).

(1) Arbeitszeitschutz

Die gesetzliche Höchstarbeitszeit für Jugendliche einschließlich Ruhepausen und Mehrarbeitsvergütung ist in den §§ 8 bis 18, 21 JArbSchG geregelt.

Die tägliche Arbeitszeit darf nicht mehr als 8 Stunden (u. U. 8 ½ Std. nach § 8 Abs. 2 JArbSchG), die wöchentliche Arbeitszeit nicht mehr als 40 Stunden betragen. In der Landwirtschaft ist für Jugendliche über 16 Jahre die Beschäftigung während der Erntezeit bis zu 9 Stunden täglich und 85 Stunden in der Doppelwoche erlaubt (§ 8 JArbSchG).

Der Arbeitgeber hat dem Jugendlichen die zur Erfüllung der gesetzlichen Berufsschulpflicht notwendige Zeit zu gewähren. Vor einem vor 9 Uhr beginnenden Unterricht, an Berufsschultagen mit mehr als fünf Unterrichtsstunden von mindestens je 45 Minuten (einmal in der Woche) sowie in Berufsschulwochen mit einem Blockunterricht von mindestens 25 Stunden an 5 Tagen darf der Jugendliche nicht beschäftigt werden. Die Unterrichtszeit einschließlich Pausen wird auf die Arbeitszeit angerechnet. Unterrichtstage von mindestens 5 Stunden werden mit 8 Stunden und Unterrichtswochen von mindestens 25 Stunden werden mit 40 Stunden auf die Arbeitszeit angerechnet. Ein Entgeltausfall durch den Besuch der Berufsschule ist unzulässig (§ 9 JArbSchG).

Die Ruhepausen für Jugendliche müssen bei mehr als 4 ½ Stunden bis 6 Stunden Arbeitszeit mindestens 30 Minuten, bei mehr als 6 Stunden Arbeitszeit mindestens 60 Minuten betragen. Länger als 4 ½ Stunden hintereinander dürfen Jugendliche nicht ohne Ruhepause beschäftigt werden. Als Ruhepause gelten nur Arbeitsunterbrechungen von mindestens 15 Minuten (§ 11 JArbSchG). Nach Beendigung der täglichen Arbeit ist den Jugendlichen eine ununterbrochene Freizeit von mindestens 12 Stunden zu gewähren (§ 13 JArbSchG).

Für die Beschäftigung in Nachtstunden, an Samstagen und an Sonn- und Feiertagen gelten folgende Grundsätze: In der Nachtzeit dürfen Jugendliche von 20 bis 6 Uhr nicht beschäftigt werden. Alle Jugendlichen dürfen an Samstagen insgesamt und am 24. und 31. Dezember nicht nach 14 Uhr beschäftigt werden. An Sonn- und Feiertagen ist die Beschäftigung von Jugendlichen verboten. Ausnahmen von diesen Grundsätzen sind für bestimmte Fälle in den jeweiligen Vorschriften geregelt.

(2) Urlaub

Der Urlaub für Jugendliche ist in § 19 JArbSchG geregelt. Der Jugendliche hat für jedes Kalenderjahr Anspruch auf 30 Werktage bezahlten Urlaub, wenn er zu Beginn des Kalenderjahres noch nicht 16 Jahre alt ist. Er ermäßigt sich auf 27 Werktage bei einem Alter unter 17 Jahren und auf 25 Werktage bei einem Alter unter 18 Jahren. Im Bergbau unter Tage beschäftigte Jugendliche haben Anspruch auf 3 zusätzliche Werktage. Im übrigen gelten für den Urlaub der Jugendlichen die §§ 3 Abs. 2, 4 bis 12 und 13 Abs. 3 BUrlG.

(3) Beschäftigungsverbote

Die Beschäftigung eines Jugendlichen mit gefährlichen Arbeiten (im einzelnen in § 22 JArbSchG ausgeführt) ist verboten. Ebenso ist die Beschäftigung von Jugendlichen mit Akkordarbeiten und sonstigen Arbeiten, bei denen durch ein gesteigertes Arbeitstempo ein höheres Entgelt erzielt werden kann, sowie mit Fließbandarbeit bei vorgeschriebenem Arbeitstempo verboten (§ 23 JArbSchG). Das gleiche gilt für Arbeiten unter Tage (§ 24 JArbSchG). Ausnahmen von diesen Grundsätzen sind in den jeweiligen Vorschriften vorgesehen.

(4) Sonstige Pflichten des Arbeitgebers

Sonstige Pflichten des Arbeitgebers, wie die menschengerechte Gestaltung der Arbeit, Unterweisung über Gefahren, Züchtigungsverbot und das Verbot der Abgabe von Alkohol und Tabak sowie schließlich die gesundheitliche Betreuung sind in den §§ 28–46 JArbSchG geregelt.

b) Schutz des Wehrpflichtigen

Die Rechte und Pflichten des Arbeitnehmers aus Anlaß seiner Einberufung zum Wehrdienst sind im Arbeitsplatzschutzgesetz geregelt. In erster Linie gewährt das Gesetz dem Arbeitnehmer Schutz gegen Maßnahmen des Arbeitgebers wegen seiner Einberufung zum Wehrdienst.

Während des Wehrdienstes **ruht** das Arbeitsverhältnis (§ 1 Abs. 1 ArbPlSchG). Das Arbeitsverhältnis besteht fort, der Arbeitnehmer bleibt Betriebsangehöriger. Jedoch entfällt für die Dauer des Wehrdienstes die Verpflichtung des Arbeitnehmers zur Arbeitsleistung und die Verpflichtung des Arbeitgebers zur Zahlung einer Vergütung.

Vor, während und nach dem Wehrdienst genießt der Wehrpflichtige bei ordentlichen Kündigungen einen besonderen **Kündigungsschutz.** Wegen der Einzelheiten wird auf die Ausführungen zum Kündigungsrecht verwiesen (s. Teil 2 C II 3 f.).

Der Arbeitgeber kann den **Erholungsurlaub** des Arbeitnehmers für jeden vollen Kalendermonat, den der Arbeitnehmer Grundwehrdienst leistet, um ein Zwölftel kürzen. Hingegen berechtigt eine Wehrübung nicht zur Kürzung des Erholungsurlaubs durch den Arbeitgeber. Der Arbeitnehmer kann vor Beginn des Grundwehrdienstes oder einer Wehrübung verlangen, daß der Arbeitgeber den dem Arbeitnehmer zustehenden Erholungsurlaub gewährt (§ 4 Abs. 1 ArbPlSchG).

Nimmt der Arbeitnehmer im Anschluß an den Wehrdienst in seinem bisherigen Betrieb die Arbeit wieder auf, so darf ihm aus der Abwesenheit infolge des Wehrdienstes in beruflicher und betrieblicher Hinsicht kein Nachteil entstehen (§ 6 Abs. 1 ArbPlSchG).

c) Schwerbehindertenschutz

Die besonderen Rechte der Schwerbehinderten und der ihnen gleichgestellten Personen sind im Schwerbehindertengesetz geregelt. Private Arbeitgeber und Arbeitgeber der öffentlichen Hand, die über mehr als 15 Arbeitsplätze verfügen, sind verpflichtet, auf wenigstens 6 v. H. der Arbeitsplätze Schwerbehinderte zu beschäftigen (§ 5 Abs. 1 SchwBG). Kommt ein Arbeitgeber seiner Pflicht, eine bestimmte Anzahl von Schwerbehinderten zu beschäftigen, nicht nach, hat er je Monat für jeden unbesetzten Pflichtplatz eine **Ausgleichsabgabe** von DM 150,– an die Hauptfürsorgestelle zu zahlen. Der Betrag ist jährlich abzuführen (§ 11 Abs. 1, 2 SchwBG).

Die Arbeitgeber haben die in ihrem Betrieb tätigen Schwerbehinderten so zu beschäftigen, daß diese ihre Fähigkeit und Kenntnisse möglichst voll verwerten und weiterentwickeln können (§ 14 Abs. 2 SchwBG). Erfüllt der Arbeitgeber schuldhaft nicht seine Pflicht, kann der Schwerbehinderte von dem Arbeitgeber **Schadensersatz** fordern.

Schwerbehinderte haben Anspruch auf einen bezahlten **zusätzlichen Urlaub** von 5 Arbeitstagen im Urlaubsjahr, der zu dem Grundurlaub hinzutritt (§ 47 SchwBG). Durch tarifliche, betriebliche oder vertragliche Urlaubsregelungen kann für Schwerbehinderte ein längerer Zeitraum vorgesehen werden.

In Betrieben, in denen mindestens nicht nur vorübergehend 5 Schwerbehinderte beschäftigt werden, sind ein Vertrauensmann oder eine Vertrauensfrau und mindestens 1 Stellvertreter zu wählen (§ 24 SchwBG). Sie haben die Gruppen- und Einzelinteressen der Schwerbehinderten zu vertreten (§ 25 SchwBG).

Schwerbehinderte und Vertrauensleute genießen bei Kündigungen einen besonderen **Kündigungsschutz** (§§ 15 ff. SchwBG). Wegen der Einzelheiten wird auf die Ausführungen zum Kündigungsrecht verwiesen (s. Teil 2 C II 3 d).

d) Schutz der Frau

Grundsätzlich gelten für Arbeitsverhältnisse mit weiblichen Arbeitnehmerinnen dieselben Gesetze und Rechtsgrundsätze wie für Arbeitsverhältnisse mit männlichen Arbeitnehmern. Mit Rücksicht auf ihre biologische Besonderheit und ihre Aufgaben im Haushalt genießen jedoch Arbeitnehmerinnen einen besonderen Schutz hinsichtlich der Art ihrer Beschäftigung (Gefahrenschutz), ihrer Arbeitszeit (Arbeitszeitschutz, Hausarbeitstag) sowie bei Vorliegen einer Schwangerschaft.

aa) Gefahrenschutz

Frauen dürfen nicht mit besonders schweren und gesundheitsschädigenden Arbeiten beschäftigt werden.

Beispiele:
Beschäftigung in Kokereien, Beförderung von Roh- und Werkstoffen bei Bauten aller Art (§ 16 AZO).

bb) Arbeitszeitschutz

Die allgemeinen Vorschriften der Arbeitszeitordnung über die zulässige Höchstarbeitszeit gelten grundsätzlich auch für Arbeitnehmerinnen. Darüber hinaus genießen Arbeitnehmerinnen in bestimmten Fällen einen weitergehenden Schutz. Insbesondere ist die **Nachtarbeit** von 20 Uhr bis 6 Uhr verboten; jedoch ist in mehrschichtigen Betrieben eine Beschäftigung ab 5 Uhr (in der Frühschicht) und bis 24 Uhr (in der Spätschicht) möglich. An **Tagen vor Sonn- und Feiertagen** muß die Beschäftigung um 17 Uhr enden. Hiervon gibt es jedoch Ausnahmen (z. B. Gaststättengewerbe, Friseurhandwerk) (§ 19 AZO).

cc) Schutz bei Schwangerschaft

Schwangere und Wöchnerinnen, die als Arbeitnehmer in einem Arbeitsverhältnis stehen, genießen neben dem allgemeinen Arbeitnehmerschutz und dem besonderen Schutz für Arbeitnehmerinnen einen weiteren Schutz, der im Mutterschutzgesetz geregelt ist. Das Mutterschutzgesetz enthält in erster Linie Regelungen über die Gestaltung des Arbeitsplatzes, Beschäftigungsverbote, Beschränkungen der Arbeitszeit, Regelungen bestimmter Leistungen für Schwangere und Wöchnerinnen, Bestimmungen über die Zulässigkeit von Kündigungen sowie über den Mutterschaftsurlaub.

So ist die Beschäftigung verboten für **Schwangere,**

- soweit nach ärztlichem Zeugnis **Leben** oder **Gesundheit** von Mutter und Kind bei Fortdauer der Beschäftigung **gefährdet** ist (§ 3 Abs. 1 MuSchG),
- mit **schweren körperlichen** Arbeiten, mit Arbeiten, bei denen die Arbeitnehmerin schädlichen Einwirkungen (z. B. Staub, Gase, Hitze) oder der **Gefahr einer Berufserkrankung** ausgesetzt wird, und mit einer die Kräfte der Arbeitnehmerin übermäßig beanspruchenden **Akkord-** oder **Fließbandarbeit** (§ 4 MuSchG),
- in den letzten 6 Wochen vor der Niederkunft, außer wenn die Arbeitnehmerin sich zur Arbeitsleistung ausdrücklich bereiterklärt (§ 3 Abs. 2 MuSchG).

Wöchnerinnen dürfen bis zum **Ablauf von 8 Wochen** nach der Entbindung, bei Früh- und Mehrlingsgeburten bis zum Ablauf von 12 Wochen nach der Entbindung nicht beschäftigt werden (§ 6 Abs. 1 MuSchG). Ebenso besteht Beschäftigungsverbot für **stillende Mütter** mit bestimmten anstrengenden oder gesundheitsgefährdenden Arbeiten (§ 6 Abs. 3 MuSchG).

Schwangere und stillende Mütter dürfen gemäß § 8 MuSchG auch nicht mit Mehrarbeit sowie in der **Nacht** zwischen 20 Uhr und 6 Uhr und an **Sonn- und Feiertagen** beschäftigt werden. Die Aufsichtsbehörde kann in begründeten Einzelfällen Ausnahmen von den angeführten Beschränkungen der Arbeitszeit zulassen (§ 8 Abs. 6 MuSchG). **Stillenden Müttern** ist auf ihr Verlangen die zum Stillen erforderliche Zeit freizugeben. Einzelheiten über die Dauer der Stillzeit sind in § 7 MuSchG geregelt.

Schwangere und Frauen nach der Entbindung, die ihre vertragsmäßige Tätigkeit ausüben, haben gegen den Arbeitgeber Anspruch auf die **übliche Vergütung.**

Frauen, die vor Beginn oder nach dem Ende der Mutterschutzfrist infolge eines Beschäftigungsverbots oder der Beschränkung der Arbeitszeit nach den Vorschriften des Mutterschutzgesetzes teilweise oder völlig mit der Arbeit aussetzen, haben gegen den Arbeitgeber Anspruch auf Fortzahlung der bisherigen **vollen Vergütung** (§ 11 Abs. 1 MuSchG).

Während der Mutterschutzfrist erhalten die Arbeitnehmerinnen **Mutterschaftsgeld,** wenn in der Zeit zwischen dem 10. und dem 4. Monat einschließlich dieser Monate vor der Entbindung für mindestens 12 Wochen Krankenversicherungspflicht oder ein Arbeitsverhältnis bestanden hat (§ 13 MuSchG, § 200 RVO). Das Mutterschaftsgeld wird für Frauen, die in der gesetzlichen Krankenversicherung versichert sind, von der Krankenversicherung, für nicht versicherte Frauen von der AOK oder der Landkrankenkasse zu Lasten des Bundes gewährt.

Während der Schwangerschaft und während der Schutzfrist nach der Entbindung kann die Arbeitnehmerin das Arbeitsverhältnis ohne Einhaltung einer Frist zum Ende der Schutzfrist nach der Entbindung kündigen. Hinsichtlich der Kündigungsbeschränkungen bei Arbeitgeberkündigungen wird auf die Ausführungen zum Kündigungsrecht verwiesen (s. Teil 2 C II 3 e).

dd) Erziehungsurlaub

An die Stelle des früheren Mutterschaftsurlaubs nach den §§ 8 a ff. MuSchG a. F. ist der Erziehungsurlaub nach den Vorschriften des BErzGG getreten. Da der Erziehungsurlaub aber nicht nur von Müttern, sondern auch von anderen sorgeberechtigten Personen in Anspruch genommen werden kann, werden seine Regelungen in Teil 2 B II 3 h erörtert.

Literaturhinweise:

zu B II 5 a: *Schaub,* Arbeitsrechtshandbuch, 6. Aufl. 1987, S. 1050–1063; *Borrmann,* Jugendarbeitsschutzrecht, 2. Aufl. 1985; *Herschel/Lorenz,* Jugendarbeitsschutzgesetz, 2. Aufl. 1985; *Zmarzlik,* Jugendarbeitsschutzgesetz, 3. Aufl. 1985.

zu B II 5 b: *Schaub,* Arbeitsrechtshandbuch, 6. Aufl. 1987, S. 1157–1161; *Sahmer,* Arbeitsplatzschutzgesetz, 3. Aufl. 1978

zu B II 5 c: *Schaub,* Arbeitsrechtshandbuch, 6. Aufl. 1987, 1161–1192; *Jung/Cramer,* Das Schwerbehindertengesetz, 3. Aufl. 1985; *Wilrodt/Neumann,* Schwerbehindertengesetz, 7. Aufl. 1988

zu B II 5 d: *Schaub,* Arbeitsrechtshandbuch, 6. Aufl. 1987, 1085–1117; *Bulla/Buchner,* Mutterschutzgesetz, 5. Aufl. 1981

Kontrollfragen:

50. In welchem Gesetz sind die Sonderrechte von Kindern und Jugendlichen geregelt? Wer gilt danach als Kind und wer als Jugendlicher?
51. In welchem Rechtszustand befindet sich ein Arbeitsverhältnis während des Wehrdienstes?
52. Inwiefern genießt die weibliche Arbeitnehmerin im Arbeitsverhältnis einen besonderen Schutz?

Die Lösungen zu den Kontrollfragen 50–52 befinden sich auf Seite 223.

6. Pflichten bei und nach Beendigung des Arbeitsverhältnisses

a) Zeugnis

Jeder Arbeitnehmer kann bei Beendigung des Arbeitsverhältnisses von dem Arbeitgeber die Erteilung eines Zeugnisses verlangen (§ 630 BGB, § 73 HGB, § 113 GewO). Der Anspruch entsteht schon **angemessene Zeit vor Ablauf des Arbeitsverhältnisses,** wenn die Beendigung feststeht. Das bedeutet bei unbefristeten Arbeitsverhältnissen, daß der Zeugnisanspruch in dem Zeitpunkt entsteht, in dem das Arbeitsverhältnis von einer der Parteien gekündigt oder die Beendigung des Arbeitsverhältnisses vereinbart wird. Der Arbeitgeber muß das Zeugnis zur Abholung durch den Arbeitnehmer bereithalten. Gegenüber dem Zeugnisanspruch kann der Arbeitgeber **kein Zurückbehaltungsrecht** wegen eigener Gegenforderungen geltend machen, weil dies mit seiner Fürsorgepflicht unvereinbar wäre.

Das Zeugnis ist **schriftlich** zu erteilen und vom Arbeitgeber oder einem hierzu ermächtigten leitenden Angestellten **eigenhändig zu unterschreiben.** Der Firmenstempel ohne Beifügung einer Unterschrift genügt nicht. Das Zeugnis darf keine Radierungen, Verbesserungen oder Einschaltungen enthalten, wenn dadurch der Eindruck einer Fälschung erweckt werden kann.

In dem Zeugnis muß die Person des Arbeitnehmers durch Angabe des Vornamens, Familiennamens und des Geburtstages genau bezeichnet werden. Ferner muß das Zeugnis genaue und zutreffende **Angaben über die Art der Beschäftigung des Arbeitnehmers und über die Dauer des Arbeitsverhältnisses** enthalten. Der Grund für die Beendigung des Arbeitsverhältnisses darf im Zeugnis grundsätzlich nur auf Verlangen des Arbeitnehmers angegeben werden.

Nur wenn der Arbeitnehmer es ausdrücklich verlangt, darf und muß sich der Arbeitgeber in dem Zeugnis über die Leistungen und die Führung des Arbeitnehmers äußern (sog. **qualifiziertes Zeugnis**). Hierbei müssen die Ausführungen in dem Zeugnis so ausführlich sein, daß sich ein Dritter ein Bild über die Leistungen und Führung des Arbeitnehmers machen kann. Alle für das Arbeitsverhältnis wesentlichen Umstände müssen erwähnt werden. So ist etwa die Ehrlichkeit des Arbeitnehmers im Zeugnis zu bescheinigen, wenn die Ehrlichkeit für die Tätigkeit des Arbeitnehmers von erheblicher Bedeutung war (z. B. Kassierer, Hauspersonal) und durch die Nichterwähnung der Ehrlichkeit der Verdacht der Unehrlichkeit erweckt wird.

Wortlaut und Formulierung des Zeugnisses stehen im Ermessen des Arbeitgebers. Alle Angaben im Zeugnis müssen der **Wahrheit** entsprechen. Jedoch dürfen in dem qualifizierten Zeugnis einmalige Vorfälle, die nicht besonders schwer wiegen, länger zurückliegende Beanstandungen und Umstände, die für die Führung und Leistung des Arbeitnehmers nicht charakteristisch sind, nicht erwähnt werden. Hingegen müssen schwerwiegende, auch einmalige, Verfehlungen, etwa Unterschlagungen zum Nachteil des Arbeitgebers in erheblichem Umfang, und für den Arbeitnehmer charakteristische Mängel in der Führung und Leistung, etwa ständige Unpünktlichkeit und ständig unzulängliche Leistungen, in dem qualifizierten Zeugnis erwähnt werden. Der bloße Verdacht einer strafbaren Handlung – auch der dringende Verdacht – darf im Zeugnis nicht ausdrücklich erwähnt werden.

Ist das Zeugnis nach den dargestellten Grundsätzen unrichtig oder unvollständig, kann der Arbeitnehmer die **Berichtigung** und Vervollständigung des Zeugnisses verlangen. Im Streitfall muß der Arbeitgeber die Tatsachen beweisen, die seiner vom Arbeitnehmer angegriffenen ungünstigen Beurteilung zugrunde liegen; gelingt ihm der Beweis nicht, muß er das Zeugnis berichtigen.

Kommt der Arbeitgeber seiner Pflicht zur Erteilung des Zeugnisses überhaupt nicht nach oder erteilt er ein unrichtiges oder unvollständiges Zeugnis, so riskiert er es, daß er dem Arbeitnehmer **Schadensersatz leisten** muß. Kann nämlich ein Arbeitnehmer beweisen, ein bestimmter Arbeitgeber sei bereit gewesen, ihn einzustellen, habe sich aber dann wegen des fehlenden oder unrichtigen Zeugnisses davon abhalten lassen, so kann der Arbeitnehmer von seinem bisherigen Arbeitgeber den Ersatz des Schadens verlangen, der ihm durch die entgangene Einstellung entstanden ist, das ist der entgangene Verdienst.

Stellt sich nachträglich die Unrichtigkeit eines Zeugnisses heraus, etwa weil eine Verfehlung des Arbeitnehmers erst später entdeckt wurde, kann der Arbeitgeber das erteilte Zeugnis **widerrufen** und Zug um Zug gegen Erteilung eines neuen Zeugnisses die Herausgabe des alten Zeugnisses verlangen. Hat der Arbeitgeber ein Zeugnis bewußt unrichtig erteilt, kann er keine Rückgabe verlangen.

Wenn der Arbeitgeber jedoch ein **bewußt unrichtiges Zeugnis** erteilt, indem er den Arbeitnehmer wider besseres Wissen günstig beurteilt, dieses günstige Zeugnis einen anderen Arbeitgeber zur Einstellung des Arbeitnehmers veranlaßt und der frühere Arbeitgeber sich bei der Zeugniserteilung darüber im klaren war, daß die im Zeugnis verschwiegenen Mängel des Arbeitnehmers zur Schädigung eines neuen Arbeitgebers führen könnten, haftet der frühere Arbeitgeber dem neuen Arbeitgeber für den Schaden, den der Arbeitnehmer diesem aufgrund der verschwiegenen Mängel (z. B. Unterschlagung) zufügt.

b) Arbeitspapiere

Arbeitspapiere sind alle Urkunden, die bestimmte Angaben über das Arbeitsverhältnis enthalten, vom Arbeitgeber auszustellen oder auszufüllen sind und für den Arbeitnehmer als Beweismittel dienen sollen. Die wichtigsten Arbeitspapiere sind: die Lohnsteuerkarte; das Rentenversicherungsnachweisheft; die Urlaubsbescheinigung, in der der Arbeitgeber bei Beendigung des Arbeitsverhältnisses die Höhe der bereits gewährten oder abgegoltenen Urlaubstage im laufenden Kalenderjahr bescheinigen muß (§ 6 Abs. 2 BUrlG); Verdienstbescheinigungen nach Formblatt des Arbeitsamtes oder der Krankenkasse, damit die zuständigen Stellen das Arbeitslosengeld bzw. Krankengeld des Arbeitnehmers berechnen können.

Bei Beendigung des Arbeitsverhältnisses muß der Arbeitgeber alle Arbeitspapiere, die noch in seinem Besitz sind (z. B. Lohnsteuerkarte) oder die er ausstellen muß (z. B. Urlaubsbescheinigung), ordnungsgemäß **ausfüllen und zur Abholung** durch den Arbeitnehmer **bereithalten.** Ein Zurückbehaltungsrecht an den Arbeitspapieren wegen eigener Gegenforderungen steht dem Arbeitgeber nicht zu, weil dies mit seiner Fürsorgepflicht unvereinbar wäre. Händigt der Arbeitgeber dem Arbeitnehmer die Arbeitspapiere nicht aus, kann dieser dem Arbeitgeber unter Androhung von Schadensersatzansprüchen eine angemessene Frist zur Herausgabe der Papiere setzen und nach erfolglosem Fristablauf Ersatz des Schadens verlangen, der ihm durch die Nichtaushändigung der Papiere entstanden ist, z. B. entgangener Verdienst, weil er wegen fehlender Arbeitspapiere von einer bestimmten Firma nicht eingestellt wurde.

Sind die Arbeitspapiere unrichtig ausgefüllt, kann der Arbeitnehmer vom Arbeitgeber die **Berichtigung** der Papiere verlangen. Die Berichtigung von Eintragungen in der Lohnsteuerkarte, in dem Rentenversicherungsnachweisheft sowie in den Verdienstbescheinigungen nach Formblatt des Arbeitsamtes oder der Krankenkasse kann der Arbeitnehmer gegen den Arbeitgeber jedoch nicht im Klageweg durchsetzen. Solche Klagen gegen den Arbeitgeber sind unzulässig. Vielmehr ist es Aufgabe der zuständigen Behörden (Finanzämter, Sozialversicherungsträger), die die Eintragungen in den Arbeitspapieren für amtliche Feststellungen und Bescheide benötigen, die Richtigkeit der Eintragungen zu überprüfen und notfalls eine Berichtigung herbeizuführen; der Arbeitnehmer kann sich an diese Behörden wenden, damit eine Berichtigung der Arbeitspapiere durchgesetzt wird. Unabhängig davon kann der Arbeitnehmer vom Arbeitgeber **Schadensersatz** verlangen, wenn ihm durch unrichtige Eintragungen in die Arbeitspapiere ein Schaden (z.B. Verlust des Lohnsteuerjahresausgleichs, Rentenkürzung) erwächst. Diesen Schadensersatzanspruch kann er im Klageweg vor den Arbeitsgerichten geltend machen.

c) Karenzentschädigung für Wettbewerbsverbot

Als Karenzentschädigung bezeichnet man die Entschädigung, die der Arbeitgeber nach Beendigung des Arbeitsverhältnisses wegen eines vereinbarten Wettbewerbsverbots an den Arbeitnehmer zu zahlen hat.

aa) Voraussetzungen für den Anspruch des Arbeitnehmers auf Karenzentschädigung

Voraussetzung für den Anspruch des früheren Arbeitnehmers auf Karenzentschädigung ist, daß die zwischen den Parteien getroffene Wettbewerbsvereinbarung nicht unwirksam und noch nicht außer Kraft getreten ist und der Arbeitnehmer das Wettbewerbsverbot einhält. Auch bei einem unverbindlichen Wettbewerbsverbot (s. Teil 2 B I 4c) kann der Arbeitnehmer, der die Wettbewerbsvereinbarung einhält, Karenzentschädigung beanspruchen. Das gilt selbst bei einem bedingten Wettbewerbsverbot (s. Teil 2 B I 4b gg), das der Arbeitgeber nicht in Anspruch nimmt. Der Anspruch auf Karenzentschädigung besteht stets nur in der zwischen den Parteien vereinbarten Höhe.

Sind die angeführten Voraussetzungen für den Anspruch auf Karenzentschädigung erfüllt, besteht dieser Anspruch grundsätzlich unabhängig davon, ob der Arbeitnehmer überhaupt in der Lage ist, dem Arbeitgeber Konkurrenz zu machen, oder ob der Arbeitgeber noch ein geschäftliches Interesse an der Einhaltung des Wettbewerbsverbots hat. Lediglich wenn der Arbeitnehmer eine Freiheitsstrafe verbüßt, entfällt für die Dauer der Haft der Anspruch auf Karenzentschädigung (§ 74c Abs. 1 Satz 3 HGB).

bb) Höhe der Karenzentschädigung

Wenn als Karenzentschädigung ein bestimmter monatlicher Betrag zugesagt wurde, ist dieser zugrunde zu legen; ist hingegen – wie meist – „die Hälfte der letzten Bezüge“ als Entschädigung versprochen, sind die letzten vertraglichen Bezüge auf Jahresbasis zu errechnen und dann durch 12 zu teilen, um die monatliche Entschädigung zu ermitteln. Auf die so ermittelte monatliche Entschädigung muß sich der Arbeitnehmer **anrechnen** lassen, was er während des Monats, für den die Entschädigung gezahlt wird, durch anderweitige Verwendung seiner Arbeitskraft erwirbt oder zu erwerben böswillig unterläßt, soweit die Entschädigung unter Hinzuziehung dieses Betrages den Betrag der zuletzt von ihm bezogenen vertragsmäßigen Leistungen um mehr als 1/10 übersteigen würde; ist der Arbeitnehmer durch das Wettbewerbsverbot gezwungen worden, seinen Wohnsitz zu verlegen, so tritt an die Stelle des Betrages von 1/10 der Betrag von 1/4 (§ 74c HGB). Eine hiervon abweichende Regelung bedarf der ausdrücklichen Vereinbarung zwischen Arbeitgeber und Arbeitnehmer.

Bei **schwankenden Bezügen** (z. B. Provisionen) und **Einmalzahlungen** (z. B. Weihnachtsgratifikation), die dem Arbeitnehmer als Entgelt für seine Tätigkeit während der Zeit des Wettbewerbsverbots (Karenzzeit) gezahlt werden, ist der je Monat anzurechnende Betrag zu ermitteln, indem man den ganzen Betrag durch die Zahl der Monate teilt, auf die er sich bezieht.

Von einem **böswilligen Unterlassen** des Arbeitnehmers, anderweitiges Arbeitseinkommen zu erwerben, kann nur gesprochen werden, wenn er eine ihm bekannte und nach den gesamten Umständen zumutbare anderweitige Tätigkeit nicht aufnimmt. Bei der Abwägung, was dem Arbeitnehmer zumutbar ist, muß die durch Art. 12 GG gewährleistete Freiheit der Berufswahl beachtet werden. Der Arbeitnehmer ist in der Wahl seines Berufes grundsätzlich frei. Deshalb darf er ohne Beeinträchtigung seines Anspruchs auf Karenzentschädigung eine selbständige Existenz begründen; er darf auch ein Studium ergreifen, wenn es auf einer sinnvollen Berufsentscheidung beruht. Ferner handelt der Arbeitnehmer nicht böswillig, wenn er es ablehnt, mit dem bisherigen Arbeitgeber ein neues Arbeitsverhältnis zu begründen.

Ein **Zwang zur Wohnsitzverlegung** i. S. von § 74c HGB ist nur dann anzuerkennen, wenn der durch ein Wettbewerbsverbot behinderte Arbeitnehmer an seinem Wohnort oder in dessen Einzugsgebiet eine Arbeitsstelle bei einem Konkurrenzunternehmen hätte finden können, aber infolge des

Wettbewerbsverbots eine neue Arbeitsstelle außerhalb seines bisherigen Wohnortes antritt, weil er nur dort eine nicht konkurrierende Tätigkeit ausüben kann, die nach Art, Vergütung und Aufstiegschancen seiner bisherigen Tätigkeit nahekommt, und dies eine Wohnsitzverlegung erfordert.

cc) Auskunftspflicht des Arbeitnehmers

Ein Arbeitnehmer, der Karenzentschädigung beansprucht, muß seinem früheren Arbeitgeber auf dessen Verlangen Auskunft über die Höhe seines anderweitigen Erwerbs erteilen, damit dieser prüfen kann, inwieweit das neue Einkommen auf die Karenzentschädigung angerechnet werden kann (§ 74c Abs. 2 HGB). Hierbei hat der frühere Arbeitnehmer seine Angaben über sein neues Arbeitseinkommen auf Anforderung zu belegen.

d) Ruhegeld

aa) Rechtsgrundlagen

Eine gesetzliche Verpflichtung des Arbeitgebers, seinen Arbeitnehmern beim Eintritt in den Ruhestand ein privates Ruhegeld zu gewähren, besteht nicht. Einen Rechtsanspruch auf ein privates Ruhegeld erwirbt der Arbeitnehmer nur, wenn dies in einem Tarifvertrag, einer Betriebsvereinbarung oder einer Einzelvereinbarung vorgesehen ist, wobei es sich bei der Einzelvereinbarung auch um eine stillschweigende Vereinbarung handeln kann, die aufgrund einer betrieblichen Übung des Arbeitgebers (s. Teil 2 B II 4d) zustande kommt. Das gleiche gilt, wenn ein Arbeitnehmer Vorruhestandsleistungen entsprechend dem bis 31. Dezember 1988 geltenden Voruhestandsgesetz vom 13. April 1984 (VRG) oder ab 1. Januar 1989 Leistungen entsprechend dem Altersteilzeitgesetz vom 20. Dezember 1988 in Anspruch nehmen will. Manche Arbeitgeber zahlen nicht selbst unmittelbar an ihre Pensionäre ein privates Ruhegeld, vielmehr gründen sie für die Altersversorgung ihrer Arbeitnehmer eigens rechtlich selbständige **Unterstützungskassen,** etwa in Form eines Vereins oder einer Stiftung, oder **Pensionskassen** in Form einer Aktiengesellschaft oder eines Versicherungsvereins auf Gegenseitigkeit. Pensionskassen gewähren den Arbeitnehmern nach bestimmten Richtlinien Anspruch auf Altersversorgung, Unterstützungskassen gewähren keinen Rechtsanspruch auf ihre Leistungen, sind aber gehalten, nach einem Leistungsplan zu verfahren, der alle in Frage kommenden Leistungsempfänger gleich behandelt.

Schließlich kann ein Arbeitgeber seinen Arbeitnehmern Altersversorgung auch dadurch gewähren, daß er zu ihren Gunsten eine **Lebensversicherung** abschließt; Bezugsberechtigte dieser Versicherung sind bei Eintritt des Ruhealters die Arbeitnehmer bzw. bei ihrem vorzeitigen Tod ihre Hinterbliebenen.

Die folgenden Ausführungen zur Gewährung von privaten Ruhegeldern sind grundsätzlich auch anwendbar, wenn Altersversorgung durch eine Pensionskasse oder eine Unterstützungskasse gewährt wird oder zugunsten des Arbeitnehmers eine Lebensversicherung abgeschlossen wurde.

bb) Aufrechterhaltung der Versorgungsanwartschaft bei vorzeitiger Beendigung des Arbeitsverhältnises

Endet das Arbeitsverhältnis eines Arbeitnehmers, dem ein privates Ruhegeld zugesagt wurde, vor Eintritt des Versorgungsfalles, so behält er die Anwartschaft auf das Ruhegeld, wenn ihm dies für den eingetretenen Fall der vorzeitigen Beendigung des Arbeitsverhältnisses zugesagt wurde oder wenn im Zeitpunkt der Beendigung des Arbeitsverhältnisses der Arbeitnehmer mindestens das 35. Lebensjahr vollendet hat und entweder die Versorgungszusage für ihn mindestens 10 Jahre bestanden hat oder der Beginn der Betriebszugehörigkeit mindestens 12 Jahre zurückliegt und die Versorgungszusage für ihn mindestens 3 Jahre bestanden hat. Bei Eintritt des Versorgungsfalles hat der Arbeitnehmer dann einen Anspruch mindestens in Höhe des Teiles der ohne das vorherige Ausscheiden zustehenden Leistung, der dem Verhältnis der Dauer seiner Betriebszugehörigkeit zu der vom Beginn der Betriebszugehörigkeit bis zur Vollendung des 65. Lebensjahres entspricht; an die Stelle des 65. Lebensjahres tritt ein früherer Zeitpunkt, wenn dieser in der Versorgungsregelung als feste Altersgrenze vorgesehen ist (§§ 1, 2 BetrAVG). Weitere Einzelheiten zur Unverfallbarkeit von Versorgungsanwartschaften sind in dem Gesetz zur Verbesserung der betrieblichen Altersversorgung vom 19. 12. 1974 (BetrAVG) geregelt.

cc) Änderung der Ruhegeldordnung

Ruhegeldzusagen beruhen meist auf einer Ruhegeldordnung, in der die Bedingungen für den Erwerb und die Höhe des Ruhegeldes festgelegt sind. Solche Ruhegeldordnungen werden entweder vom Arbeitgeber einseitig erlassen oder zusammen mit dem Betriebsrat in einer Betriebsvereinbarung (s. Teil 3 D II 4f) niedergelegt. Die Ruhegeldordnungen unterliegen einer gerichtlichen Billigkeitskontrolle; das heißt: das Gericht ist befugt, eine unbillige Regelung durch eine Bestimmung nach **billigem Ermessen** zu ersetzen (vgl. § 315 Abs. 3 Satz 2 BGB).

Eine betriebliche Ruhegeldordnung, gleichgültig, ob sie vom Arbeitgeber erlassen ist (vertragliche Einheitsregelung) oder auf einer Betriebsvereinbarung beruht, kann **durch eine spätere Betriebsvereinbarung abgelöst** und geändert werden, wobei zwar keine Änderungen zuungunsten der Pensionäre, wohl aber Änderungen zuungunsten der aktiven Arbeitnehmer zulässig sind, vertraglich begründete Ansprüche jedoch nur unter erschwerten Voraussetzungen beschränkt werden dürfen (BAG 16. 9. 1986, in: DB 1987, 383). Die Änderungen unterliegen ebenfalls einer gerichtlichen Billigkeitskontrolle, bei der die Auswirkungen der Änderung für alle betroffenen Arbeitnehmer nach Treu und Glauben unter besonderer Berücksichtigung des Vertrauensschutzgedankens zu prüfen sind.

Hierbei ist zu beachten, daß unverfallbare Versorgungsanwartschaften nicht ohne erheblichen Grund durch ablösende Betriebsvereinbarungen entzogen, gekürzt oder sonstwie verschlechtert werden können. Das Gegenteil käme einer entschädigungslosen Enteignung gleich. Ein erheblicher Grund zur Verschlechterung unverfallbarer Versorgungsanwartschaften ist insbesondere gegeben, wenn die Voraussetzungen vorliegen, unter denen in Versorgungszusagen wegen wirtschaftlicher Notlage des Unternehmens eingegriffen werden darf (s. unter dd).

dd) Widerruf der Ruhegeldzusage und Einstellung bzw. Kürzung von Ruhegeldzahlungen

Ruhegeldzusagen werden oft nur unter dem Vorbehalt des jederzeitigen Widerrufs oder unter Ausschluß eines Rechtsanspruchs erteilt. Trotzdem darf der Arbeitgeber in diesem Fall die Ruhegeldzusage **nur nach billigem Ermessen** widerrufen, d.h. unter Abwägung der eigenen Interessen und der Belange der betroffenen Arbeitnehmer und Pensionäre. Bei der Ausübung des Widerrufs, der auch gegenüber Pensionären zulässig ist, muß der Arbeitgeber den Gleichbehandlungsgrundsatz (s. Teil 2 B II 4c) beachten.

Hatte sich der Arbeitgeber keinen Widerruf der Ruhegeldzusage vorbehalten, ist zwar der Widerruf grundsätzlich nicht zulässig, wohl aber **bei wirt-**

schaftlicher Notlage des Unternehmens die Einstellung, Kürzung oder Stundung von Ruhegeld, wenn und solange bei ungekkürzter Weiterzahlung der Bestand des Unternehmens gefährdet ist, die Ruhegeldeinstellung oder Kürzung bzw. Stundung unter Beachtung des Gleichbehandlungsgrundsatzes (s. Teil 2 B II 4c) erfolgt und zusammen mit anderen sachdienlichen Maßnahmen notwendig und geeignet ist, die Sanierung des Unternehmens herbeizuführen und darüber hinaus nicht nur den Ruheständlern, sondern auch den aktiven Belegschaftsmitgliedern einschließlich der Spitzenkräfte Opfer zugemuteet werden. Ob diese Voraussetzungen für eine Einstellung, Kürzung oder Stundung des Ruhegeldes vorliegen, muß der Arbeitgeber mit den Mitteln der modernen Betriebswirtschaft prüfen und dem Gericht nachweisen. Den Pensionären ist nur ein Opfer zuzumuten, das zur Sanierung unerläßlich ist. Deshalb ist zunächst eine Stundung, dann eine Kürzung und erst als letztes eine Einstellung des Ruhegeldes in Erwägung zu ziehen. Ist das Unternehmen in Konkurs geraten oder ist dieser unvermeidlich, besteht für eine Einstellung, Kürzung oder Stundung des Ruhegeldes kein Anlaß, da eine Sanierung des Unternehmens nicht mehr möglich ist. Für den Fall einer berechtigten Einstellung oder Kürzung der Versorgungsleistungen wird der Ausfall der Pensionäre vom Träger der Insolvenzversicherung übernommen (vgl. § 7 Abs. 1, insbesondere Satz 3 Nr. 5 BetrAVG). Deshalb muß der Arbeitgeber vor einer Einstellung oder Kürzung von Versorgungsleistungen mit dem Träger der Insolvenzsicherung klären, ob er hierzu berechtigt ist. Wird hierbei kein Einvernehmen erzielt, kann der Arbeitgeber gegen den Träger der Insolvenzsicherung und die betroffenen Arbeitnehmer Feststellungsklage erheben, daß er zur Einstellung oder Kürzung der Versorgungsleistungen berechtigt ist.

Gegenüber einzelnen Arbeitnehmern oder Pensionären kann der Arbeitgeber eine – auch vorbehaltlose und unverfallbare – Ruhegeldzusage widerrufen bzw. die Ruhegeldzahlung einstellen, wenn diese sich einen **groben Treueverstoß** gegen den Arbeitgeber haben zuschulden kommen lassen und der Verstoß so schwerwiegend ist, daß die Berufung auf die Versorgungszusage arglistig erscheint (Einwand des Rechtsmißbrauchs). Dieser Fall kann z. B. gegeben sein, wenn der Versorgungsberechtigte durch ruinösen Wettbewerb die wirtschaftliche Grundlage des Arbeitgebers gefährdet oder wenn die vergütete Betriebstreue rückblickend wertlos erscheint, weil der Arbeitnehmer seine Stellung jahrelang dazu mißbraucht hat, seinen Arbeitgeber zu schädigen, oder wenn eine rechtzeitige Entdeckung der Verfehlungen des Arbeitnehmers zur fristlosen Kündigung geführt hätte, bevor die Versorgungsanwartschaft unverfallbar wurde. Je nach den Umständen des Falles kann auch nur ein **teilweiser Widerruf** gerechtfertigt sein, z. B. wenn sich das schädigende Verhalten des Arbeitnehmers nur auf einen – im Verhältnis zur Dauer der Betriebszugehörigkeit – relativ kurzen Zeitraum erstreckt.

ee) Art und Höhe des Ruhegeldes

Art und Höhe des Ruhegeldes richten sich grundsätzlich nach der Versorgungszusage. Manche Versorgungszusagen sehen die Anrechnung von Renten aus der gesetzlichen Rentenversicherung oder anderer Versorgungsbezüge auf das betriebliche Ruhegeld vor; d. h., das zugesagte betriebliche Ruhegeld soll um den Betrag der Rente aus der gesetzlichen Rentenversicherung bzw. anderer Versorgungsbezüge gekürzt werden. Eine solche **Anrechnungsklausel** ist zulässig, soweit die Sozialversicherungsrente auf Pflichtbeiträgen beruht bzw. die sonstigen Versorgungsbezüge mindestens zur Hälfte auf Beiträgen oder Zuschüssen des Arbeitgebers beruhen. Verletztenrenten aus der gesetzlichen Unfallversicherung dürfen nur angerechnet werden, soweit sie dazu bestimmt sind, Verdienstminderungen zu ersetzen, nicht jedoch, soweit sie immaterielle Schäden und sonstige Einbußen ausgleichen sollen (BAG 23. 2. 1988, in: DB 1988, 1274). Soweit ferner die Sozialversicherungsrente nicht auf Pflichtbeiträgen beruht (z. B. bei einer freiwilligen Höherversicherung des Arbeitnehmers) bzw. sonstige Versorgungsbezüge nicht mindestens zur Hälfte auf Beiträgen oder Zuschüssen des Arbeitgebers beruhen, ist eine Anrechnung auf das betriebliche Ruhegeld unzulässig. Erhöhungen der anrechnungsfähigen Renten und Versorgungsbezüge nach Eintritt des Versorgungsfalles dürfen bei der Anrechnung auf das betriebliche Ruhegeld nicht berücksichtigt werden, soweit diese Erhöhungen nur der Anpassung an die wirtschaftliche Entwicklung dienen (§ 5 BetrAVG).

ff) Anpassung des Ruhegeldes

Der Arbeitgeber hat **alle 3 Jahre,** erstmals 3 Jahre nach dem Eintritt des Arbeitnehmers in den Ruhestand, eine Anpassung der laufenden Leistungen der betrieblichen Altersversorgung zu prüfen und hierüber nach billigem Ermessen zu entscheiden; dabei sind insbesondere die Belange des

Versorgungsempfängers und die wirtschaftliche Lage des Arbeitgebers zu berücksichtigen (§ 16 BetrAVG). Hierbei ist – wenn keine besonderen Umstände vorliegen – grundsätzlich eine Erhöhung der Versorgungsleistungen um den vollen Kaufkraftverlust seit der letzten Festsetzung geboten.

gg) Insolvenzsicherung

Wenn über das Vermögen des Arbeitgebers Konkurs eröffnet wird oder in anderer Weise eine schwerwiegende wirtschaftliche Notlage des Arbeitgebers ersichtlich wird, werden die Versorgungsleistungen aus einer Ruhegeldzusage des Arbeitgebers vom Träger der Insolvenzsicherung nach Maßgabe der §§ 7 ff. BetrAVG erbracht.

hh) Mitbestimmungsrecht des Betriebsrats

Soweit das Ruhegeld von einer Pensionskasse oder Unterstützungskasse oder aus einem sonstigen zweckgebundenen Sondervermögen gezahlt wird, steht dem Betriebsrat gemäß § 87 Abs. 1 Nr. 8 BetrVG ein Mitbestimmungsrecht bei der Form, Ausgestaltung und Verwaltung dieser Kassen bzw. Einrichtungen zu. Zur Ausgestaltung der Einrichtungen gehört auch die Aufstellung von Grundsätzen, nach denen die vom Arbeitgeber zur Verfügung gestellten Mittel den begünstigten Arbeitnehmern zugewendet werden sollen (BAG 26. 4. 1988, in: DB 1988, 2411).

Zahlt hingegen der Arbeitgeber das Ruhegeld aus seinem allgemeinen Vermögen oder durch Zuwendung einer zugunsten der Arbeitnehmer abgeschlossenen Versicherung, hat der Betriebsrat zwar ein Mitbestimmungsrecht gemäß § 87 Abs. 1 Nr. 10 BetrVG (Fragen der betrieblichen Lohngestaltung), jedoch ist der Arbeitgeber grundsätzlich in vierfacher Beziehung frei:

(1) Er kann frei entscheiden, ob er finanzielle Mittel für die betriebliche Altersversorgung zur Verfügung stellen will. Daraus folgt, daß nicht nur die Einführung, sondern auch die Einschränkung oder Abschaffung der betrieblichen Altersversorgung mitbestimmungsfrei sind.

(2) Der Arbeitgeber kann frei entscheiden, in welchem Umfang er finanzielle Mittel für die betriebliche Altersversorgung zur Verfügung stellen will.

(3) Der Arbeitgeber kann frei entscheiden, welche Versorgungsform der wählen will (z. B. Direktzusagen oder Versicherungen).

(4) Der Arbeitgeber kann frei entscheiden, welchen Arbeitnehmerkreis er versorgen will (z. B. den der Arbeiter oder den der Außendienstmitarbeiter) und nach welcher Wartefrist Versorgungszusagen erteilt werden (z. B. nach 10- oder 20jähriger Betriebszugehörigkeit).

Soweit kein Mitbestimmungsrecht des Betriebsrats besteht, bedeutet das noch nicht, daß der Arbeitgeber zu den von ihm geplanten Maßnahmen auch arbeitsvertraglich berechtigt wäre; hierfür sind die oben dargestellten Grundsätze maßgebend (s. aa–ff).

Literaturhinweise:

zu B II 6a: *Schaub,* Arbeitsrechtshandbuch, 6. Aufl. 1987, S. 988–995; *Monjau,* Das Zeugnis im Arbeitsrecht, 2. Aufl. 1969; *Schlessmann,* Das Arbeitszeugnis, 10. Aufl. 1988.

zu B II 6b: *Schaub,* a.a.O., S. 1008–1013.

zu B II 6c: *Schaub,* a.a.O., S. 308–316.

zu B II 6d: *Schaub,* a.a.O., S. 430–536; *Heubeck/Höhne/Paulsdorf/Rau/Weinert,* Kommentar zum Gesetz zur Verbesserung der betrieblichen Altersversorgung, 2. Aufl. 1982 ff.; *Höfer/Abt,* Kommentar zum Gesetz zur Verbesserung der betrieblichen Altersversorgung, 2. Aufl. 1982 ff.; *Schaub/Schusinski/Ströer,* Altersvorsorge, 2. Aufl. 1981.

Kontrollfragen:

53. Welche Angaben muß ein einfaches Zeugnis enthalten?
54. Welche Angaben muß ein sog. qualifiziertes Zeugnis enthalten?
55. Sind Weihnachtsgratifikationen und ähnliche Sonderzuwendungen, die der neue Arbeitgeber zahlt, auf die Karenzentschädigung, die der frühere Arbeitgeber zahlen muß, anrechenbar, gegebenenfalls in welcher Weise?
56. Ist die Aufnahme eines Studiums ein böswilliges Unterlassen anderweitigen Erwerbs im Sinne von § 74c HGB, das den Anspruch auf Karenzentschädigung beeinträchtigt?
57. Haben Arbeitnehmer, die in den Ruhestand getreten sind, gegen ihren früheren Arbeitgeber Anspruch auf ein privates Ruhegeld?
58. Behält ein Arbeitnehmer, dessen Arbeitsverhältnis vor Eintritt in den Ruhestand endet, eine erworbene Versorgungsanwartschaft gegen den Arbeitgeber?
59. Darf ein Arbeitgeber die Zahlung eines privaten Ruhegeldes unter Berufung darauf ablehnen, daß er sich bei Erteilung der Versorgungszusage den jederzeitigen Widerruf vorbehalten oder den Ausschluß eines Rechtsanspruchs auf Ruhegeld vereinbart hatte?

60. Unter welchen Voraussetzungen darf ein Arbeitgeber auch bei einer vorbehaltlos erteilten Ruhegeldzusage die Ruhegeldzahlungen einstellen?
61. Gehen die betroffenen Arbeitnehmer in diesem Falle leer aus?
62. Steht dem Betriebsrat hinsichtlich der Zusage und Gewährung von betrieblichem Ruhegeld ein Mitbestimmungsrecht zu?

Die Lösungen zu den Kontrollfragen 53–62 finden Sie auf den Seiten 223–224.

Aufgabe 11:

Der Arbeitnehmer AN war bei dem Arbeitgeber AG als Filialleiter beschäftigt. In der von AN geleiteten Filiale ermittelte AG im Sommer 1988 einen Fehlbestand von DM 3.000,–. AN bestritt dieses Inventurergebnis. Am 31. 12. 1988 schied AN aus den Diensten des AG aus. Beim Ausscheiden des AN erteilte AG diesem ein Zeugnis, in dem es unter anderem heißt: „Während seiner Tätigkeit bei uns haben wir Herrn AN als einen fleißigen, ehrlichen und gewissenhaften Mitarbeiter kennengelernt.“ Nunmehr, im Frühjahr 1989, verlangt AG von AN die Zahlung von DM 3.000,– wegen des Fehlbetrages im Sommer 1988. Mit Recht?

Aufgabe 12:

Arbeitnehmer AN und Arbeitgeber AG vereinbaren für die Zeit nach Beendigung des Arbeitsverhältnisses ein Wettbewerbsverbot für AN; AG sagte dem AN hierfür eine Karenzentschädigung in Höhe der Hälfte der letzten vertragsmäßigen Bezüge bei AG zu. Das letzte Monatsgehalt von AN bei AG betrug DM 2.400,– zuzüglich einer jährlichen Gewinnbeteiligung von DM 3.000,– zuzüglich einer freiwilligen Weihnachtsgratifikation von DM 2.400,–. Von seinem neuen Arbeitgeber erhält AN ein Monatsgehalt von DM 2.500,– zuzüglich einer Weihnachtsgratifikation von DM 1.200,–. Welchen Betrag kann AN von AG als Karenzentschädigung verlangen?

Aufgabe 13:

Arbeitnehmer AN schied 1978 im Alter von 65 Jahren nach mehr als 25jähriger Tätigkeit beim Arbeitgeber AG aus dessen Diensten aus. AG hatte dem AN nach Maßgabe einer „Satzung über die zusätzliche Alters-

und Hinterbliebenenversorgung" die Zahlung eines privaten Ruhegeldes von 25 % seiner letzten Bezüge durch eine rechtlich selbständige Pensionskasse zugesagt. Die Satzung dieser Kasse sieht vor, daß AG der Kasse die erforderlichen Mittel zur Verfügung stellt. Die Satzung enthält ferner den Vorbehalt der Kürzung der Altersrente, falls die Geschäftslage dem AG nicht erlaube, der Kasse die erforderlichen Mittel zuzuführen. Da die Zahl der Pensionäre des AG sich von 1978 bis 1988 verdoppelte, AG aber die der Kasse zur Verfügung gestellten Mittel nicht in demselben Umfang erhöhte, kürzte die Pensionskasse die Altersrenten ihrer Pensionäre ab 1. 1. 1989 um 15 %. Kann AN von der Pensionskasse die Weiterzahlung der ungekürzten Altersrente verlangen? Kann AN sich auch an AG halten?

Die Lösungen zu den Aufgaben 11–13 finden Sie auf den Seiten 236–237.

7. Verletzung von Pflichten des Arbeitgebers

a) Schadensersatzpflicht aufgrund des Arbeitsverhältnisses

Wenn ein Arbeitgeber gesetzlich geregelte Pflichten aus dem Arbeitsvertrag (z. B. § 630 BGB), vertraglich übernommene Pflichten oder Fürsorgepflichten gegenüber dem Arbeitnehmer schuldhaft verletzt und dadurch dem Arbeitnehmer ein Schaden entsteht, muß der Arbeitgeber grundsätzlich dem Arbeitnehmer den entstandenen Schaden ersetzen. Der Schaden, der dem Arbeitnehmer bei Pflichtverletzungen des Arbeitgebers entstehen kann, ist vielfältig.

Beispiele:

So muß etwa der Arbeitgeber den Schaden ersetzen, der dadurch entsteht, daß ein Kraftfahrzeug des Arbeitnehmers auf einem betriebseigenen Parkplatz beschädigt wird, weil der Arbeitgeber den Parkplatz nicht verkehrssicher gestaltet hat. – Führt ein Arbeitgeber die Sozialversicherungsbeiträge nach einem niedrigeren Verdienst ab, als ihn der Arbeitnehmer tatsächlich erzielt, und vermindert sich infolgedessen die Rente des Arbeitnehmers, muß der Arbeitgeber die Rente auf den Betrag aufstocken, den der Arbeitnehmer erhalten hätte, wenn der Arbeitgeber die Sozialversicherungsbeiträge nach dem tatsächlichen Verdienst des Arbeitnehmers abgeführt hätte. – Beansprucht der Arbeitgeber schuldhaft übermäßig die Arbeitskraft eines Arbeitnehmers und erleidet dieser deshalb einen Gesundheitsschaden, der zu einer Arbeitsunfähigkeit führt, muß der Arbeitgeber dem Arbeitnehmer den infolge der Arbeitsunfähigkeit entgangenen Arbeitsverdienst ersetzen.

Wie oben dargelegt, macht sich der Arbeitgeber schadensersatzpflichtig, wenn er Pflichten gegenüber dem Arbeitnehmer **schuldhaft** verletzt. Hierbei haftet er für **jedes** Verschulden, selbst wenn es sich um leichteste Fahrlässigkeit handelt. Fahrlässig handelt, wer die im Verkehr erforderliche Sorgfalt außer acht läßt (§ 276 BGB). Der Arbeitgeber ist auch dann zum Schadensersatz verpflichtet, wenn er sich zur Erfüllung seiner Pflichten gegenüber dem Arbeitnehmer bestimmter Hilfspersonen bedient und diese Hilfspersonen bei der Wahrnehmung ihrer Aufgaben dem Arbeitnehmer schuldhaft einen Schaden zufügen (§ 278 BGB).

Die Schadensersatzpflicht des Arbeitgebers wird im allgemeinen **vermindert** oder kann unter Umständen ganz wegfallen, wenn den Arbeitnehmer an dem entstandenen Schaden ein **Mitverschulden** trifft (§ 254 BGB).

Durch Vereinbarung mit dem Arbeitnehmer kann der Arbeitgeber nicht im voraus seine Haftung aus der Verletzung von Fürsorgepflichten beschränken *(Unzulässigkeit sog. Freizeichnungsklauseln).* Solche Freizeichnungsklauseln sind mit dem Sinn und Zweck der Fürsorgepflicht unvereinbar. Unbedenklich ist es hingegen, wenn Arbeitgeber und Arbeitnehmer eine Haftungsbeschränkung des Arbeitgebers bei der Verletzung zusätzlich übernommener vertraglicher Pflichten vereinbaren. In diesem Fall kann lediglich die Haftung des Arbeitgebers für eigenes vorsätzliches Verhalten nicht ausgeschlossen werden (§ 276 Abs. 2 BGB).

b) Schadensersatzpflicht aufgrund Gesetzes

Wenn Pflichtverletzungen des Arbeitgebers aus dem Arbeitsverhältnis zugleich eine unerlaubte Handlung i.S. der §§ 823 ff. BGB darstellen oder wenn der Arbeitgeber außerhalb des Arbeitsverhältnisses gegen den Arbeitnehmer eine unerlaubte Handlung begeht, kann der Arbeitnehmer Schadensersatzansprüche gegen den Arbeitgeber auch auf die Vorschriften über die **unerlaubte Handlung** (§§ 823 ff. BGB) stützen. Schadensersatzansprüche aus unerlaubter Handlung bieten dem Arbeitnehmer im Falle von Körperverletzungen, Gesundheitsschädigungen, Freiheitsentziehungen und Verletzungen des Persönlichkeitsrechts den Vorteil, daß er nicht nur Ersatz seines materiellen Schadens, sondern auch ein angemessenes Schmerzensgeld verlangen kann (§ 847 BGB).

c) Begrenzung des Schadensersatzanspruches bei Arbeitsunfällen

Erleidet der Arbeitnehmer im Rahmen seiner Tätigkeit bei dem Arbeitgeber einen Unfall, so handelt es sich um einen Arbeitsunfall (zum Begriff des Arbeitsunfalls im einzelnen vgl. §§ 548–552 RVO). Der verletzte Arbeitnehmer erhält in diesem Fall von dem Unfallversicherungsträger Leistungen nach den Vorschriften der RVO (§§ 547 ff. RVO), insbesondere Heilbehandlung, Verletztengeld, Berufshilfe und Verletztenrente.

Schadensersatzansprüche des Arbeitnehmers gegen den Arbeitgeber gemäß den zu a) und b) gemachten Ausführungen sind jedoch **begrenzt.** Denn bei **Personenschäden** kann der Arbeitnehmer Schadensersatzansprüche gegen den Arbeitgeber nur geltend machen, wenn der Arbeitgeber den Arbeitsunfall **vorsätzlich** herbeigeführt hat oder wenn der Arbeitsunfall bei der **Teilnahme des Arbeitnehmers am allgemeinen Verkehr** durch den Arbeitgeber verursacht worden ist. Für die Frage der Teilnahme am allgemeinen Verkehr ist entscheidend, ob der Arbeitnehmer den Unfall gerade als allgemeiner Verkehrsteilnehmer oder als Betriebsangehöriger erlitten hat.

Hat der Arbeitgeber aus einem Arbeitsunfall an den verletzten Arbeitnehmer wegen eines Personenschadens Schadensersatz zu leisten, so vermindern sich die Ansprüche des Arbeitnehmers um die Leistungen, die er infolge des Unfalls von Sozialversicherungsträgern erhält (§ 636 Abs. 1 Satz 2 RVO). – Hat der Arbeitgeber den Arbeitsunfall des Arbeitnehmers **grob fahrlässig** verursacht, hat der Arbeitgeber **der Unfallversicherung** die Leistungen zu ersetzen, die diese dem verletzten Arbeitnehmer gewährt hat (§ 640 RVO).

Literaturhinweise:

zu B II 7: *Schaub,* Arbeitsrechtshandbuch, 6. Aufl. 1987, S. 710–733.

Kontrollfragen:

63. Unter welchen Voraussetzungen kann ein Arbeitnehmer vom Arbeitgeber Schadensersatz fordern?
64. Inwieweit ist der Schadensersatzanspruch gegen den Arbeitgeber bei Arbeitsunfällen begrenzt?

Die Lösungen zu den Kontrollfragen 63 und 64 finden Sie auf Seite 224.

C. Beendigung des Arbeitsverhältnisses

I. Arten der Beendigung

1. Kündigung

Die Kündigung ist eine einseitige, empfangsbedürftige Willenserklärung, durch die das Arbeitsverhältnis zu einem bestimmten Zeitpunkt in der Zukunft aufgehoben werden soll.

Die Kündigung eines Arbeitsverhältnisses kann grundsätzlich **formlos,** also auch durch einfache mündliche Erklärung ausgesprochen werden. Durch Tarifvertrag, Betriebsvereinbarung oder einzelvertragliche Vereinbarung können jedoch für die Kündigung des Arbeitsverhältnisses bestimmte Formen vorgeschrieben werden, z. B. Schriftform oder eingeschriebener Brief. Wird in einem solchen Fall die vorgeschriebene Form nicht eingehalten, ist die Kündigung unwirksam (§ 125 BGB).

Die Kündigung eines Arbeitsverhältnisses kann auch von einer **Bedingung** abhängig gemacht werden, sofern die Bedingung nur genügend bestimmt und klar ist. Daher ist eine bedingte Kündigung dann wirksam, wenn der Eintritt der Bedingung allein vom Willen des Kündigungsempfängers abhängt. Das ist z. B. bei einer Änderungskündigung der Fall, bei der der Arbeitnehmer sich sofort entschließen kann, das Angebot anderer Arbeitsbedingungen anzunehmen oder abzulehnen. Das trifft ferner zu, wenn der Arbeitgeber unter der Bedingung kündigt, daß sich der Arbeitnehmer nicht innerhalb einer bestimmten Frist für eine Beleidigung entschuldigt. Unwirksam hingegen ist eine bedingte Kündigung, wenn der Eintritt der Bedingung von der Beurteilung des Kündigenden oder eines Dritten abhängt.

Die Kündigung kann – abgesehen von Unzeiten – zu jeder Zeit ausgesprochen werden. Auch Kündigungen nach Vertragsschluß, aber **vor** tatsächlicher **Arbeitsaufnahme** sind zulässig. Ob hier bei der ordentlichen Kündigung die Kündigungsfrist bereits mit Zugang der Kündigung oder erst mit tatsächlicher Arbeitsaufnahme zu laufen beginnt, richtet sich danach, inwieweit die Arbeitsvertragsparteien eine gewisse Mindestbeschäftigung des Arbeitnehmers zum Inhalt des Arbeitsvertrages gemacht haben. Ist aus den Umständen ein derartiger Wille erkennbar, läuft die Kündigungsfrist erst ab vereinbartem Vertragsbeginn. Andernfalls ist bereits der Zugang der Kündigung maßgebend.

Hauptformen der Kündigung sind die ordentliche und die außerordentliche Kündigung. Eine **ordentliche Kündigung** liegt vor, wenn das Arbeitsverhältnis vom Arbeitgeber oder Arbeitnehmer unter Einhaltung der maßgebenden (gesetzlichen, tariflichen oder vereinbarten) Kündigungsfrist gekündigt wird. **Eine außerordentliche Kündigung** ist gegeben, wenn das Arbeitsverhältnis vom Arbeitgeber oder Arbeitnehmer ohne Einhaltung der maßgebenden Kündigungsfrist gekündigt wird. Unter den außerordentlichen Kündigungen überwiegen bei weitem die fristlosen Kündigungen. In diesen Fällen will der Kündigende das Arbeitsverhältnis sofort beenden.

Die **Angabe eines Kündigungsgrundes** ist kraft Gesetzes für die ordentliche Kündigung nicht vorgeschrieben. Bei der außerordentlichen Kündigung sind dem Kündigungsgegner nur auf Verlangen die Kündigungsgründe unverzüglich mitzuteilen (§ 626 Abs. 2 BGB). Eine Ausnahme bilden die Berufsausbildungsverhältnisse. Hier ist die Angabe des Kündigungsgrundes Wirksamkeitsvoraussetzung. Kraft Vereinbarung (kollektivrechtlich oder einzelvertraglich) kann jedoch die Angabe des Kündigungsgrundes vorgeschrieben werden.

2. Auflösungsvertrag

Arbeitgeber und Arbeitnehmer können sich jederzeit über die Beendigung eines Arbeitsverhältnisses einigen. Die Einigung bezeichnet man als Auflösungsvertrag. In diesem Fall endet das Arbeitsverhältnis zu dem Zeitpunkt, den die Parteien vereinbart haben.

3. Zeitablauf und Zweckerreichung des Arbeitsvertrages

Ist der Arbeitsvertrag nur für eine bestimmte Zeit oder nur zur Erreichung eines bestimmten Zweckes (z. B. Abschlußarbeiten) abgeschlossen worden, endet das Arbeitsverhältnis nach Ablauf der vereinbarten Zeit oder mit der Erreichung des Zweckes automatisch, ohne daß es einer Kündigung bedarf.

4. Tod des Arbeitnehmers

Durch den Tod des Arbeitnehmers endet das Arbeitsverhältnis automatisch, da die Arbeitsleistung an die Person des Arbeitnehmers geknüpft ist (vgl. § 613 BGB).

5. Tod des Arbeitgebers

Durch Tod des Arbeitgebers endet das Arbeitsverhältnis nur dann, wenn die Arbeitsleistung an die Person des Arbeitgebers geknüpft war. In den meisten Fällen des Arbeitslebens, insbesondere in größeren Betrieben, ist die Arbeitsleistung nicht an die Person des Arbeitgebers geknüpft. In Fällen dieser Art geht nach dem Tod des Arbeitgebers das Arbeitsverhältnis mit allen Rechten und Pflichten auf seine Erben über.

6. Übergabe des Betriebes

Übergibt der Arbeitgeber seinen Betrieb durch Rechtsgeschäft an einen Dritten, so gehen die bisherigen Arbeitsverhältnisse automatisch auf den Erwerber über (§ 613 a BGB).

Der Widerspruch des Arbeitnehmers hindert jedoch den Übergang des Arbeitsverhältnisses. Eine Kündigung des Arbeitsverhältnisses durch den bisherigen Arbeitgeber oder durch den neuen Inhaber wegen des Betriebsüberganges ist unwirksam (§ 613 a Abs. 4 BGB).

7. Stillegung des Betriebes

Legt der Arbeitgeber seinen Betrieb still, so führt dies nicht zur automatischen Beendigung der Arbeitsverhältnisse. Der Arbeitgeber kann vielmehr die Beendigung der Arbeitsverhältnisse nur durch Vereinbarung mit den Arbeitnehmern oder durch Kündigung herbeiführen. Dabei hat er zusätzlich die Beteiligungsrechte des Betriebsrats (Interessenausgleich, Sozialplan) gemäß den §§ 111 ff. BetrVG zu beachten.

II. Ordentliche Kündigung

1. Zulässigkeit der Kündigung

Die ordentliche Kündigung ist nur zulässig, wenn ein Arbeitsverhältnis auf unbestimmte Zeit vorliegt. Denn bei befristeten Arbeitsverhältnissen ist die ordentliche Kündigung ausgeschlossen, es sei denn, für das befristete Arbeitsverhältnis ist eine ordentliche Kündigung ausdrücklich zugelassen.

2. Kündigungsfristen

a) Allgemeines

Bei einer ordentlichen Kündigung muß die im Einzelfall maßgebende Kündigungsfrist eingehalten werden. Wird eine Kündigung mit einer unzulässig kurzen Frist ausgesprochen, gilt die Kündigung im Zweifel zum nächst zulässigen Termin. Eine **Umdeutung** in eine fristlose Kündigung ist, auch wenn deren Voraussetzungen vorliegen, nicht zulässig, da der Kündigungsempfänger darauf vertrauen durfte, daß der Kündigungsanlaß nicht zur Begründung einer außerordentlichen Kündigung verwandt werde.

Die Kündigungsfristen sind gesetzlich geregelt. Durch Tarifvertrag und Einzelvereinbarung können in bestimmten Grenzen vom Gesetz abweichende Kündigungsfristen vereinbart werden.

b) Kündigungsfristen für Angestellte

aa) Gesetzliche Kündigungsfristen

Wenn zwischen den Parteien des Arbeitsvertrages keine Kündigungsfristen vereinbart sind und auch keine tarifliche Regelung zur Anwendung kommt, gelten die gesetzlichen Kündigungsfristen. Die Kündigung für Angestellte beträgt grundsätzlich **6 Wochen zum Vierteljahresschluß** (§ 622 Abs. 1 BGB). Diese Frist muß sowohl bei einer Kündigung durch den Arbeitgeber als auch bei einer Kündigung durch den Arbeitnehmer eingehalten werden. Bei Kündigungen durch den Arbeitgeber, der in der Regel mehr als 2 Angestellte ausschließlich der Auszubildenden beschäftigt, erhöht sich die Kündigungsfrist nach dem Gesetz über die Fristen für die Kündigung von Angestellten bei einer Beschäftigungsdauer von

- 5 Jahren auf 3 Monate zum Vierteljahresschluß,
- 8 Jahren auf 4 Monate zum Vierteljahresschluß,
- 10 Jahren auf 5 Monate zum Vierteljahresschluß,
- 12 Jahren auf 6 Monate zum Vierteljahresschluß.

Bei der Berechnung der Beschäftigungsdauer werden nur die Dienstjahre berücksichtigt, die der Angestellte **nach Vollendung des 25. Lebensjahres** im Betrieb verbracht hat.

bb) Tarifliche Kündigungsfristen

Im Falle seiner Anwendung auf das Arbeitsverhältnis können durch Tarifvertrag grundsätzlich andere Kündigungsfristen gelten, als es das Gesetz vorsieht, und zwar sowohl längere als auch kürzere Kündigungsfristen. Lediglich für Kündigungen durch den Arbeitgeber müssen die Tarifpartner die Kündigungsfristen zugunsten der langjährig beschäftigten Angestellten beachten, die nach dem Gesetz über die Fristen für die Kündigung von Angestellten gelten. Tarifnormen, die hiergegen verstoßen, sind unwirksam.

cc) Vertragliche Kündigungsfristen

Sind die Parteien des Arbeitsvertrages tarifgebunden, so sind für sie die tariflichen Kündigungsfristen maßgebend. Diese Kündigungsfristen können durch Einzelvereinbarung nur **zugunsten** des Angestellten abgeändert werden (§ 4 Abs. 3 TVG). Gilt keine tarifliche Regelung, so können die Parteien vom Gesetz abweichende Kündigungsfristen vereinbaren, wenn für die Kündigung durch den Arbeitgeber keine längere Frist vereinbart wird als für die Kündigung durch den Arbeitgeber (§ 622 Abs. 5 BGB) und die Kündigungsfrist mindestens 1 Monat zum Monatsende beträgt (§ 622 Abs. 1 BGB). Die gesetzlichen Kündigungsfristen bei langjährig beschäftigten Angestellten können in keinem Falle unterschritten werden. – Wird eine kürzere Kündigungsfrist als 1 Monat zum Monatsende vereinbart, ist diese unzulässige Vereinbarung in die wirksame Vereinbarung der kürzestmöglichen Kündigungsfrist **umzudeuten.**

Eine Sonderregelung gilt für Angestellte, die zur **vorübergehenden Aushilfe** eingestellt sind. Mit diesen Angestellten können Kündigungsfristen in beliebiger Höhe – also auch z. B. eintägige Kündigungsfristen – vereinbart werden. Wird das Arbeitsverhältnis jedoch über die Dauer von 3 Monaten hinaus fortgesetzt, gelten die allgemeinen Grundsätze für die Vereinbarung von Kündigungsfristen (§ 622 Abs. 4 BGB).

c) Kündigungsfristen für Arbeiter

aa) Gesetzliche Kündigungsfristen

Wenn zwischen den Parteien des Arbeitsvertrages keine Kündigungsfristen vereinbart sind und auch keine tariflichen Regelungen eingreifen, gelten die gesetzlichen Kündigungsfristen. Die gesetzliche Kündigungsfrist für Arbeiter beträgt grundsätzlich **2 Wochen** (§ 622 Abs. 2 BGB). Diese Frist muß sowohl bei einer Kündigung durch den Arbeitgeber als auch bei einer Kündigung durch den Arbeiter eingehalten werden.

Bei Kündigungen durch den Arbeitgeber erhöht sich die Kündigungsfrist gemäß § 622 Abs. 2 Satz 2 BGB bei einer Beschäftigungsdauer von

- 5 Jahren auf 1 Monat zum Monatsende,
- 10 Jahren auf 2 Monate zum Monatsende,
- 20 Jahren auf 3 Monate zum Vierteljahresschluß.

Bei der Berechnung der Beschäftigungsdauer werden nur die Dienstjahre berücksichtigt, die der Arbeiter **nach Vollendung des 35. Lebensjahres** im Betrieb verbracht hat. Hierzu hat das BVerfG allerdings entschieden, daß es mit dem Gleichheitssatz nach Art. 3 GG unvereinbar ist, daß hinsichtlich der Berechnung der verlängerten Kündigungsfristen bei einem Arbeiter Zeiten nicht berücksichtigt werden, die vor Vollendung des 35. Lebensjahres liegen, während bei einem Angestellten bereits Zeiten nach dem 25. Lebensjahr mitgerechnet werden. Der Gesetzgeber glaubt deswegen, für Arbeiter die gleiche Regelung wie für Angestellte zu übernehmen. Anhängige Rechtsstreitigkeiten sind hinsichtlich dieser Frage solange auszusetzen.

bb) Tarifliche Kündigungsfristen

Durch Tarifvertrag können jederzeit andere Kündigungsfristen festgelegt werden, als es das Gesetz vorsieht, und zwar sowohl längere als auch kürzere Kündigungsfristen. Auch an die gesetzlichen Kündigungsfristen bei langjährig beschäftigten Arbeitern sind die Tarifpartner nicht gebunden.

cc) Vertragliche Kündigungsfristen

Sind die Arbeitsvertragsparteien tarifgebunden, so sind für sie die einschlägigen tariflichen Kündigungsfristen maßgebend. Diese Kündigungsfristen können durch Einzelvereinbarung nur **zugunsten** des Arbeiters abgeändert werden (vgl. § 4 Abs. 3 TVG). Gilt keine tarifliche Regelung, so können die Parteien vom Gesetz abweichende Kündigungsfristen vereinbaren, wenn für die Kündigung durch den Arbeiter keine längere Frist vereinbart wird als für die Kündigung durch den Arbeitgeber (§ 622 Abs. 5 BGB) und eine Kündigungsfrist von mehr als 2 Wochen vereinbart wird. Die gesetzlichen Kündigungsfristen bei langjährig beschäftigten Arbeitern dürfen jedoch in keinem Falle unterschritten werden (vgl. § 622 Abs. 2

und 3 BGB). Die Vereinbarung einer Kündigungsfrist von weniger als 2 Wochen ist unwirksam. An die Stelle der unwirksamen Vereinbarung tritt die gesetzliche Kündigungsfrist. Für Arbeiter, die zur **vorübergehenden Aushilfe** eingestellt sind, gelten die zu den Angestellten gemachten Ausführungen.

3. Kündigungsschutz des Arbeitnehmers

a) Allgemeiner Kündigungsschutz

aa) Geltungsbereich

In Betrieben, die in der Regel mehr als 5 Arbeitnehmer ausschließlich der Auszubildenden beschäftigen, genießen Arbeitnehmer, deren Arbeitsverhältnis in demselben Betrieb oder Unternehmen ununterbrochen länger als 6 Monate bestanden hat, **Kündigungsschutz** nach den Vorschriften des Kündigungsschutzgesetzes (§§ 1, 23 KSchG). Zu den Arbeitnehmern in diesem Sinne gehören auch die Auszubildenden und leitenden Angestellten, nicht jedoch die vertretungsberechtigten Mitglieder des Organs einer juristischen Person (z. B. Vorstandsmitglieder einer Aktiengesellschaft) und die vertretungsberechtigten Personen einer Personengesamtheit (z. B. persönlich haftende Gesellschafter einer offenen Handelsgesellschaft); vgl. § 14 KSchG.

bb) Sozialwidrigkeit

Eine ordentliche Kündigung des Arbeitgebers ist sozial ungerechtfertigt, wenn sie nicht durch Gründe, die in der Person oder in dem Verhalten des Arbeitnehmers liegen, oder durch dringende betriebliche Erfordernisse, die einer Weiterbeschäftigung des Arbeitnehmers in diesem Betrieb entgegenstehen, bedingt ist (§ 1 Abs. 2 KSchG). Sie ist auch sozial ungerechtfertigt, wenn der Betriebsrat der Kündigung widerspricht, weil

- die Kündigung gegen eine Richtlinie nach § 95 BetrVG verstößt, oder
- der Arbeitnehmer an einem anderen Arbeitsplatz im gleichen Betrieb oder in einem anderen Betrieb des Unternehmens weiterbeschäftigt werden kann, oder
- die Weiterbeschäftigung des Arbeitnehmers nach zumutbaren Umschulungs- oder Fortbildungsmaßnahmen möglich ist, oder

- eine Weiterbeschäftigung des Arbeitnehmers unter geänderten Arbeitsbedingungen möglich ist und der Arbeitnehmer sein Einverständnis damit erklärt hat (§ 102 Abs. 3 BetrVG, § 1 Abs. 2 Satz 2 KSchG).

Der Arbeitgeber muß die Gründe beweisen, die die Kündigung rechtfertigen (§ 1 Abs. 2 KSchG). Ob einer der angeführten Gründe im Einzelfall eine Kündigung rechtfertigt, hängt von einer umfassenden Interessenabwägung ab, bei der das Interesse des Arbeitgebers an der Lösung des Arbeitsverhältnisses und das Interesse des Arbeitnehmers an der Erhaltung seines Arbeitsplatzes gegeneinander abzuwägen sind. Führt diese Abwägung zu dem Ergebnis, daß auch ein besonnener und sozial denkender Arbeitgeber Anlaß zu einer Kündigung des Arbeitsverhältnisses gesehen hätte, ist die Kündigung nicht sozialwidrig.

Zu den **Gründen in der Person** des Arbeitnehmers, die die Kündigung rechtfertigen können, zählen z. B. mangelnde Eignung und mangelnde Ausbildung. Auch eine langdauernde Erkrankung oder häufige kürzere krankheitsbedingte Fehlzeiten können – allerdings unter erschwerten Bedingungen – eine Kündigung rechtfertigen (z. B. wenn die Fehlzeiten zu einer unzumutbaren Beeinträchtigung der betrieblichen Interessen führen, z. B. bei hohen Lohnfortzahlungskosten).

Gründe im Verhalten des Arbeitnehmers, die eine Kündigung rechtfertigen können, sind Verstöße gegen Pflichten aus dem Arbeitsvertrag. Hierher gehören z. B. wiederholte Unpünktlichkeit, Disziplinlosigkeit, Unverträglichkeit, Beleidigungen, Schlechtarbeit und Verstöße gegen die Gehorsams- und Verschwiegenheitspflicht. Im allgemeinen ist die Kündigung aus Gründen im Verhalten des Arbeitnehmers nur gerechtfertigt, wenn der Arbeitnehmer wiederholt gegen Pflichten aus dem Arbeitsvertrag verstoßen hat und vor der letzten Pflichtverletzung verwarnt worden ist (sog. Abmahnung).

Zu den **dringenden betrieblichen Erfordernisssen,** die eine Kündigung rechtfertigen können, gehören z. B. Auftragsrückgang, Absatzschwierigkeiten (außerbetriebliche Umstände) sowie Rationalisierungsmaßnahmen, Stillegung des Betriebes oder einer Abteilung (innerbetriebliche Umstände). Sowohl die außerbetrieblichen wie die innerbetrieblichen Umstände müssen zum Wegfall von Arbeitsplätzen führen. Ob ein bestimmter Arbeitsplatz weggefallen ist, ist unerheblich. Allein maßgeblich ist, ob der Bedarf eines oder mehrerer Arbeitsplätze entfallen ist. – Bei der Entscheidung der Frage, ob dringende betriebliche Erfordernisse im Einzelfall die

Kündigung bedingen, hat das Gericht nicht zu prüfen, ob eine vom Arbeitgeber getroffene unternehmerische Maßnahme (z. B. Rationalisierung) notwendig oder zweckmäßig, wohl aber, ob sie offenbar unsachlich, unvernünftig oder willkürlich ist und ob sie – wenn sie unangreifbar ist – die Kündigung rechtfertigt.

Gegenüber einer Kündigung wegen dringender betrieblicher Erfordernisse kann der Arbeitnehmer einwenden, daß der Arbeitgeber bei der Auswahl des Arbeitnehmes **soziale Gesichtspunkte** (z. B. Dauer der Betriebszugehörigkeit, Lebensalter, Gesundheitszustand, Zahl der unterhaltsberechtigten Angehörigen) nicht oder nicht ausreichend berücksichtigt hat und statt des gekündigten Arbeitnehmers einen anderen, sozial weniger schutzbedürftigen Arbeitnehmer hätte entlassen können (§ 1 Abs. 3 KSchG). Der Arbeitgeber hat auf Verlangen des Arbeitnehmers die Gründe anzugeben, die zu der von ihm getroffenen Auswahl geführt haben. Der Arbeitnehmer hat jedoch im Streitfall die Tatsachen darzulegen und zu beweisen, aus denen der Schluß gezogen werden kann, daß der Arbeitgeber einen im Vergleich zum gekündigten Arbeitnehmer sozial weniger schutzbedürftigen Arbeitnehmer nicht entlassen hat. Bei der Frage der sozialen Auswahl können nur Arbeitnehmer miteinander verglichen werden, die auf **ähnlichen, gleichwertigen Arbeitsplätzen** (gleiche Berufsgruppe) tätig sind.

Bei der Auswahl nach sozialen Gesichtspunkten braucht der Arbeitgeber allerdings solche Arbeitnehmer nicht in seine Überlegungen einzubeziehen, deren Weiterbeschäftigung als **berechtigtes betriebliches Bedürfnis** anzuerkennen ist. Dies ist nur dann der Fall, wenn die Weiterbeschäftigung eines bestimmten Arbeitnehmers aus einem anzuerkennenden betrieblichen Interesse erforderlich ist (z. B. bei Arbeitnehmern mit besonderen Kenntnissen und Fähigkeiten).

cc) Mitwirkung des Betriebsrats

Gemäß § 102 BetrVG ist der Betriebsrat vor Ausspruch einer ordentlichen Kündigung zu hören. Hinsichtlich deren Einzelheiten wird auf die Ausführungen zum Betriebsverfassungsgesetz verwiesen (s. Teil 3 D II 4 d cc).

dd) Klageerhebung

Wollen Arbeitnehmer die Unwirksamkeit einer ordentlichen Kündigung nach den Vorschriften des Kündigungsschutzgesetzes geltend machen, so müssen sie innerhalb von **3 Wochen** nach Zugang der Kündigung Klage beim Arbeitsgericht erheben und mit der Klage die Feststellung beantragen, daß das Arbeitsverhältnis durch die Kündigung nicht aufgelöst ist (§ 4 KSchG). Wird die Klagefrist versäumt, kann der Arbeitnehmer nicht mehr geltend machen, daß die Kündigung sozial ungerechtfertigt ist (vgl. § 7 KSchG). Die Kündigung gilt dann als sozial gerechtfertigt.

Konnte der Arbeitnehmer trotz aller ihm zumutbaren Sorgfalt nicht rechtzeitig Klage erheben, ist die Klage **ausnahmsweise nachträglich zuzulassen,** wenn der Arbeitnehmer dies beantragt ((§ 5 KSchG). Der Antrag muß innerhalb von 2 Wochen gestellt werden, gerechnet von dem Zeitpunkt an, in dem der Arbeitnehmer wieder in der Lage ist, Klage zu erheben. Nach Ablauf von 6 Monaten seit dem Ende der Klagefrist kann der Antrag auf nachträgliche Klagezulassung in keinem Falle mehr gestellt werden.

ee) Gerichtliche Auflösung des Arbeitsverhältnisses und Festsetzung einer Abfindung

Wird in einem Rechtsstreit die Sozialwidrigkeit einer Kündigung festgestellt, so ist die Kündigung des Arbeitgebers unwirksam. Das Arbeitsverhältnis besteht unverändert fort. In vielen Fällen haben sich die Parteien jedoch, insbesondere durch die Führung eines Rechtsstreits, zerstritten, so daß die Fortsetzung des Arbeitsverhältnisses unzweckmäßig erscheint. Deshalb gibt das Gesetz unter bestimmten Voraussetzungen beiden Parteien die Möglichkeit, die **Auflösung** des Arbeitsverhältnisses durch das Gericht zu beantragen.

Auf **Antrag des Arbeitnehmers** hat das Arbeitsgericht das Arbeitsverhältnis aufzulösen, wenn dem Arbeitnehmer die Fortsetzung des Arbeitsverhältnisses **unzumutbar** ist (§ 9 KSchG). Ob Unzumutbarkeit gegeben ist, hängt von den besonderen Umständen des Einzelfalles ab (z.B. Diskriminierung). Dem Arbeitnehmer ist die Fortsetzung des Arbeitsverhältnises **nicht** unzumutbar, wenn er in der Zwischenzeit einen neuen Arbeitsplatz gefunden hat, den er nicht mehr aufgeben möchte. In diesem Fall hat der Arbeitnehmer lediglich die Möglichkeit, binnnen 1 Woche nach Rechtskraft des Urteils, das der Kündigungsschutzklage stattgegeben hat, durch Erklärung gegenüber dem alten Arbeitgeber die Fortsetzung des Arbeitsverhältnisses bei diesem zu verweigern. Mit dem Zugang dieser Erklärung bei dem alten Arbeitgeber erlischt das Arbeitsverhältnis (§ 12 KSchG). Auf **Antrag des Arbeitgebers** hat das Arbeitsgericht das Arbeitsverhältnis aufzulösen, wenn Gründe vorliegen, die eine den Betriebszwecken dienliche weitere Zusammenarbeit zwischen Arbeitgeber und Arbeitnehmer nicht erwarten lassen (§ 9 KSchG). Wird das Arbeitsverhältnis durch das Arbeitsgericht aufgelöst, so hat das Gericht für die Auflösung den Zeitpunkt festzusetzen, an dem das Arbeitsverhältnis bei sozial gerechtfertigter Kündigung geendet hätte (§ 9 Abs. 2 KSchG).

Gleichzeitig mit der Auflösung des Arbeitsverhältnisses hat das Arbeitsgericht den Arbeitgeber zur Zahlung einer **angemessenen Abfindung** zu verurteilen. Als Abfindung kann ein Betrag bis zu 12 Monatsverdiensten (§ 10 Abs. 1 KSchG), bei höherem Alter und längerer Betriebszugehörigkeit sogar bis zu 18 Monatsverdiensten festgesetzt werden (§ 10 Abs. 2 KSchG).

b) Kündigungsschutz bei Massenentlassungen

Massenentlassungen muß der Arbeitgeber vor Ausspruch der Kündigungen dem Arbeitsamt unter Beifügung der Stellungnahme des Betriebsrats schriftlich anzeigen (§ 17 Abs. 1 KSchG). Massenentlassungen liegen vor,

- wenn in Betrieben mit in der Regel mehr als 20 und weniger als 60 Arbeitnehmern **mehr als 5 Arbeitnehmer** innerhalb von 30 Kalendertagen entlassen werden (tatsächliches Ausscheiden),
- wenn in Betrieben mit in der Regel mehr als 59 und weniger als 500 Arbeitnehmern **mehr als 25 Arbeitnehmer** oder **10 vom Hundert** der im Betrieb regelmäßig beschäftigten Arbeitnehmer innerhalb von 30 Kalendertagen entlassen werden,
- wenn in Betrieben mit in der Regel mindestens 500 Arbeitnehmern **mindestens 30 Arbeitnehmer** innerhalb von 30 Kalendertagen entlassen werden.

Versäumt der Arbeitgeber die Anzeige der Massenentlassung oder fügt er der Anzeige nicht die Stellungnahme des Betriebsrats bei, so sind alle Kündigungen im Rahmen der Massenentlassung unwirksam.

Massenentlassungen, die der Arbeitgeber unter Beifügung der Stellungnahme des Betriebsrates dem Arbeitsamt anzeigt, werden ohne Zustimmung des Landesarbeitsamts frühestens 1 Monat nach Eingang der Anzeige beim Arbeitsamt wirksam (§ 18 KSchG). Mit Zustimmung des Landesarbeitsamtes, die mit rückwirkender Wirkung erteilt werden kann, kann der Arbeitgeber die Kündigungen auch schon zu einem früheren Zeitpunkt aussprechen (§ 18 Abs. 1 KSchG). Das Landesarbeitsamt kann aber auch im Einzelfall bestimmen, daß die Entlassungen nicht vor Ablauf von längstens 2 Monaten nach Eingang der Anzeige beim Arbeitsamt wirksam werden (§ 18 Abs. 2 KSchG). Bis zu dem Zeitpunkt, in dem das Arbeitsverhältnis gemäß § 18 KSchG frühestens enden kann, kann das Landesarbeitsamt die Einführung von Kurzarbeit durch den Arbeitgeber zulassen, falls der Arbeitgeber nicht in der Lage ist, die Arbeitnehmer voll zu beschäftigen (§ 19 Abs. 1 KShG). In diesem Fall ist eine Kürzung des Arbeitsentgelts entsprechend der verkürzten Arbeitszeit jedoch erst von dem Zeitpunkt an zulässig, an dem das Arbeitsverhältnis nach Ausspruch der Kündigung gemäß den gesetzlichen oder vereinbarten Bestimmungen enden würde (§ 19 Abs. 2 KSchG). Massenentlassungen können von den betroffenen Arbeitnehmern wie jede andere Kündigung mit der Kündigungsschutzklage angegriffen werden, welbst wenn der Arbeitgeber die gesetzlichen Anzeigepflichten und Kündigungsfristen bei Massenentlassungen (§§ 17, 18 KSchG) eingehalten hat.

c) Kündigungsschutz für Betriebsratsmitglieder

Gegenüber Mitgliedern eines Betriebsrats, einer Jugendvertretung, einer Bordvertretung, eines Seebetriebsrats (§ 15 Abs. 1 KSchG), einer Personalvertretung (§ 15 Abs. 2 KSchG), eines Wahlvorstandes zur Betriebsratswahl sowie gegenüber Wahlbewerbern zu den obengenannten Ämtern (§ 15 Abs. 3 KSchG) ist grundsätzlich nur eine außerordentliche Kündigung aus wichtigem Grund zulässig. Für eine solche Kündigung ist die Zustimmung des Betriebsrats bzw. ihre gerichtliche Ersetzung erforderlich (s. Teil 3 D IV).

Der Kündigungsschutz **beginnt** ohne Rücksicht auf die Kenntnis des Arbeitgebers beim Wahlvorstand mit der Bestellung, bei Wahlbewerbern vom Zeitpunkt der Aufstellung des Wahlvorschlages an, bei Mitgliedern eines Betriebsrats, einer Jugendvertretung, einer Bordvertretung oder eines Seebetriebsrats bzw. eines Personalrats mit dem Amtsbeginn.

Der Kündigungsschutz **endet** bei Wahlvorständen und Wahlbewerbern 6 Monate nach Bekanntgabe des Wahlergebnisses, es sei denn, daß der Wahlvorstand durch gerichtliche Entscheidung nach § 18 Abs. 1 BetrVG ersetzt worden ist. In diesen Fällen endet er mit dem Ersatz. Bei Mitgliedern des Betriebsrats, einer Jugendvertretung, eines Seebetriebsrats oder einer Personalvertretung endet der Kündigungsschutz 1 Jahr, bei Mitgliedern einer Bordvertretung 6 Monate nach Beendigung der Amtszeit. Bei Kündigungen nach Beendigung der Amtszeit ist eine Zustimmung des Betriebsrats nicht erforderlich (nur Anhörung). Eine Verlängerung des Kündigungsschutzes über die Amtszeit hinaus tritt dann nicht ein, wenn die Beendigung auf einer gerichtlichen Entscheidung beruht.

Bei **Betriebsstillegungen** kann den geschützten Personen ausnahmsweise fristgemäß gekündigt werden, jedoch frühestens zum Zeitpunkt der Stillegung (§ 15 Abs. 4 KSchG).

Wird nicht der gesamte Betrieb, sondern nur eine **Betriebsabteilung** stillgelegt, so ist die geschützte Person, die in der stillgelegten Abteilung beschäftigt war, in eine andere Betriebsabteilung zu übernehmen (§ 15 Abs. 5 KSchG). Ist dies aus betrieblichen Gründen nicht möglich, kann sie in entsprechender Anwendung des Absatzes 4 entlassen werden.

d) Kündigungsschutz für Schwerbehinderte

Die ordentliche Kündigung eines schwerbehinderten Arbeitnehmers bedarf nach sechsmonatigem Bestehen des Arbeitsverhältnisses grundsätzlich der vorherigen Zustimmung der **Hauptfürsorgestelle** (§ 15 SchwBG). Die Zustimmung der Hauptfürsorgestelle ist **nicht** erforderlich,

- wenn der Schwerbehinderte das 58. Lebensjahr vollendet hat und nach einer Kündigung Anspruch auf Leistungen aus einem Sozialplan oder auf Bergbau-Anpassungsgeld oder nach § 98 a Reichsknappschaftsgesetz hat, sofern er der rechtzeitig mitgeteilten Kündigungsabsicht des Arbeitgebers nicht widerspricht (§ 20 Abs. 1 Nr. 3 SchwBG),
- bei Entlassungen, die aus **Witterungsgründen** vorgenommen werden, wenn die Wiedereinstellung des Schwerbehinderten bei Wiederaufnahme der Arbeit gewährleistet ist (§ 20 Abs. 2 SchwBG),
- bei Arbeitnehmer, deren Beschäftigung z. B. nicht in erster Linie ihrem Erwerb dient, sondern vorwiegend durch **Beweggründe karitativer** oder **religiöser Art** bestimmt ist oder die vorwiegend zu ihrer Heilung, Wiedereingewöhnung, sittlichen Besserung oder Erziehung beschäftigt werden (§ 20 Abs. 1 Nr. 2, § 7 Abs. 2 Nr. 2 bis 5 SchwBG).

Der besondere Kündigungsschutz gilt nicht nur für Personen, deren Schwerbehinderteneigenschaft bereits festgestellt worden ist. Es genügt, wenn der Arbeitnehmer zum Zeitpunkt des Zugangs der Kündigung einen entsprechenden Antrag beim Versorgungsamt gestellt hat.

Unerheblich ist, ob der Arbeitgeber bei Ausspruch der Kündigung von der Schwerbehinderteneigenschaft bzw. von deren Antragstellung beim Versorgungsamt Kenntnis hatte. Der Arbeitnehmer ist jedoch gehalten, den

Arbeitgeber in einer angemessenen Frist seit Zugang der Kündigung (bei ordentlicher und außerordentlicher Kündigung regelmäßig 1 Monat) davon zu unterrichten. Unterläßt er die Mitteilung in der genannten Frist, kann sich der Arbeitnehmer nicht mehr auf den Sonderkündigungsschutz gemäß den Vorschriften des Schwerbehindertengesetzes berufen.

Die Zustimmung zur Kündigung muß der Arbeitgeber bei der für den Sitz seines Betriebes zuständigen Hauptfürsorgestelle schriftlich beantragen (§ 17 Abs. 1 SchwBG). Es liegt grundsätzlich im Ermessen der Hauptfürsorgestelle, ob sie der Kündigung zustimmt oder nicht. Sie **muß** der Kündigung jedoch zustimmen, wenn der Betrieb des Arbeitgebers nicht nur vorübergehend eingestellt oder aufgelöst wird und zwischen dem Tag der Kündigung und dem Tag, bis zu dem Gehalt oder Lohn gezahlt wird, mindestens 3 Monate liegen (§ 19 Abs. 1 SchwBG). Darüber hinaus **soll** die Hauptfürsorgestelle der Kündigung zustimmen,

- wenn dem Schwerbehinderten ein anderer angemessener und zumutbarer **Arbeitsplatz gesichert** ist (§ 19 Abs. 2 SchwBG),
- wenn der Arbeitgeber seinen Betrieb nicht nur vorübergehend wesentlich **einschränkt** und die Gesamtzahl der verbleibenden Schwerbehinderten die Zahl der Schwerbehinderten erreicht, die der Arbeitgeber gemäß § 5 SchwBG beschäftigen muß (§ 19 Abs. 1 SchwBG).

Die Kündigungsfrist bei der Entlassung eines Schwerbehinderten beträgt mindestens 4 Wochen (§ 16 SchwBG). Längere gesetzliche, tarifliche oder vertragliche Kündigungsfristen sind einzuhalten. Da die Zustimmung der Hauptfürsorgestelle vor Ausspruch der Kündigung vorliegen muß, **beginnt** die Kündigungsfrist erst mit dem Tage, an dem die Kündigung dem Schwerbehinderten zugegangen ist.

Erteilt die Hauptfürsorgestelle die Zustimmung zur Kündigung, ist die Kündigung durch den Arbeitgeber nur innerhalb eines Monats nach Zustellung der Zustimmung zulässig (§ 18 Abs. 3 SchwBG). Lehnt sie die Zustimmung ab, kann der Arbeitgeber diese Entscheidung im **Verwaltungsrechtsweg** angreifen.

e) Kündigungsschutz für Schwangere und Mütter

Der Ausspruch einer Kündigung – auch einer fristlosen Kündigung – gegenüber einer Frau während der Schwangerschaft und bis zum Ablauf von 4 Monaten nach der Entbindung ist grundsätzlich unzulässig, wenn dem Arbeitgeber die Schwangerschaft oder Entbindung bis spätestens 2 Wochen nach Zugang der Kündigung **bekannt** wird (§ 9 MuSchG). War der Arbeitnehmerin die Schwangerschaft zu diesem Zeitpunkt ohne Verschulden nicht bekannt oder konnte sie den Arbeitgeber unverschuldet nicht rechtzeitig unterrichten, kann sie sich auch noch nach Ablauf der Zweiwochenfrist an den Arbeitgeber wenden. Die Mitteilung muß jedoch unverzüglich nach Kenntnis der Schwangerschaft erfolgen. Wird dem Arbeitgebe fristgerecht die Schwangerschaft oder Entbindung mitgeteilt, kann er nach Ausspruch der Kündigung von der Arbeitnehmerin verlangen, daß sie innerhalb einer angemessenen Frist ein ärztliches Zeugnis über die Schwangerschaft oder Entbindung vorlegt. Legt die Arbeitnehmerin innerhalb dieser Frist nicht das geforderte Zeugnis vor, verliert sie zwar nicht ihren Kündigungsschutz nach dem Mutterschutzgesetz, macht sich aber schadenersatzpflichtig.

Ausnahmsweise ist die Kündigung gegenüber einer Schwangeren oder jungen Mutter zulässig, wenn die für den Arbeitsschutz zuständige oberste Landesbehörde oder die von ihr bestimmte Stelle vor Ausspruch der Kündigung die Kündigung für zulässig erklärt (§ 9 Abs. 3 MuSchG). Der Arbeitgeber, der einer Schwangeren kündigen will, muß also vor Ausspruch der Kündigung die behördliche Zulässigkeitserklärung herbeiführen.

f) Kündigungsschutz bei Erziehungsurlaub

Der Arbeitgeber darf Arbeitnehmern, die Erziehungsurlaub nach dem BErzGG in Anspruch nehmen, während des Erziehungsurlaubs nur kündigen, wenn die für den Arbeitsschutz zuständige oberste Landesbehörde oder eine von ihr bestimmte Stelle die Kündigung ausnahmsweise für zulässig erklärt hat (§ 18 BErzGG). Die Kündigung darf erst erklärt werden, wenn die behördliche Zulässigkeitserklärung vorliegt. Vorher ausgesprochene Kündigungen sind unwirksam.

g) Kündigungsschutz für Wehrpflichtige

Von der Zustellung des Einberufungsbescheides bis zur Beendigung des Grundwehrdienstes und während einer Wehrübung des Arbeitnehmers ist eine ordentliche Kündigung des Arbeitsverhältnisses durch den Arbeitgeber unzulässig (§ 2 Abs. 1 ArbPlSchG). Im übrigen darf der Arbeitgeber das Arbeitsverhältnis nicht aus Anlaß des Wehrdienstes ordentlich kündigen. Muß der Arbeitgeber aus dringenden betrieblichen Erfordernissen im Sinne des KSchG Arbeitnehmer entlassen, darf er bei der Auswahl der zu

Entlassenden die Einberufung eines Arbeitnehmers zum Wehrdienst nicht zu dessen Ungunsten berücksichtigen.

Geht dem Arbeitnehmer nach der Zustellung des Einberufungsbescheides oder während des Wehrdienstes eine Kündigung zu, so beginnt die Klagefrist für die Kündigungsschutzklage nach dem KSchG erst 2 Wochen nach Beendigung des Wehrdienstes zu laufen (§ 2 Abs. 4 ArbPlSchG).

h) Verzicht auf Kündigungsschutz

Kündigungsschutzvorschriften dienen dem Schutz der Arbeitnehmer. Dieser Schutz erfordert es, daß ein Verzicht des Arbeitnehmers auf Kündigungsschutz bei Abschluß des Arbeitsvertrages oder währeend eines ungekündigten Arbeitsverhältnisses unzulässig ist. Die Unzulässigkeit eines derartigen Verzichts schließt jedoch nicht aus, daß die Parteien des Arbeitsvertrages die Auflösung des Arbeitsverhältnisses wirksam vereinbaren können. Nach Ausspruch der Kündigung durch den Arbeitgeber kann der Arbeitnehmer auf die Geltendmachung von Rechten aus Kündigungsschutzvorschriften rechtswirksam verzichten. Ein solcher Verzicht, der im übrigen genau bezeichnet sein muß, ist in der sog. Ausgleichsquittung weithin üblich.

III. Außerordentliche Kündigung

1. Voraussetzungen

a) Wichtiger Grund

Die außerordentliche Kündigung eines Arbeitsverhältnisses ist nur wirksam, wenn sie „aus wichtigem Grund" ausgesprochen wird, d.h. wenn Tatsachen vorliegen, aufgrund derer dem Kündigenden unter Berücksichtigung aller Umstände des Einzelfalles und unter Abwägung der Interessen beider Vertragsteile die Fortsetzung des Arbeitsverhältnisses bis zum Ablauf der ordentlichen Kündigungsfrist oder bis zur vereinbarten Beendigung des Arbeitsverhältnisses nicht zugemutet werden kann (§ 626 Abs. 1 BGB). Diese Voraussetzung gilt sowohl für Kündigungen durch den Arbeitgeber als auch für Kündigungen durch den Arbeitnehmer. Ob die Fortsetzung des Arbeitsverhältnisses bis zum Ablauf der Kündigungsfrist oder bis zur vereinbarten Beendigung des Arbeitsverhältnisses zumutbar ist, hängt von den besonderen Umständen des Einzelfalles ab. Bindende Regeln für jeden Einzelfall lassen sich nicht aufstellen, sondern nur allgemeine Grundsätze bei Störungen im Leistungsbereich, bei Störungen im Vertrauensbereich und bei Störungen im betrieblichen Bereich.

aa) Störungen im Leistungsbereich

Störungen im Leistungsbereich liegen dann vor, wenn eine Partei des Arbeitsvertrages eine bestimmte Handlung, zu der sie auf Grund des Arbeitsvertrages verpflichtet ist, nicht ausführt oder die Pflicht, bestimmte Handlungen zu unterlassen, verletzt.

Beispiele:

Als **Störungen auf seiten des Arbeitnehmers** sind z. B. zu nennen die Weigerung, eine übertragene Arbeit auszuführen, Bummelei, unpünktliches Erscheinen am Arbeitsplatz, Verletzung von Eigentum des Arbeitgebers bei Ausführung von übertragenen Arbeiten, Gefährdung des Betriebsfriedens durch Streitigkeiten mit Arbeitskollegen.

Als **Leistungsstörungen auf seiten des Arbeitgebers** sind zu nennen: die Weigerung, den vereinbarten Lohn zu zahlen; die Nichterfüllung der Zusage, dem Arbeitnehmer eine bestimmte Unterkunft zuzuweisen; die Weigerung, gesetzlich vorgeschriebene Maßnahmen des Arbeitsschutzes (z. B. ausreichende Entlüftung der Arbeitsräume) zu treffen.

Störungen im Leistungsbereich berechtigen den Gestörten grundsätzlich nur dann zur außerordentlichen Kündigung, wenn der Störer schuldhaft (vorsätzlich oder fahrlässig) gehandelt hat, es sich um einen schwerwiegenden Verstoß – in den meisten Fällen wiederholte Verstöße – gegen Pflichten aus dem Arbeitsvertrag handelt und wenn der Gestörte den Störer vor Ausspruch der Kündigung abgemahnt hat, d. h., der Vertragsgegner muß dem anderen Teil in der Regel eine Frist setzen mit der Erklärung, er werde außerordentlich kündigen, falls der Störer die vertragliche Leistung innerhalb der Frist nicht erbringe.

bb) Störungen im Vertrauensbereich

Störungen im Vertrauensbereich liegen dann vor, wenn eine Partei des Arbeitsverhältnisses durch bestimmte Handlungen oder Unterlassungen schuldhaft das Vertrauen des Vertragspartners auf künftige ordnungsgemäße und treue Erfüllung von Vertragspflichten schwer erschüttert hat.

Beispiele:

Als Störungen im Vertrauensbereich auf seiten des Arbeitnehmers sind z. B. zu nennen: Ein Kraftfahrer setzt sich während seines Urlaubs mit einem hohen

Blutalkoholgehalt an das Steuer seines Kraftwagens und verliert den Führerschein (mögliche Verwendbarkeit am anderen Arbeitsplatz für die Zeit des Verlustes ist aber zu prüfen); ein Kassierer begeht Unterschlagungen; ein Arbeitnehmer greift den Arbeitgeber tätlich an oder beleidigt ihn grob; ein Arbeitnehmer steht im dringenden und unabweislichen Verdacht, eine schwere Verfehlung gegen den Arbeitgeber begangen zu haben (sog. Verdachtskündigung). Ein Beispiel für Störungen auf seiten des Arbeitgebers: Ein Arbeitgeber beschneidet durch einseitige Anordnung den Aufgabenkreis eines leitenden Angestellten erheblich, ohne vor der Anordnung mit dem Angestellten Rücksprache zu nehmen.

Ist bei Störungen im Vertrauensbereich die Zerstörung des Vertrauens des Vertragspartners so groß, daß ihm eine Fortsetzung des Arbeitsverhältnisses unzumutbar ist, so genügt schon ein einmaliger, u. U. sogar auch ein verhältnismäßig geringfügiger Fall (z. B. DM 10,– Unterschlagung durch einen Angestellten), um eine außerordentliche Kündigung zu rechtfertigen. Eine Abmahnung ist hier grundsätzlich nicht erforderlich.

Eine Besonderheit besteht bei der sog. **Verdachtskündigung.** Gerät ein Arbeitnehmer in den Verdacht, eine schwere Verfehlung gegen den Arbeitgeber begangen zu haben, und erwägt der Arbeitgeber die fristlose Kündigung des Arbeitnehmers, so muß er vor Ausspruch der Entlassung alles Zumutbare tun, um den Sachverhalt aufzuklären. Hierzu gehört insbesondere, daß er dem verdächtigen Arbeitnehmer Gelegenheit zur Stellungnahme gibt und erreichbare Beweismittel heranzieht. Besteht nach einer solchen Aufklärung des Sachverhalts die große Wahrscheinlichkeit, daß sich der Arbeitnehmer eine schwere Verfehlung gegen den Arbeitgeber hat zuschulden kommen lassen, und läßt dieser dringende Verdacht die Fortsetzung des Arbeitsverhältnisses als unzumutbar erscheinen, ist der Arbeitgeber zur fristlosen Kündigung berechtigt. Stellt sich dann im Kündigungsschutzprozeß die Unschuld des Arbeitnehmers heraus, so muß dieser Umstand berücksichtigt und die Kündigung vom Gericht für unwirksam erklärt werden.

cc) Störungen im betrieblichen Bereich

Eine Kündigung wegen Störungen im betrieblichen Bereich kommt wegen der Art der Störung nur für den Arbeitgeber in Betracht. Störungen im betrieblichen Bereich liegen dann vor, wenn zwar das Verhalten des Arbeitnehmers eine außerordentliche Kündigung nicht rechtfertigen kann, wenn aber das Verbleiben des Arbeitnehmers im Betrieb zu schweren wirtschaftlichen Schäden des Arbeitgebers führen würde. Eine Abmahnung sowie schuldhaftes Verhalten des Arbeitnehmers sind in diesen Fällen entbehrlich. Das wichtigste Beispiel für eine Kündigung wegen Störungen im betrieblichen Bereich ist die sog. **Druckkündigung.** Hier verlangt die Belegschaft oder eine Gruppe von Arbeitnehmern, einen bestimmten Arbeitnehmer wegen einer angeblichen Störung des Betriebsfriedens zu entlassen, obwohl das Verhalten des Arbeitnehmers keine außerordentliche Kündigung rechtfertigt. Der Arbeitgeber kann sich jedoch nicht auf die Drucksituation berufen, wenn er das Verlangen der Belegschaft nach der Entlassung eines Kollegen selbst durch vorwerfbares Verhalten provoziert hat.

Ein Grund zur außerordentlichen Kündigung durch den Arbeitgeber ist auch der **drohende Konkurs** des Arbeitgebers, falls der Konkurs nur durch fristlose Kündigung abgewendet werden kann. Nach Eröffnung des Konkursverfahrens kann jedoch das Arbeitsverhältnis durch den Konkursverwalter nicht unter Berufung auf die Konkurseröffnung fristlos gekündigt werden. Vielmehr gestattet das Gesetz lediglich die Kündigung des Arbeitsverhältnisses mit gesetzlicher Kündigungsfrist (§ 22 KO).

dd) Vereinbarung von wichtigen Gründen

Die Vereinbarung bestimmter Tatbestände als wichtige Gründe, die zur fristlosen Kündigung berechtigen sollen, ist unzulässig. Lediglich bei der beiderseitigen Abwägung, ob dem Kündigenden die Fortsetzung des Arbeitsverhältnisses zumutbar ist oder nicht, kann dieser Umstand u. U. Berücksichtigung finden.

b) Ausschlußfrist

Gemäß § 626 Abs. 2 BGB hat die außerordentliche Kündigung innerhalb einer Ausschlußfrist von 2 Wochen zu erfolgen. Die Frist beginnt mit dem Zeitpunkt, in dem der Kündigungsberechtigte von den Tatsachen Kenntnis erhalten hat, auf die er die Kündigung stützt.

2. Kündigungsschutz des Arbeitnehmers

a) Allgemeiner Kündigungsschutz

Sind wichtige Gründe gegeben, die dem Arbeitgeber die Fortsetzung des Arbeitsverhältnisses unzumutbar machen, so ist die außerordentliche Kündigung berechtigt. Eines weiteren Kündigungsschutzes bei außerordentlichen Kündigungen bedarf der Arbeitnehmer grundsätzlich nicht.

Gleichwohl müssen die Arbeitnehmer, die unter den Geltungsbereich des Kündigungsschutzgesetzes fallen, auch bei einer außerordentlichen Kündigung des Arbeitgebers einige Vorschriften des KSchG beachten. Die betroffenen Arbeitnehmer müssen **innerhalb von 3 Wochen** nach Zugang der außerordentlichen Kündigung beim Arbeitsgericht Klage auf Feststellung erheben, daß das Arbeitsverhältnis durch die Kündigung nicht aufgelöst ist (§ 13 Abs. 1, § 7 KSchG). Versäumt der Arbeitnehmer die Klagefrist, ist die außerordentliche Kündigung wirksam und unanfechtbar. Wird rechtzeitig Klage erhoben und ist die Kündigung ungerechtfertigt, so kann der Arbeitnehmer, wenn ihm die Fortsetzung des Arbeitsverhältnisses unzumutbar ist, beantragen, daß das Arbeitsgericht das Arbeitsverhältnis zum Tag des Ausspruchs der außerordentlichen Kündigung **auflöst** und den Arbeitgeber zur Zahlung einer **angemessenen Abfindung** verurteilt (§ 13 Abs. 1 KSchG). Der Arbeitgeber hat hingegen kein Recht, die Auflösung des Arbeitsverhältnisses gegen Zahlung einer Abfindung zu beantragen.

b) Kündigungsschutz für bestimmte Arbeitnehmergruppen

Einen besonderen Kündigungsschutz gibt es für Mitglieder betriebsverfassungsrechtlicher Organe (s. Teil 3 D IV), für Schwerbehinderte, Schwangere und junge Mütter. Bei **Schwerbehinderten** gelten auch für außerordentliche Kündigungen mit Ausnahme des § 16 SchwBG die zur ordentlichen Kündigung gemachten Ausführungen (§ 21 Abs. 1 SchwBG). Allerdings muß die Zustimmung zur Kündigung bei der Hauptfürsorgestelle durch den Arbeitgeber innerhalb von 2 Wochen seit Kenntnis der die Kündigung begründenden Tatsachen beantragt werden. Die Hauptfürsorgestelle ihrerseits hat innerhalb von 2 Wochen seit Antragseingang eine Entscheidung zu treffen. Geschieht dies nicht, gilt die Zustimmung zur Kündigung als erteilt. Wegen der Bedenkzeit für die Hauptfürsorgestelle kann die Kündigung durch den Arbeitgeber auch nach Ablauf der Zweiwochenfrist (§ 626 Abs. 2 BGB) gegenüber dem Arbeitnehmer ausgesprochen werden (§ 21 Abs. 5 SchwBG).

Eine Arbeitnehmerin genießt während der **Schwangerschaft** und bis zum Ablauf von 4 Monaten nach der Entbindung sowie bei der Inanspruchnahme von Mutterschaftsurlaub bei außerordentlichen Kündigungen denselben Kündigungsschutz wie bei ordentlichen Kündigungen. Wegen der Einzelheiten wird auf die dortigen Ausführungen verwiesen (s. ob. Ziff. II).

c) Mitwirkung des Betriebsrats

Gemäß § 102 BetrVG ist der Betriebsrat auch vor Ausspruch einer außerordentlichen Kündigung zu hören. Hinsichtlich der Einzelheiten wird auf die Ausführungen zum Betriebsverfassungsrecht verwiesen (s. Teil 3 D II 4d cc).

3. Umdeutung

Eine unwirksame außerordentliche Kündigung kann unter den Voraussetzungen des § 140 BGB in eine ordentliche Kündigung zum nächstzulässigen Termin umgedeutet werden. Denn im allgemeinen gibt der Kündigende durch den Ausspruch einer außerordentlichen Kündigung zu erkennen, daß er das Arbeitsverhältnis in jedem Fall beenden will. Hinsichtlich der Besonderheiten wegen der Anhörung des Betriebsrates wird auf die Ausführungen zum Betriebsverfassungsrecht verwiesen.

IV. Änderungskündigung

1. Begriff und Formen der Änderungskündigung

Eine Kündigung des Arbeitsverhältnisses ist als Änderungskündigung anzusehen, wenn der Kündigende im Zusammenhang mit der Kündigung dem Vertragspartner die Fortsetzung des Arbeitsverhältnisses zu geänderten Vertragsbedingungen anbietet. Sowohl vom Arbeitgeber als auch vom Arbeitnehmer kann eine Änderungskündigung ausgesprochen werden.

Im Rahmen des Kündigungsschutzrechts interessiert jedoch nur die in § 2 KSchG behandelte Änderungskündigung durch den Arbeitgeber.

Die Änderungskündigung kann die Kündigung mit dem Angebot der Vertragsänderung in verschiedener Weise verbinden. Die Kündigung kann **bedingt** ausgesprochen werden für den Fall, daß der Arbeitnehmer das Vertragsangebot ablehnt. Sie kann aber auch **unbedingt** erfolgen. Mit ihr ist das Angebot eines Arbeitsvertrages zu geänderten Bedingungen verbunden.

Ihrer **Art** nach kann die Änderungskündigung sowohl als ordentliche als auch als außerordentliche Kündigung erfolgen. Im letzten Falle ist sie jedoch nur zulässig, wenn für die Änderung ein wichtiger Grund gemäß § 626 BGB vorliegt.

Nimmt der Vertragspartner die angebotenen neuen Vertragsbedingungen an, wird das Arbeitsverhältnis zu den neuen Bedingungen fortgesetzt, und die Kündigung ist gegenstandslos. Lehnt hingegen der Vertragspartner die angebotenen neuen Arbeitsbedingungen ab, so hat die Kündigung dieselbe Wirkung wie jede normale Kündigung des Arbeitsverhältnisses. Auch die Wirksamkeit der Änderungskündigung ist nach denselben Voraussetzungen zu beurteilen wie jede normale Kündigung.

2. Annahme unter Vorbehalt

Nach § 2 KSchG kann der Arbeitnehmer die mit der Änderungskündigung angebotenen neuen Arbeitsbedingungen unter dem Vorbehalt annehmen, daß die Kündigung sozial gerechtfertigt ist. Diesen Vorbehalt hat der Arbeitnehmer dem Arbeitgeber innerhalb der Kündigungsfrist, spätestens jedoch binnen 3 Wochen nach Zugang der Kündigung zu erklären. Es ist Klage zu erheben mit dem Antrag auf Feststellung, daß die Änderung der Arbeitsbedingungen nicht sozial gerechtfertigt ist. Das Gericht hat hierbei die alten und die angebotenen Arbeitsbedingungen miteinander zu vergleichen und zu prüfen, ob die angebotene Änderung der Arbeitsbedingungen durch dringende betriebliche Erfordernisse oder Gründe in der Person oder in dem Verhalten des Arbeitnehmers bedingt ist (vgl. 1 Abs. 2 KSchG). Bejaht es diese Frage, so wird die Klage abgewiesen. In diesem Fall besteht das Arbeitsverhältnis fort. Es gelten aber nach Ablauf der Kündigungsfrist, vom Zugang der Kündigung an gerechnet, die neuen Arbeitsbedingungen. – Hält das Gericht die Änderung der Arbeitsbedingungen für sozial ungerechtfertigt, gibt es der Klage statt. Das Arbeitsverhältnis besteht mit den alten Arbeitsbedingungen unverändert fort (§ 8 KSchG).

Literaturhinweise:

zu C: *Schaub,* Arbeitsrechtshandbuch, 6. Aufl. 1987, S. 779–792; 807–1014; *Bleistein,* Kündigung und Kündigungsschutz, 2. Aufl. 1978; *Hueck,* Komm. zum Kündigungsschutzgesetz, 10. Aufl. 1980; KR, Gemeinschaftskommentar zum Kündigungsrecht, 3. Aufl. 1989; *Maus,* Komm. zum Kündigungsschutzgesetz 1973; *Stahlhacke,* Kündigung und Kündigungsschutz im Arbeitsverhältnis, 4. Aufl. 1982.

Kontrollfragen:

65. Welche Beendigungsarten eines Arbeitsverhältnisses kennen Sie?
66. Ist die Kündigung unter einer Bedingung wirksam?
67. Kann die gesetzliche Kündigungsfrist für Angestellte (6 Wochen zum Quartalsende) abgekürzt werden?

68. Wann kommt für einen Arbeitnehmer das Kündigungsschutzgesetz zur Anwendung?
69. Welche Kündigungsgründe läßt das Kündigungsschutzgesetz bei ordentlichen Kündigungen durch den Arbeitgeber zu?
70. Ist die ordentliche Kündigung eines Betriebsratsmitglieds zulässig?
71. Wie ist bei einer außerordentlichen Kündigung die Definition des wichtigen Grundes?
72. Nennen Sie einige Beispiele für außerordentliche Kündigungsgründe!
73. Kann eine ordentliche Kündigung in eine außerordentliche Kündigung und umgekehrt umgedeutet werden?
74. Was verstehen Sie unter einer Änderungskündigung und in welcher Form kann sie auftreten?

Die Lösungen zu den Kontrollfragen 65–74 finden Sie auf den Seiten 224–225.

Aufgabe 14:

Die Lehrerin AN, die bereits Jahre zuvor als beamtete Lehrerin im Dienste des Landes AG gestanden hatte, bewarb sich erneut bei AG um eine Lehrerstelle an einem bestimmten Ort im Angestelltenverhältnis. Es wurde ein befristeter Vertrag auf die Dauer von 2 Jahren geschlossen. Nach Ablauf des Vertrages schlossen AN und AG zwei weitere befristete Verträge auf die Dauer von je einem Jahr. Ein halbes Jahr vor Ablauf des letzten Arbeitsvertrages wurde AN schwanger.

AN begehrt, über den Ablauf des letzten Vertrages hinaus bei AG beschäftigt zu werden mit der Begründung, die Befristung ihrer Arbeitsverträge sei unwirksam. AG lehnt eine Weiterbeschäftigung ab und erklärt, der erste Arbeitsvertrag habe der Erprobung dienen sollen. Wegen des speziell von AN gewünschten Einsatzortes habe man auch nur befristete Arbeitsverhältnisse abschließen können. Grund für die letzte Befristung sei die Rücksichtnahme auf die große Zahl von zur Verfügung stehenden Lehrkräften, denen ebenfalls die Chance der Anstellung gegeben werden solle.

Wie ist die Rechtslage?

Aufgabe 15:

Der Arbeitnehmer AN war neben anderen als Verkäufer bei dem Arbeitgeber AG beschäftigt. In einem Arbeitsvertrag wurde u.a. vereinbart, daß AG berechtigt sei, neben den gesetzlichen Gründen das Arbeitsverhältnis fristlos zu kündigen, wenn Fehlbeträge am Geld- oder Warenbestand festgestellt würden.

Nach einiger Zeit stellten sich an verschiedenen Tagen Fehlbeträge in einer Gesamthöhe von 5.000,– DM heraus. AG verdächtigte AN, die Fehlbeträge verursacht zu haben, obwohl zu den maßgebenden Zeiten mehrere Verkäufer im Einsatz waren. AG hörte binnen 2 Wochen nach Feststellung der Fehlbeträge AN zu den Fehlbeträgen schriftlich. Da AG noch immer keine Klarheit über die Ursache der Fehlbeträge gewonnen hatte, hörte er AN nochmals mündlich. Unmittelbar danach – 16 Tage waren seit Feststellung des Fehlbestandes vergangen – kündigte AG das Arbeitsverhältnis mit AN fristlos unter der Berufung auf die vereinbarte Klausel im Arbeitsvertrag (ein Fehlverhalten des AN selbst konnte AG nicht nachweisen). Ein Betriebsrat ist im Betrieb des AG nicht vorhanden.

Ist die fristlose Kündigung durch AG wirksam ausgeprochen worden?

Aufgabe 16:

Der Arbeitnehmer AN war bei dem Arbeitgeber AG als Schlosser beschäftigt. Nach einer Beschäftigungszeit von etwa 12 Jahren erlitt AN einen Betriebsunfall, bei dem er sich einen komplizierten Bruch zuzog. Nachdem AG nach 2 Monaten Arbeitsunfähigkeit von AN erfuhr, daß in nächster Zeit mit seiner Rückkehr an den Arbeitsplatz nicht zu rechnen sei, kündigte AG gegenüber AN das Arbeitsverhältnis fristgemäß.

AN begehrt mit seiner Klage beim Arbeitsgericht die Feststellung der Unwirksamkeit der Kündigung. Gleichzeitig beantragt er die Auflösung des Arbeitsverhältnisses durch das Arbeitsgericht gegen Zahlung einer angemessenen Abfindung mit der Begründung, da der Arbeitgeber auf seine Mitarbeit keinen Wert mehr lege und AN nur auf dem Wege der Klage sein Ziel erreichen könne, sei eine Weiterarbeit bei AG für ihn unzumutbar.

Wie ist die Rechtslage?

Die Lösungen zu den Aufgaben 14–16 finden Sie auf den Seiten 237–240.

D. Besondere Arten von Arbeitsverhältnissen

I. Berufsausbildungsverhältnis

1. Begriff und Wesen

Das Berufsausbildungsverhältnis ist ein besonders gestaltetes Arbeitsverhältnis. Im Vordergrund steht nicht die Arbeitsleistung des Auszubildenden. Vielmehr ist das Berufsausbildungsverhältnis dadurch gekennzeichnet, daß sich der Ausbildende verpflichtet, dem Auszubildenden eine **breitangelegte berufliche Grundausbildung** und die für die Ausübung einer qualifizierten beruflichen Tätigkeit notwendigen fachlichen Fertigkeiten und Kenntnisse in einem geordneten Ausbildungsgang zu vermitteln. (§ 1 Abs. 2 BBiG).

Durch das **Berufsbildungsgesetz** vom 14. 8. 1969 ist das Rechtsverhältnis zwischen Ausbildenden und Auszubildenden für alle Berufszweige im wesentlichen einheitlich geregelt. Daneben sind wegen der Eigenart bestimmter Berufe für einzelne Berufszweige spezielle Bestimmungen im Berufsbildungsgesetz und in der Handwerksordnung getroffen worden.

Soweit sich aus Wesen und Zweck des Berufsausbildungsverhältnisses und aus dem Berufsausbildungsgesetz nichts anderes ergibt, sind auf das Berufsausbildungsverhältnis die für ein Arbeitsverhältnis geltenden Vorschriften und Rechtsgrundsätze anwendbar (§ 3 Abs. 2 BBiG).

Im folgenden sollen die wichtigsten Vorschriften, die für **alle** Berufsausbildungsverhältnisse gelten, erörtert werden.

2. Abschluß des Berufsausbildungsvertrages

Ein Berufsausbildungsverhältnis kann erst entstehen, wenn zwischen Ausbildendem und Auszubildendem ein **Vertrag** über die Berufsausbildung abgeschlossen wird (§ 3 BBiG). Grundsätzlich soll der Berufsausbildungsvertrag nur für einen **staatlich anerkannten Ausbildungsberuf** abgeschlossen werden. In nicht anerkannten Ausbildungsberufen dürfen Jugendliche unter 18 Jahren nicht ausgebildet werden, es sei denn, daß die Berufsausbildung auf den Besuch weiterführender Bildungsgänge vorbereitet (§ 28 Abs. 2 BBiG). Auszubildende dürfen nur eingestellt werden,

- wenn der Ausbildende für die Ausbildung **persönlich geeignet** ist (§ 20 BBiG, § 21 HandwO),

- wenn die **Ausbildungssstätte** nach Art und Einrichtung für die Berufsausbildung **geeignet** ist (§ 22 Abs. 1 Nr. 1 BBiG, § 23 Abs. 1 Nr. 1 HandwO),
- wenn die Zahl der Auszubildenden in einem **angemessenen Verhältnis** zur Zahl der Ausbildungsplätze oder zur Zahl der beschäftigten Fachkräfte steht. Fehlt diese Voraussetzung, dürfen Auszubildende dann eingestellt werden, wenn die Berufsausbildung nicht gefährdet wird (§ 22 Abs. 1 Nr. 2 BBiG, § 23 Abs. 1 Nr. 2 HandwO).

Ferner dürfen Auszubildende nur ausgebildet werden, wenn der **Ausbilder** – das ist entweder der Ausbildende selbst oder eine von ihm beauftragte Person – für die Ausbildung **persönlich** und **fachlich** geeignet ist (§ 20 BBiG, § 21 HandwO).

Ist eine der für die Einstellung oder Ausbildung von Auszubildenden erforderlichen Voraussetzungen nicht gegeben, kann die zuständige Behörde dem Ausbildenden das Einstellen und Ausbilden **untersagen** (§ 24 BBiG, § 24 HandwO). Fehlt bei Abschluß des Ausbildungsvertrages eine der angeführten gesetzlichen Bedingungen für die Einstellung oder Ausbildung, so wird dadurch der Berufsausbildungsvertrag noch nicht unwirksam (§ 3 Abs. 4 BBiG). Jedoch hat der Auszubildende das Recht zur jederzeitigen **fristlosen Kündigung** des Berufsausbildungsverhältnisses. Ferner kann er gegen den Ausbildenden **Schadensersatzansprüche** geltend machen, wenn ihm bei Abschluß des Berufsausbildungsvertrages das Fehlen der für die Einstellung oder Ausbildung gesetzlich vorgeschriebenen Bedingungen unbekannt war. Ist der **Auszubildende** noch **minderjährig,** so müssen seine gesetzlichen Vertreter – das sind meist die Eltern – für ihn den Ausbildungsvertrag abschließen. Die Eltern haben nicht das Recht, ihr Kind zum Abschluß eines Ausbildungsvertrages zu ermächtigen. Andernfalls ist ein solcher Ausbildungsvertrag nichtig. Wollen die Eltern ihr minderjähriges Kind in dem Beruf, den sie selbst ausüben, ausbilden, so können sie für ihr Kind mit sich selbst einen Berufsausbildungsvertrag abschließen (§ 3 Abs. 3 BBiG). Der Berufsausbildungsvertrag bedarf **keiner Schriftform.** Auch ein mündlich abgeschlossener Ausbildungsvertrag ist wirksam. Jedoch ist vor Beginn der Berufsaufbildung der wesentliche Inhalt des Vertrages schriftlich niederzulegen (§ 4 Abs. 1 BBiG). In der Niederschrift müssen Angaben enthalten sein über

- Art, sachliche Gliederung sowie Ziel der Berufsausbildung, insbesondere die Berufstätigkeit, für die ausgebildet werden soll,

- Beginn und Dauer der Berufsausbildung,
- Ausbildungsmaßnahmen außerhalb der Ausbildungsstätte,
- Dauer der regelmäßigen täglichen Arbeitszeit,
- Dauer der Probezeit, die mindestens einen Monat betragen muß und höchstens 3 Monate betragen darf (§ 13 BBiG),
- Zahlung und Höhe der Vergütung,
- Dauer des Urlaubs,
- Voraussetzungen, unter denen der Berufsausbildungsvertrag gekündigt werden kann.

Die Niederschrift ist von dem Ausbildenden, dem Auszubildenden und dessen gesetzlichen Vertretern zu unterzeichnen (§ 4 Abs. 2 BBiG). Alsdann muß der Ausbildende dem Auszubildenden und dessen gesetzlichen Vertretern eine Ausfertigung der unterzeichneten Niederschrift aushändigen (§ 4 Abs. 3 BBiG).

In dem Berufsausbildungsvertrag dürfen bestimmte Vereinbarungen nicht getroffen werden (vgl. § 5 BBiG). So ist eine Vereinbarung, die den Auszubildenden für die Zeit nach Beendigung des Berufsausbildungsverhältnisses **in der Ausübung seiner beruflichen Tätigkeit beschränkt,** grundsätzlich nichtig. Lediglich **in den letzten 3 Monaten** des Berufsausbildungsverhältnisses kann sich der Auszubildende wirksam verpflichten, nach Beendigung der Ausbildung mit dem Ausbildenden ein Arbeitsverhältnis auf unbestimmte Zeit einzugehen. Die Vereinbarung eines befristeten Arbeitsverhältnisses für die Dauer von höchstens 5 Jahren kann in den letzten 3 Monaten der Ausbildung nur unter besonderen Voraussetzungen wirksam getroffen werden (§ 5 Abs. 1 BBiG). Des weiteren ist eine Vereinbarung, daß der Auszubildende **für die Berufsausbildung eine Entschädigung** zahlen soll, etwa weil er Arbeitskleidung und Arbeitsgerät des Ausbildenden in Anspruch nimmt, nichtig. Unzulässig ist es auch, daß die Vertragspartner für den Fall einer Verletzung vertraglicher Pflichten eine **Vertragsstrafe** vereinbaren oder für den Fall von Schadensersatzansprüchen eines Vertragspartners **die Höhe des** zu ersetzenden **Schadens in einem Pauschbetrag** festlegen. Schließlich dürfen im Ausbildungsvertrag eventuelle Schadensersatzansprüche eines Vertragspartners **weder ausgeschlossen noch beschränkt werden.**

3. Durchführung des Berufsausbildungsverhältnisses

a) Pflichten des Ausbildenden

Der Ausbildende hat gemäß § 6 BBiG

- dafür zu sorgen, daß dem Auszubildenden die **Fertigkeiten** und **Kenntnisse** vermittelt werden, die zum Erreichen des Ausbildungszieles erforderlich sind, und die Berufsausbildung in einer durch ihren Zweck gebotenen Form planmäßig, zeitlich und sachlich gegliedert so durchgeführt wird, daß das Ausbildungsziel in der vorgesehenen Ausbildungszeit erreicht werden kann,
- die Ausbildung **selbst** zu besorgen oder einen **Ausbilder** ausdrücklich damit zu beauftragen,
- dem Auszubildenden **kostenlos** die Ausbildungsmittel, insbesondere Werkzeuge zur Verfügung zu stellen, die zur Berufsausbildung und zum Ablegen von Zwischen- und Abschlußprüfungen erforderlich sind,
- den Auszubildenen zum Besuch der **Berufsschule** sowie zum Führen von Berichtsheften anzuhalten, soweit solche im Rahmen der Berufsausbildung verlangt werden, und diese durchzusehen,
- dafür zu sorgen, daß der Auszubildende **charakterlich gefördert** sowie sittlich und körperlich nicht gefährdet wird.

Ferner hat der Ausbildende bei der Ausbildung eine möglicherweise bestehende **staatliche Ausbildungsordnung** zu beachten (vgl. §§ 25, 28 BBiG). Dem Auszubildenden dürfen nur Verrichtungen übertragen werden, die dem Ausbildungszweck dienen und seinen körperlichen Kräften angemessen sind (§ 6 Abs. 2 BBiG). Die Beauftragung des Auszubildenden mit groben Reinigungsarbeiten ist unzulässig. Ebenso ist die Züchtigung des Auszubildenden verboten.

Verletzt der Ausbildende schuldhaft die ihm obliegenden Pflichten, macht er sich gegenüber dem Auszubildenden **schadensersatzpflichtig.**

Für die Teilnahme am **Berufsschulunterricht** und an **Prüfungen** ist der Auszubildende unter Fortzahlung der Vergütung von der Arbeit freizustellen (§ 7 BBiG).

Der Ausbildende hat dem Auszubildenden eine **angemessene** Vergütung, in der Regel sind das die tariflichen Sätze, zu gewähren, die nach dem Lebensalter des Auszubildenden so zu bemessen ist, daß sie mit fortschreitender Berufsausbildung, mindestens aber jährlich, ansteigt (§ 10 Abs. 1 BBiG). Die Vergütung ist nach Monaten zu bemessen. Spätestens am letzten Arbeitstag des Monats ist die Vergütung für den laufenden Kalendermonat zu zahlen (§ 11 BBiG). Eine über die vereinbarte regelmäßige tägliche Arbeitszeit hinausgehende Beschäftigung ist besonders zu vergüten (§ 10 Abs. 3 BBiG). Der Ausbildende muß die vereinbarte Vergütung bis zur Dauer von 6 Wochen auch dann zahlen, wenn der Auszubildende

- infolge **unverschuldeter Krankheit** nicht an der Berufsausbildung teilnehmen kann,
- aus einem sonstigen, in seiner Person liegenden Grund **unverschuldet verhindert ist,** seine Pflichten aus dem Berufsausbildungsverhältnis zu erfüllen,
- **sich für die Berufsausbildung bereit hält,** diese aber **ausfällt** (§ 12 BBiG).

Bei Beendigung des Berufsausbildungsverhältnisses hat der Ausbildende dem Auszubildenden ein **Zeugnis** auszustellen (§ 8 BBiG). Das Zeugnis muß Angaben enthalten über Art, Dauer und Ziel der Berufsausbildung sowie über die erworbenen Fertigkeiten und Kenntnisse des Auszubildenden. Auf Verlangen des Auszubildenden sind auch Angaben über Führung, Leistung und besondere fachliche Fähigkeiten aufzunehmen.

b) Pflichten des Auszubildenden

Der Auszubildende hat sich zu bemühen, die Fertigkeiten und Kenntnisse zu erwerben, die erforderlich sind, um das Ausbildungsziel zu erreichen (§ 9 BBiG). Er ist insbesondere verpflichtet,

- die ihm im Rahmen seiner Berufsausbildung aufgetragenen Verrichtungen **sorgfältig auszuführen,**
- am **Berufsschulunterricht** und an den vorgeschriebenen Prüfungen teilzunehmen,
- den **Weisungen zu folgen,** die ihm im Rahmen der Berufsausbildung vom Ausbildenden oder anderen weisungsberechtigten Personen erteilt werden,
- die für die Ausbildungsstätte geltende **Ordnung** zu beachten,
- Werkzeuge, Maschinen und sonstige Einrichtungen **pfleglich zu behandeln,**
- über Betriebs- und Geschäftsgeheimnisse **Stillschweigen** zu bewahren.

4. Beendigung des Berufsausbildungsverhältnisses

Das Berufsausbildungsverhältnis endet automatisch mit dem Ablauf der vereinbarten Ausbildungszeit. Besteht der Auszubildende vor Ablauf der Ausbildungszeit die Abschlußprüfung, so endet das Berufsausbildungsverhältnis mit Bestehen der Abschlußprüfung. Besteht der Auszubildende die Abschlußprüfung nicht, so verlängert sich das Berufsausbildungsverhältnis auf sein Verlangen bis zur nächstmöglichen Wiederholungsprüfung, höchstens aber um ein Jahr (§ 14 BBiG).

Vor der ordnungsgemäßen Beendigung des Berufsausbildungsverhältnisses gemäß § 14 BBiG kann das Berufsausbildungsverhältnis nur beendet werden

- durch **einverständliche Auflösung** des Berufsausbildungsverhältnisses,
- durch **Kündigung während der Probezeit** (§ 15 Abs. 1 BBiG). Während der Probezeit – nach der Rspr. des BAG auch schon früher – kann jeder Vertragspartner das Berufsausbildungsverhältnis ohne Angabe von Gründen und ohne Einhaltung einer Kündigungsfrist kündigen. Die Kündigung muß schriftlich ausgesprochen werden,
- **nach** Ablauf der Probezeit nur durch **Kündigung aus wichtigem Grund** (§ 15 Abs. 2 BBiG). Hierbei sind an die Wirksamkeit einer Kündigung durch den Ausbildenden strenge Anforderungen zu stellen. Gelegentliches ungehöriges Benehmen und unzulängliche Leistungen eines Jugendlichen berechtigen den Ausbildenden grundsätzlich nicht zu einer fristlosen Kündigung. Zur Wirksamkeit einer solchen Kündigung ist erforderlich, daß sie **schriftlich unter Angabe der konkreten Kündigungsgründe** erfolgt und daß die Kündigungsgründe dem Kündigenden nicht länger als 2 Wochen bekannt sind,
- **nach** Ablauf der Probezeit durch **Kündigung des Auszubildenden,** wenn der Auszubildende die Berufsausbildung aufgeben oder sich für eine andere Berufstätigkeit ausbilden lassen will (§ 15 Abs. 2 BBiG). Die Kündigung muß **schriftlich unter Angabe der Kündigungsgründe** erfolgen und darf nur unter Einhaltung einer **Kündigungsfrist von 4 Wochen** ausgesprochen werden.

Wird das Berufsausbildungsverhältnis nach Ablauf der Probezeit vorzeitig aufgelöst und liegt der Grund für die Auflösung nicht darin, daß der Auszubildende die Berufsausbildung aufgeben oder sich für eine andere Berufstätigkeit ausbilden lassen will, so kann jeder der Vertragspartner von dem anderen **Schadensersatz** verlangen, wenn der andere den Grund für die Auflösung zu vertreten hat. Der Schadensersatzanspruch erlischt, wenn er nicht innerhalb von 3 Monaten nach Beendigung des Berufsausbildungsverhältnisses geltend gemacht wird (§ 16 BBiG).

II. Anlernverhältnis, Volontärverhältnis, Praktikantenverhältnis

Anlernverhältnis, Volontärverhältnis und Praktikantenverhältnis sind keine Berufsausbildungsverhältnisse im Sinne des Berufsbildungsgesetzes, aber auch diese Vertragsverhältnisse dienen der Ausbildung der eingestellten Personen. Diejenigen, die als Anlernling, Volontär oder Praktikant eingestellt werden, sollen bestimmte berufliche Kenntnisse, Fertigkeiten oder Erfahrungen erwerben. Deshalb finden die allgemeinen Vorschriften über das Berufsausbildungsverhältnis (§§ 3 bis 18 BBiG) - auch Zahlung einer angemessenen Vergütung - auf das Anlernverhältnis, Volontärverhältnis und Praktikantenverhältnis grundsätzlich Anwendung (§ 19 BBiG). Es gelten nur folgende Abweichungen:

- Die gesetzliche **Probezeit** von mindestens einem Monat kann abgekürzt werden;
- auf die **Niederschrift des Ausbildungsvertrages** kann verzichtet werden;
- bei vorzeitiger Auflösung des Vertragsverhältnisses nach Ablauf der Probezeit kann kein Vertragspartner von dem anderen Schadensersatz verlangen, weil dieser die Auflösung des Vertrages verschuldet habe.

Im übrigen finden auf das Anlernverhältnis, Volontärverhältnis und Praktikantenverhältnis die für ein Arbeitsverhältnis geltenden Vorschriften und Rechtsgrundsätze Anwendung, soweit sich aus dem Wesen und Zweck des einzelnen Ausbildungsverhältnisses nichts anderes ergibt (vgl. § 3 Abs. 2 BBiG).

III. Umschulungsverhältnis

Das Umschulungsverhältnis kann ein Berufsausbildungsverhältnis im Sinne des Berufsbildungsgesetzes oder ein Anlernverhältnis sein. In diesem Fall gelten für das Umschulungsverhältnis die Vorschriften für das Berufsausbildungsverhältnis oder die Vorschriften für das Anlernverhältnis. Die Umschulung kann aber auch im Rahmen eines Arbeitsverhältnisses durchgeführt werden, mit dem nebenbei die Ausbildung für einen bestimmten Beruf oder eine bestimmte Tätigkeit bezweckt wird. Dann finden auch auf das Umschulungsverhältnis die für ein Arbeitsverhältnis geltenden Vorschriften und Rechtsgrundsätze grundsätzlich Anwendung. Die Anwendung dieser Vorschriften ist nur dann ausgeschlossen, wenn sich im Einzelfall aus Wesen und Zweck des Umschulungsverhältnisses etwas anderes ergibt.

Literaturhinweise:

zu D: *Schaub,* Arbeitsrechtshandbuch, 6. Aufl. 1987, S. 1118–1157; *Haase/Richard/Wagner,* Berufsbildungsgesetz mit Erläuterungen, 3. Aufl. 1979; *Knoop/Kraegeloh,* Berufsbildungsgesetz, Ausbildungsplatzförderungsgesetz, 2. Aufl. 1982; *Natzel,* Berufsbildungsrecht, 3. Aufl. 1982.

Kontrollfragen:

75. Unter welchen Voraussetzungen dürfen Auszubildende eingestellt werden?
76. Welche Punkte müssen in einem Ausbildungsvertrag schriftlich niedergelegt sein?
77. Wie kann ein Berufsausbildungsverhältnis beendet werden?

Die Lösungen zu den Kontrollfragen 75–77 finden Sie auf Seite 225–226.

3. Teil: Kollektives Arbeitsrecht

A. Recht der Arbeitsverbände

I. Begriff und Wesen eines Arbeitsverbandes

Arbeitsverbände (Koalitionen) sind Zusammenschlüsse von Arbeitnehmern oder Arbeitgebern zur Wahrung und Förderung ihrer Interessen bei der Gestaltung von Arbeits- und Wirtschaftsbedingungen.

Um tariffähig zu sein, muß ein Arbeitsverband folgende Voraussetzungen erfüllen:

- Der Zusammenschluß zu einer Koalition muß **freiwillig** sein. Zwangsverbände sind nicht zulässig.
- Es muß sich um einen **privatrechtlichen** Zusammenschluß handeln. Öffentlich-rechtliche Verbände können daher keine Koalitionen sein. Eine Ausnahme bilden die Innungen, die ihre Tariffähigkeit nach den Vorschriften der §§ 54, 82 HandwO erhalten.
- Die Koalition muß auf eine **gewisse Dauer** eingerichtet sein. Eine Vereinigung lediglich mit dem Ziel eines spontanen Arbeitskampfes erfüllt die Voraussetzungen nicht.
- Die Koalition muß **unabhängig** sein. Sie darf staatlichen, parteipolitischen oder kirchlichen Weisungen nicht unterworfen sein. Sie muß auch **gegnerfrei** sein, d.h., der soziale Gegenspieler darf nicht gleichzeitig Mitglied sein.
- Koalitionen müssen **überbetrieblich** eingerichtet sein. „Werkvereine" sind wegen der möglichen Einflußnahme durch den Arbeitgeber (Kündigungen) keine Koalitionen (Ausnahmen wegen ihrer Größenordnungen: Deutsche Bundesbahn und Bundespost, Lehrer eines Landes).
- Es muß sich um eine **zweckgerichtete Vereinigung** handeln, d.h., die Koalitionen müssen sich die Wahrung und Förderung von Arbeits- und Wirtschaftsbedingungen nach dem geltenden Tarifrecht zum Ziel gesetzt haben (Art. 9 Abs. 3 GG). Um die Voraussetzungen einer Koalition zu erfüllen, gehört dazu auch grundsätzlich die Bereitschaft zum Arbeitskampf, da andernfalls der Abschluß eines jeden Tarifvertrages verhindert werden kann. In einigen Fällen sind von der h.M. Ausnahmen zugelassen worden.
- Die Koalition muß in der Lage sein, auf den Koalitionspartner wirksam Druck auszuüben.

II. Koalitionsfreiheit

1. Individuelle und kollektive Koalitionsfreiheit

Die Koalitionsfreiheit unterscheidet zum einen die individuelle und kollektive Koalitionsfreiheit. Die **individuelle** Koalitionsfreiheit sichert jedermann das Recht, zur Wahrung und Förderung von Arbeits- und Wirtschaftsbedingungen Vereinigungen zu bilden und sich am Koalitionsleben zu beteiligen oder ihm fernzubleiben. Die **kollektive** Koalitionsfreiheit sichert gemäß Art. 9 Abs. 3 GG den Verbänden den Bestand der Koalition (Bestandsgarantie) und deren Rechte zur koalitionsmäßigen Betätigung (Betätigungsgarantie).

2. Individuelle positive und negative Koalitionsfreiheit

Die **positive** Koalitionsfreiheit beinhaltet das Recht des einzelnen, einer Koalition beizutreten und sich in ihr zu betätigen. Die negative Koalitionsfreiheit bedeutet das Recht des einzelnen, einer Koalition fernzubleiben.

III. Gliederung der Arbeitsverbände

Arbeitgeberverbände und Gewerkschaften sind in der Regel nach dem **Industrieverbandsprinzip** organisiert. Das bedeutet, daß für jeden Betrieb grundsätzlich nur ein Arbeitgeberverband und eine Gewerkschaft zuständig ist. Ausnahmen gelten für die Deutsche Angestellten-Gewerkschaft (DAG), den Deutschen Handels- und Instrieangestellten-Verband (DHV) und den Christlichen Gewerkschaftsbund Deutschlands (CGD), die nach dem Berufsverbandsprinzip gegliedert sind. Die Arbeitgeberverbände und einige Gewerkschaften sind zusätzlich regional (z. B. auf Bezirks-, Landes-, Bundesebene) organisiert. Spitzenverbände für Arbeitgeber bzw. Arbeitnehmer sind die Bundesvereinigung der Deutschen Arbeitgeberverbände und der Deutsche Gewerkschaftsbund. Während die Arbeitgeberverbände überwiegend die Rechtsform des eingetragenen Vereins bevorzugen, sind die Gewerkschaften zumeist als nicht rechtsfähige Vereine zusammengeschlossen. Die Verschiedenartigkeit der Rechtsformen hat historische Gründe.

Literaturhinweise:

zu A: *Schaub*, Arbeitsrechtshandbuch, 6. Aufl. 1987, S. 1243–1264; *Säcker*, Grundprobleme der kollektiven Koalitionsfreiheit, 1969.

Kontrollfragen:

78. Welche Voraussetzungen muß ein Arbeitsverband erfüllen, um tariffähig zu sein?
79. Was versteht man unter positiver und negativer Koalitionsfreiheit?
80. Wie sind die Arbeitsverbände organisiert?

Die Lösungen zu den Kontrollfragen 78–80 finden Sie auf Seite 226.

B. Arbeitskampfrecht

Die wichtigsten Mittel des Arbeitskampfes sind Streik, Aussperrung und Boykott.

I. Streik

1. Begriff

Streik ist die nicht nur ganz kurzfristige gemeinsame und planmäßige **Arbeitsniederlegung** durch eine größere Anzahl von Arbeitnehmern mit dem Ziel, einen bestimmten Kampfzweck zu erreichen und nach Erreichung des Kampfzweckes die Arbeit wieder aufzunehmen. Wieviel Arbeitnehmer die Arbeit niederlegen müssen, damit von einem Streik gesprochen werden kann, hängt von den Umständen des Einzelfalles ab. Entscheidend ist, ob die Arbeitseinstellungen zu einer ernsthaften Störung des Arbeitsprozesses führen und damit geeignet sind, auf den Arbeitgeber Druck auszuüben. Wird der Arbeitsprozeß ernsthaft gestört, handelt es sich bei den Arbeitsniederlegungen um einen Streik.

2. Voraussetzungen für die Rechtmäßigkeit eines Streiks

Aus Art. 9 Abs. 3 GG kann geschlossen werden, daß das Grundgesetz den Streik als Mittel des Arbeitskampfes verfassungsrechtlich garantiert. Ohne das Druckmittel des Streiks könnte die Freiheit der Tarifpartner zum Abschluß von Tarifverträgen (Tarifautonomie) nicht wirksam werden. Damit ist jedoch noch nicht gesagt, daß jeder Streik unter allen denkbaren Umständen rechtmäßig ist. Insoweit besteht keine gesetzliche Regelung.

Von der herrschenden Meinung in Rechtslehre und Rechtsprechung wird ein Streik nach Maßgabe des sog. **Grundsatzes der Verhältnismäßigkeit** nur unter folgenden Voraussetzungen als rechtmäßig anerkannt:

a) Der Streik muß **von einer Gewerkschaft** geführt werden, d.h., die Gewerkschaft muß den Streik entweder ausrufen oder einen bereits begonnenen Streik genehmigen und fortführen. Jeder Streik, der nicht von einer Gewerkschaft geführt wird, sondern von einer Gruppe von Arbeitnehmern, ist als sog. wilder Streik rechtswidrig.

b) Der Streik muß sich **gegen einen Sozialpartner,** nämlich Arbeitgeber oder Arbeitgeberverband, richten, d.h., der Sozialpartner muß in der Lage sein, das Kampfziel des Streiks zu erfüllen. Daher sind **Sympathiestreiks,** die zur Unterstützung anderer streikender Arbeitnehmer aus einem anderen Tarifbereich geführt werden, grundsätzlich rechtswidrig. Ebenso sind Streiks mit dem Ziel, politische Organe (z.B. den Bundestag) zu bestimmten Beschlüssen zu zwingen (sog. politische Streiks), unzulässig.

c) Mit dem Streik muß die **kollektive Regelung von Arbeitsbedingungen** erstrebt werden, z.B. die tarifliche Regelung von Löhnen, Urlaub, Kündigungsfristen, Pensionskassen usw. Demonstrationsstreiks, mit denen lediglich auf einen sozialen Mißstand hingewiesen werden soll, ohne daß mit ihnen die kollektive Regelung von Arbeitsbedingungen erstrebt wird, sowie Streiks, die mit dem Ziel geführt werden, die individuelle Regelung eines Arbeitsverhältnisses zu erreichen, z.B. Rückgängigmachung einer Kündigung, sind daher unzulässig.

d) Der Streik darf **nicht gegen Grundregeln des kollektiven Arbeitsrechts** verstoßen. Hiermit ist insbesondere die Einhaltung der tariflichen Friedenspflicht (s. Teil 3 C III 1) gemeint. Gegen Grundregeln des kollektiven Arbeitsrechts verstößt ein Streik auch dann, wenn mit ihm Regelungen erkämpft werden sollen, die in einem Tarifvertrag nicht vereinbart werden können, etwa wenn sich der Streik gegen den von dem Arbeitgeber durch Änderungskündigungen geplanten Abbau übertariflicher Zulagen richtet oder wenn durch den Streik der Abschluß einer Betriebsvereinbarung erzwungen werden soll.

e) Der Streik darf **nicht gegen das Prinzip der fairen Kampfführung** verstoßen. Zum Prinzip der fairen Kampfführung gehört insbesondere, daß grob wahrheitswidrige oder aufhetzende Kampfpropaganda, Gewaltandrohungen und Gewaltanwendungen sowie Sabotageakte unterbleiben. Vorsätzliche Verstöße einer Gewerkschaft gegen diese Grundsätze machen den gesamten Streik rechtswidrig.

Aus dem Prinzip der fairen Kampfführung folgt auch die Pflicht der Gewerkschaft, die den Streik durchführt, einen **Notdienst** einzurichten, wenn dieser Notdienst erforderlich ist, um einen unverhältnismäßig hohen Schaden von dem Arbeitgeber abzuwenden oder um die öffentliche Sicherheit zu gewährleisten. Richtet die Gewerkschaft trotz Aufforderung durch den Arbeitgeber keinen Notdienst ein, obwohl der Notdienst zur Abwendung hoher Schäden oder zur Gewährleistung der öffentlichen Sicherheit erforderlich ist, ist der gesamte Streik rechtswidrig.

f) Der Streik darf nur geführt werden, wenn die Gewerkschaft aus ihrer Sicht alle Möglichkeiten der friedlichen Einigung ausgeschöpft hat; der Streik muß das **letztmögliche Mittel,** die sog. ultima ratio, zur Durchsetzung der gewerkschaftlichen Forderungen sein. Hierbei entscheidet die Gewerkschaft frei darüber, wann die Verhandlungen gescheitert sind; sie kann das Scheitern der Verhandlungen auch erklären, wenn nach einer erfolglosen Verhandlung zwischen den Tarifparteien bereits ein neuer Verhandlungstermin vereinbart wurde. Das Scheitern braucht nicht förmlich erklärt zu werden. Nach zunächst erfolgloser Verhandlung sind kurze **Warnstreiks** zur Unterstützung der weiteren Tarifverhandlungen zulässig, wenn sie von der Gewerkschaft getragen sind. Hierbei erkennt das BAG auch Warnstreiks in der Form der sog. „Neuen Beweglichkeit" als zulässig an (BAG 21. 6. 1988, in: DB 1988, 1397).

3. Rechtsfolgen eines rechtmäßigen Streiks

Der rechtmäßige Streik führt nicht zur Auflösung der Arbeitsverhältnisse der Streikenden, sondern nur zur **Suspendierung** der beiderseitigen Hauptpflichten aus dem Arbeitsverhältnis. Das bedeutet: Die Arbeitnehmer sind für die Dauer des Streiks nicht verpflichtet zu arbeiten, haben andererseits aber auch keinen Anspruch auf Arbeitslohn oder bezahlten Urlaub. Auch diejenigen Arbeitnehmer, die arbeitswillig sind, aber wegen des Streiks ihrer Arbeitskollegen nicht sinnvoll beschäftigt werden können, verlieren für die Dauer des Streiks ihre Vergütungsansprüche. Arbeitnehmer in nicht bestreikten Betrieben, die wegen der Auswirkungen des Streiks (z. B. Materialmangel, fehlende Absatzmöglichkeiten) nicht beschäftigt werden können, haben für die Zeit des Arbeitsausfalls keinen Anspruch auf Vergütung, wenn die Auswirkungen des Streiks in dem nicht bestreikten Betrieb das Kräfteverhältnis der kampfführenden Parteien beeinflussen können; jedoch steht dem Betriebsrat bei der Frage, wann welche Arbeitnehmer in welchem Umfang mit der Arbeit aussetzen sollen, gemäß § 87 Abs. 1 Nr. 2, 3 BetrVG ein Mitbestimmungsrecht zu.

Arbeitnehmer, die bei Beginn des Streiks **arbeitsunfähig erkrankt** sind und sich ohne die Erkrankung an dem Streik beteiligt hätten, verlieren den Anspruch auf Fortzahlung ihres Entgelts. Ebensowenig können streikende Arbeitnehmer, die während eines Streiks arbeitsunfähig erkranken, für die Dauer der Arbeitsunfähigkeit Entgeltfortzahlung verlangen. Hingegen haben Arbeitnehmer, die im Notdienst eingesetzt sind oder sich an einem Streik nicht beteiligen und weiterbeschäftigt werden, Anspruch auf Entgeltfortzahlung, wenn sie während des Streiks infolge Krankheit arbeitsunfähig werden.

Die Teilnahme an einem rechtmäßigen Streik berechtigt die streikenden Arbeitnehmer nicht, Eigentum des Arbeitgebers zu beschädigen oder Vorgesetzte und arbeitswillige Arbeitnehmer tätlich anzugreifen. Diejenigen Arbeitnehmer, die sich zu solchen Ausschreitungen hinreißen lassen, machen sich gegenüber dem Geschädigten **schadensersatzpflichtig.** Darüber hinaus kann der Arbeitgeber unter Umständen das Arbeitsverhältnis fristlos kündigen (s. Teil 2 C III).

4. Rechtsfolgen eines rechtswidrigen Streiks

Ein Arbeitnehmer, der sich an einem rechtswidrigen Streik beteiligt, begeht einen **Arbeitsvertragsbruch.** Der Arbeitgeber kann einen Arbeitnehmer wegen eines solchen Arbeitsvertragsbruchs jedoch nur dann fristlos entlassen, wenn der Arbeitnehmer vorsätzlich und schuldhaft gehandelt hat, d. h. wenn ihm die Umstände bekannt waren, aus denen die Rechtswidrigkeit des Streiks folgte.

Gegen die Gewerkschaft, die einen rechtswidrigen Streik durchführt, und gegen alle Arbeitnehmer, die sich schuldhaft – auch nur fahrlässig – an dem rechtswidrigen Streik beteiligen, kann der Arbeitgeber **Schadensersatzansprüche** geltend machen. Die Arbeitnehmer nehmen dann schuldhaft an einem rechtswidrigen Streik teil, wenn ihnen die Umstände, aus denen die Rechtswidrigkeit des Streiks folgt, bekannt sind oder hätten bekannt sein müssen (vgl. BAG 7. 6. 1988, in: DB 1988, 2102).

II. Aussperrung

Die Aussperrung ist das Kampfmittel der Arbeitgeber gegen die Arbeitnehmer und Gewerkschaften. Aussperrungen sind im Arbeitsleben weitaus seltener als Streiks und dienen im allgemeinen der Bekämpfung eines von den Arbeitnehmern begonnenen Streiks. In diesem Fall wird die Aussperrung **Abwehraussperrung** genannt. Wird hingegen der Arbeitskampf mit einer Aussperrung eröffnet, handelt es sich um eine **Angriffsaussperrung.**

1. Begriff

Unter Aussperrung versteht man den planmäßigen **Ausschluß** einer größeren Anzahl Arbeitnehmer **von der Arbeit** durch einen oder mehrere Arbeitgeber mit dem Ziel, einen bestimmten Kampfzweck zu erreichen und nach Erreichen des Kampfzweckes die Arbeitnehmer wieder zur Aufnahme der Arbeit aufzufordern (bei suspendierender Aussperrung) oder über ihre Wiedereinstellung zu verhandeln (bei auflösender Aussperrung). Ob eine das Arbeitsverhältnis suspendierende oder lösende Aussperrung vorliegt, hängt grundsätzlich von entsprechenden Erklärungen des Arbeitgebers bei der Durchführung der Aussperrung ab. Eine lösende Aussperrung liegt aber nur vor, wenn der Arbeitgeber eindeutig erklärt, daß die Aussperrung auflösende Wirkung haben soll. In allen anderen Fällen, insbesondere bei Schweigen des Arbeitgebers, handelt es sich um eine suspendierende Aussperrung, die in der Praxis die Regel ist.

2. Voraussetzungen für die Rechtmäßigkeit einer Aussperrung

Eine Aussperrung ist nur unter ähnlichen Voraussetzungen wie ein Streik rechtmäßig:

a) Die Aussperrung muß **von einem Arbeitgeber** vorgenommen werden.
b) Die Aussperrung muß sich **gegen eine Gewerkschaft** richten; d.h.: die Gewerkschaft muß in der Lage sein, das Kampfziel der Aussperrung zu erfüllen.
c) Mit der Aussperrung muß die **kollektive Regelung von Arbeitsbedingungen** erstrebt werden.
d) Die Aussperrung darf **nicht gegen die Grundregeln des kollektiven Arbeitsrechts** verstoßen.
e) Die Aussperrung darf **nicht gegen das Prinzip der fairen Kampfführung** verstoßen.

f) Die Aussperrung muß **das letzte Mittel** sein, um das erstrebte Kampfziel zu erreichen.
g) Das Ausmaß der Aussperrung muß dem **Grundsatz der Verhältnismäßigkeit** entsprechen.

3. Der Grundsatz der Verhältnismäßigkeit bei suspendierenden Abwehraussperrungen

Für suspendierende Abwehraussperrungen, die nach den Erfahrungen der letzten Jahre die Regelform der Aussperrung sind, hat das BAG (Urteile vom 10. 6. 1980, in: AP Nr. 64–67 zu Art. 9 GG Arbeitskampf) den Grundsatz der Verhältnismäßigkeit (s. oben unter 2g) konkretisiert und aus diesem Grundsatz folgende weiteren Zulässigkeitsvoraussetzungen abgeleitet:

a) Abwehraussperrungen müssen **auf das umstrittene Tarifgebiet beschränkt** werden.
b) Wenn durch einen Streikbeschluß weniger als ¼ der Arbeitnehmer des Tarifgebiets zur Arbeitsniederlegung aufgefordert werden, ist eine Ausdehnung des Kampfrahmens durch Abwehraussperrungen zwar zulässig, jedoch regelmäßig **nur eine Ausdehnung um ¼ der betroffenen Arbeitnehmer** des Tarifgebiets.
c) Werden mehr als ¼ der Arbeitnehmer des Tarifgebiets zum Streik aufgerufen, spricht manches dafür, daß Abwehraussperrungen nur in dem Umfang zulässig sind, **bis etwa die Hälfte der Arbeitnehmer** des Tarifgebiets entweder zum Streik aufgerufen oder von einem Aussperrungsbeschluß **betroffen** ist.
d) Die Rechtswidrigkeit einer Aussperrung im Hinblick auf die Zahl der betroffenen Arbeitnehmer ist **nach dem Beschluß des Arbeitgeberverbandes** zu beurteilen, der zur Aussperrung in einem bestimmten Umfang aufruft. Es kommt dann nicht darauf an, wie viele Arbeitgeber den Aussperrungsbeschluß befolgen.
e) Ein generelles Aussperrungsverbot ist mit den tragenden Grundsätzen des geltenden Tarifrechts unvereinbar. Das Tarifrecht, das die durch Art. 9 Abs. 3 GG geschützte Tarifautonomie konkretisiert, läßt Abwehraussperrungen zu. Es verdrängt als Bundesrecht entgegenstehendes Landesrecht (Art. 31 GG). Deshalb ist **Art. 29 Abs. 5 der Hessischen Verfassung,** der die Aussperrung generell für rechtswidrig erklärt, zumindest insoweit nichtig, als es um suspendierende Abwehraussperrungen geht (BAG 26. 4. 1988, in: DB 1988, 1902).

f) Aussperrungen, die gezielt **nur die Mitglieder einer streikenden Gewerkschaft** erfassen, nicht organisierte Arbeitnehmer jedoch verschonen, verstoßen gegen die positive Koalitionsfreiheit (Art. 9 Abs. 3 Satz 2 GG) und sind deshalb unwirksam.

g) **Tarifliche Arbeitskampfordnungen** über den zulässigen Umfang von Arbeitskampfmaßnahmen, also auch von Aussperrungen, haben Vorrang gegenüber den von der Rechtsprechung entwickelten Grundsätzen.

4. Der Grundsatz der Verhältnismäßigkeit bei lösenden Abwehraussperrungen

Mit einer lösenden Aussperrung wird die Auflösung der Arbeitsverhältnisse bezweckt. Die lösende Aussperrung als das gegenüber der suspendierenden Aussperrung weitergehende Kampfmittel der Arbeitgeberseite ist nach dem Grundsatz der Verhältnismäßigkeit nur zulässig, wenn die **suspendierende Aussperrung** zur Erreichung der wirtschaftlichen Ziele der Arbeitgeberseite als **nicht ausreichend** erscheint, z. B. wenn sich der Arbeitskampf auf Arbeitnehmerseite zu besonderer Intensität entwickelt oder wenn der Arbeitgeber im Verlaufe eines Arbeitskampfes Arbeitsplätze einsparen oder anderweitig besetzen will und infolgedessen Arbeitsplätze endgültig wegfallen. Gegenüber Arbeitnehmern, deren Arbeitsplatz über den allgemeinen Kündigungsschutz des KSchG hinaus durch besondere gesetzliche Regelung geschützt ist, ist jedoch eine Aussperrung in jedem Fall nur mit suspendierender Wirkung zulässig. Zu diesem besonders geschützten Personenkreis gehören insbesondere Betriebsratsmitglieder, Schwerbehinderte und Frauen, die den Kündigungsschutz des MuSchG genießen.

Entspricht eine lösende Aussperrung nicht dem Grundsatz der Verhältnismäßigkeit, erfüllt sie aber die Zulässigkeitsvoraussetzungen einer suspendierenden Aussperrung, ist sie als suspendierende Aussperrung wirksam.

5. Rechtsfolgen einer rechtmäßigen Aussperrung

Eine rechtmäßige suspendierende Aussperrung bedeutet, daß für die Dauer der Aussperrung der Anspruch des Arbeitnehmers auf Beschäftigung und Vergütung ebenso wegfällt wie seine Pflicht zu arbeiten. Im übrigen besteht das Arbeitsverhältnis weiter. Der Arbeitnehmer ist jedoch berechtigt, während einer suspendierenden Aussperrung das Arbeitsverhältnis von sich aus ohne Einhaltung einer Frist durch einfache Erklärung zu beenden (sog. **fristlose Abkehr**).

Eine rechtmäßige lösende Aussperrung führt zur sofortigen Auflösung der Arbeitsverhältnisse. Nach Beendigung des Arbeitskampfes besteht aber unter Umständen ein Anspruch der ausgesperrten Arbeitnehmer auf Wiedereinstellung.

6. Rechtsfolgen einer rechtswidrigen Aussperrung

Bei einer rechtswidrigen Aussperrung bestehen alle Rechte und Pflichten von Arbeitgeber und Arbeitnehmer aus dem Arbeitsverhältnis fort; das heißt u. a., daß der Arbeitnehmer Anspruch auf Beschäftigung und Vergütung hat.

7. Wiedereinstellung nach lösender Aussperrung

Auch wenn der Arbeitgeber die Arbeitsverhältnisse durch eine lösende Aussperrung zunächst wirksam beendet, ist er bei der Wiedereinstellung der lösend ausgesperrten Arbeitnehmer nicht völlig ungebunden. Er darf vielmehr die Wiedereinstellung nur ablehnen, wenn die Ablehnung **billigem Ermessen** entspricht. Das ist in der Regel nur dann der Fall, wenn der Arbeitsplatz des betroffenen Arbeitnehmers endgültig anderweit besetzt oder durch betriebliche Maßnahmen weggefallen ist. Fallen von mehreren gleichartigen Arbeitsplätzen durch anderweite Besetzung oder Einsparung nur einzelne Arbeitsplätze weg, muß der Arbeitgeber bei der Wiedereinstellung nach den Grundsätzen der sozialen Auswahl im Sinne des Kündigungsschutzgesetzes (s. Teil 2 C II 3 a bb) verfahren; das heißt: bei der Frage, welche Arbeitnehmer wieder eingestellt werden sollen, haben die sozial Schwächeren den Vorrang.

III. Boykott

Unter Boykott als Maßnahme des Arbeitskampfes versteht man die Aufforderung durch Arbeitgeber oder mehrere Arbeitnehmer oder deren Verbände (der sog. Boykottierer) an Dritte (die sog. Boykottanten), **Vertragsabschlüsse** mit einer Partei des Arbeitslebens (dem sog. Boykottierten) **zu meiden,** damit die Boykottierer einen bestimmten Kampfzweck erreichen; z. B. eine Gewerkschaft fordert ihre Mitglieder auf, mit einem bestimmten Arbeitgeber keine Arbeitsverträge abzuschließen (sog. Zuzugsperre).

Für die Rechtmäßigkeit eines Boykotts gelten dieselben Grundsätze wie für die Rechtmäßigkeit eines Streiks oder einer Aussperrung (s. Ziff. I 2 und II 2).

Ist ein Boykott rechtswidrig, kann der Boykottierte gegen schuldhaft handelnde Boykottierer Schadensersatzansprüche geltend machen.

Literaturhinweise:

Schaub, Arbeitsrechtshandbuch, 6. Aufl. 1987, S. 1265–1294; *Brox/Rüthers/Schlüter/Jülicher,* Arbeitskampfrecht, 2. Aufl. 1982; *Kalb,* Arbeitskampfrecht, 1985; *Pikker,* Der Warnstreik, 1983; *Raiser,* Die Aussperrung nach dem Grundgesetz, 1975; *Seiter,* Streikrecht und Aussperrungsrecht, 1975; ders., Arbeitskampfparität und Übermaßverbot, 1979.

Kontrollfragen:

81. Was versteht man unter einem Streik?
82. Unter welchen Voraussetzungen ist ein Streik rechtmäßig?
83. Was sind die Folgen eines rechtmäßigen Streiks?
84. Was sind die Folgen eines rechtswidrigen Streiks?
85. Was bedeutet suspendierende, was bedeutet lösende Aussperrung?
86. Unter welchen Voraussetzungen führt die Aussperrung zur Auflösung der Arbeitsverhältnisse?
87. Gegenüber welchen Arbeitnehmergruppen ist eine lösende Aussperrung stets unzulässig?

Die Lösungen zu den Kontrollfragen 81–87 finden Sie auf den Seiten 226–227.

Aufgabe 17:

Ein Unternehmen der Metallindustrie in Nord-Württemberg wurde nach dem Scheitern von Lohntarifverhandlungen drei Wochen bestreikt und konnte deshalb Zulieferungen eines Unternehmens der Metallindustrie in Hessen nicht abnehmen. Das hessische Unternehmen hatte keine Möglichkeit, größere Mengen der von dem Unternehmen in Nord-Württemberg nicht abgenommenen Teile fachgerecht zu lagern und stellte deshalb für eine Woche seine Produktion ein. Während dieser Zeit fanden auch in Hessen Lohntarifverhandlungen statt. Die Lohnforderungen der Gewerkschaft waren für den Bereich Nord-Württemberg und den Bereich Hessen etwa gleich hoch. Können die Arbeitnehmer des hessischen Unternehmens, die wegen des einwöchigen Stillstandes der Produktion nicht beschäftigt werden konnten, für diesen Zeitraum von ihrem Arbeitgeber Lohnfortzahlung verlangen?

Die Lösung zu der Aufgabe 17 finden Sie auf Seite 240.

C. Tarifrecht

I. Begriff und Bedeutung des Tarifvertrages

Der Tarifvertrag ist ein Vertrag zwischen Arbeitgeberverbänden oder einzelnen Arbeitgebern einerseits und Gewerkschaften andererseits zur Regelung von arbeitsrechtlichen Rechten und Pflichten der Tarifvertragsparteien (obligatorischer Teil) und zur Festsetzung von Rechtsnormen über Inhalt, Abschluß und Beendigung von Arbeitsverhältnissen sowie über betriebliche und betriebsverfassungsrechtliche Fragen und gemeinsame Einrichtungen der Tarifvertragsparteien (normativer Teil).

Der Tarifvertrag hat Doppelrechtsnatur. Er ist zum einen ein gegenseitiger, schuldrechtlicher Vertrag **(obligatorischer Teil)** und unterliegt den Vorschriften des bürgerlichen Rechts (z. B. §§ 145 ff. BGB). Im **normativen Teil** enthält er für Dritte (Mitglieder der Tarifvertragsparteien) verbindliche Rechtsnormen. Insoweit erfährt der Tarifvertrag die Rechtswirkungen eines Gesetzes im materiellen Sinne.

II. Abschluß, Beginn und Ende des Tarifvertrages

1. Abschluß des Tarifvertrages

Ein Tarifvertrag kann nur zwischen **tariffähigen** Verbänden (Koalitionen) geschlossen werden. Tariffähig sind alle Verbände, die die Merkmale der Koalition erfüllen. Nicht nur die unteren Verbände, sondern auch die Spitzenorganisationen (Deutscher Gewerkschaftsbund – Vereinigung der Deutschen Arbeitgeberverbände) sind zum Abschluß von Tarifverträgen berechtigt (§ 2 TVG). Begründet ein Arbeitgeber allein mit der zuständigen Gewerkschaft einen Tarifvertrag, handelt es sich um einen **Firmentarifvertrag** (Haustarif). Die Tarifpartner sind zum Abschluß von Tarifverträgen nur **zuständig,** wenn die Regelungen in ihren sachlichen und räumlichen Aufgabenbereich fallen. Außerhalb der Tarifzuständigkeit geschlossene Tarifverträge sind nichtig. Wie zum obligatorischen Teil erörtert, wird der Tarifvertrag nach den Regeln des bürgerlichen Rechts (§§ 145 ff. BGB) abgeschlossen. Gemäß § 1 Abs. 2 TVG ist für den Tarifvertrag **Schriftform** vorgeschrieben.

2. Beginn des Tarifvertrages

Für die **Tarifvertragsparteien** beginnen die Rechtswirkungen aus dem Tarifvertrag mit dessen schriftlichem Abschluß. Hinsichtlich des Beginns der Tarifwirkungen auf die **tarifgebundenen Mitglieder** (normativer Teil) kommt es auf die Vereinbarung an. Unter besonderen Voraussetzungen können die Tarifwirkungen sogar rückwirkend eintreten.

3. Ende des Tarifvertrages

Beendigungsmöglichkeiten des Tarifvertrages sind

- Ablauf der Zeit,
- Aufhebungsvertrag,
- ordentliche und außerordentliche Kündigung (z. B. bei Tarifbruch),
- Gegenstandslosigkeit (z. B. Betrieb des Tarifpartners wird geschlossen, nicht aber die Veräußerung des Betriebs, s. unter III 2 b).

Mit dem Ende eines Tarifvertrages erlöschen für die Tarifvertragsparteien alle Rechte und Pflichten. Dies gilt jedoch nicht für den normativen Teil. Für die Tarifgebundenen gelten die Rechtsnormen weiter, bis sie durch andere Vereinbarungen (neuer Tarifvertrag oder Einzelarbeitsvertrag) ersetzt werden (§ 4 Abs. 5 TVG, **Nachwirkung von Tarifnormen**).

III. Inhalt des Tarifvertrages

1. Obligatorischer Teil

Der obligatorische Teil des Tarifvertrages regelt die arbeitsrechtlichen Rechte und Pflichten der Tarifvertragsparteien. Die wichtigste Pflicht ist die **Friedenspflicht.** Sie verbietet während der Laufzeit eines Tarifvertrages Kampfmaßnahmen der Tarifvertragsparteien. Zu unterscheiden sind die relative und die absolute Friedenspflicht. Die **relative** Friedenspflicht untersagt nur Kampfmaßnahmen zur Durchsetzung von Punkten, über die der derzeit gültige Tarifvertrag schon Regelungen getroffen hat. Die **absolute** Friedenspflicht fordert jegliches Kampfverbot, also auch über Themen, die der Tarifvertrag noch nicht behandelt hat. Im Gegensatz zur relativen Friedenspflicht ist die absolute Friedenspflicht nur einzuhalten, wenn sie zwischen den Tarifvertragsparteien ausdrücklich vereinbart wurde.

Neben der Friedenspflicht ist noch die **Einwirkungspflicht** besonders hervorzuheben. Sie beinhaltet die gegenseitige Verpflichtung der Tarifvertragsparteien, ihre Verbandsmitglieder zur Wahrung der Tariftreue anzuhalten. Sie zerfällt in die **Innehaltungspflicht** (Pflicht dafür zu sorgen, daß sich die Mitglieder tarifmäßig verhalten) und in die **Durchführungspflicht** (Sorgepflicht, daß die tariflichen Abreden durch die Mitglieder durchgeführt werden).

Eine Vereinbarung der Tarifvertragsparteien über **Differenzierungs-** und **Außenseiterklauseln** sind unzulässig, da das Tarifvertragsgesetz die Tarifvertragsparteien nur zu Regelungen für Tarifgebundene ermächtigt.

Sonstige Pflichten sind vorrangig Selbstpflichten (z. B. Schlichtungsvereinbarungen, Errichtung von Schiedsgerichten, Vertragsstrafen).

Verletzt eine Tarifvertragspartei obligatorische Bestimmungen, begeht sie Tarifbruch. Die Verletzung kann Ansprüche auf Erfüllung, Schadensersatz oder eine fristlose Kündigung zur Folge haben.

2. Normativer Teil

a) Inhalt des normativen Teils

Der normative Teil schafft Rechtsnormen mit unmittelbaren Rechtswirkungen für die Mitglieder der Tarifvertragsparteien. Es handelt sich dabei zum einen um **Inhaltsnormen** (das können alle Pflichten und Rechte des Arbeitnehmers und Arbeitgebers sein, z. B. Vergütung, Urlaub, Kündigung) und **Abschlußnormen** (z. B. Formvorschriften eines Arbeitsvertrages, Abschlußver- und -gebote). – Zum anderen kann der normative Teil **Normen über betriebliche Fragen** (z. B. Vorschriften über Arbeitsschutz, Wohlfahrtseinrichtungen), **Normen über betriebsverfassungsrechtliche Fragen,** d. h. Regeln über die Rechtsstellung der Arbeitnehmerschaft im Betrieb und ihrer Organe, sowie **Normen über gemeinsame Einrichtungen** (z. B. Lohnausgleichskassen, Urlaubsmarkenregelungen) enthalten.

b) Rechtswirkungen

Die normativen Bestimmungen gelten **unmittelbar** und **zwingend** für die tarifgebundenen Arbeitsverhältnisse (§ 4 Abs. 1 TVG). Aus § 4 Abs. 3 TVG folgt, daß eine für einen tarifgebundenen Arbeitnehmer ungünstigere Vereinbarung (z. B. durch Arbeitsvertrag) unwirksam ist, es sei denn, der Tarifvertrag ließe derartige Abmachungen ausdrücklich zu. Günstigere Regelungen dagegen können durch die Arbeitsvertragsparteien getroffen werden **(Günstigkeitsprinzip).** Hinsichtlich der Frage, ob eine Regelung für den Arbeitnehmer günstiger ist, sind Tarifvertrag und Arbeitsvertrag miteinander zu vergleichen. Dabei sind alle Normen des Tarifvertrages und des Arbeitsvertrages einzubeziehen, die in einem inneren Zusammenhang stehen (z. B. Höhe des Urlaubs und Höhe des Urlaubsgeldes). Die insgesamt günstigeren Bestimmungen sind dann anzuwenden.

Das Günstigkeitsprinzip gilt jedoch nicht für Tarifverträge untereinander. Eine bestehende Kollektivregelung wird durch eine ungünstigere spätere Tarifregelung ersetzt **(Ordnungsprinzip).** Spezielle Vergünstigungen des früheren Tarifvertrages jedoch, mit denen besondere Leistungen vergütet oder Erschwernisse ausgeglichen werden sollten, bleiben bestehen, sofern diese Fragen im neuen Tarifvertrag nicht ausdrücklich geregelt sind **(Leistungsprinzip).** Eine tarifliche Regelung, die im Falle der Vereinbarung von übertariflichen Löhnen diesen übertariflichen Lohnbestandteil bei Tariflohnerhöhungen garantieren will (Effektivklausel), ist unwirksam.

Geht der Betrieb auf einen neuen Inhaber über, so werden die Rechtsnormen des Tarifvertrages Inhalt des Arbeitsverhältnisses zwischen dem neuen Inhaber und dem Arbeitnehmer. Sie dürfen erst nach Ablauf eines Jahres zum Nachteil des Arbeitnehmers geändert werden. Dies gilt allerdings nicht, wenn bei dem neuen Inhaber bereits ein anderer Tarifvertrag Anwendung findet. Im übrigen können die Rechte und Pflichten vor Ablauf des obengenannten Jahres geändert werden, wenn der Tarifvertrag nicht mehr gilt oder bei fehlender Tarifgebundenheit im Geltungsbereich eines anderen Tarifvertrages dessen Anwendung mit dem neuen Inhaber vereinbart wird (§ 613 a Abs. 1 BGB).

c) Tarifgebundenheit

Die Tarifwirkungen treten nur für Tarifgebundene ein (§ 4 Abs. 1 TVG).

aa) Beiderseitige Verbandszugehörigkeit

Tarifbindung liegt zum einen vor, wenn beide Arbeitsvertragspartner Mitglied des jeweiligen tarifschließenden Verbandes sind. Die Zugehörigkeit des Arbeitgebers ist entbehrlich, wenn er selbst Tarifvertragspartei ist (§ 3 Abs. 1 TVG).

Bei den Normen über betriebliche und betriebsverfassungsrechtliche Fragen allerdings genügt die Tarifgebundenheit des Arbeitgebers (§ 3 Abs. 2 TVG), d. h., diese Normen gelten für alle Arbeitnehmer, die bei dem tarifgebundenen Arbeitgeber beschäftigt sind. Beim Ausscheiden eines Mitglieds aus seinem Verband während der Laufzeit eines Tarifvertrages bleibt die Tarifgebundenheit bis zum Auslaufen des Tarifvertrages bestehen (§ 3 Abs. 3 TVG).

bb) Allgemeinverbindlichkeit des Tarifvertrages

Arbeitnehmer und Arbeitgeber können auch durch Allgemeinverbindlicherklärung (AVE) an die normativen Bestimmungen des Tarifvertrages gebunden sein. Durch die AVE werden die Tarifwirkungen auf alle Arbeitnehmer und Arbeitgeber dieses Bereiches ohne Rücksicht auf etwaige Verbandszugehörigkeit, also auch auf Außenseiter, erstreckt (z. B. Baugewerbe, Gaststättengewerbe, Einzelhandel). Die AVE wird vom Bundesarbeitsminister ausgesprochen, wenn folgende Voraussetzungen erfüllt sind:

- Antrag einer Tarifvertragspartei,
- Vorliegen eines rechtswirksamen Tarifvertrages,
- Beschäftigung von mindestens 50% der Arbeitnehmer bei tarifgebundenen Arbeitgebern,
- Vorliegen eines öffentlichen Interesses oder bei Fehlen der 2 letzten Voraussetzungen das Vorliegen eines sozialen Notstandes (§ 5 Abs. 1 TVG).

cc) Individualrechtliche Bezugnahme auf Tarifvertrag

Die normativen Bestimmungen eines Tarifvertrages können für Arbeitnehmer und Arbeitgeber auch wirken, wenn die Arbeitsvertragsparteien einzelvertraglich die Geltung eines Tarifvertrages oder eines Teiles vereinbaren. Es handelt sich dabei allerdings – wenn auch an dieser Stelle erörtert – um keinen Fall der Tarifbindung.

Die einzelvertragliche Bezugnahme kann zum einen durch **Wiederholung der Tarifnormen** im Arbeitsvertrag oder zum anderen durch Verweisung auf einen bestimmten Tarifvertrag, der nicht unbedingt der im Falle der Tarifbindung zuständige Tarifvertrag sein muß, geschehen. Bei Bezugnahme auf einen branchenfremden Tarifvertrag ist jedoch zu beachten, daß zwingendes Gesetzesrecht nicht umgangen werden darf (z. B. Kündigungsfristen nach § 622 BGB).

d) Geltungsbereich des Tarifvertrages

Die normativen Bestimmungen des Tarifvertrages gelten nur für Arbeitsverhältnisse, die dem zeitlichen, räumlichen, betrieblichen, fachlichen und persönlichen Geltungsbereich des Tarifvertrages unterliegen.

aa) Zeitlicher Geltungsbereich

Der Tarifvertrag gilt für alle Arbeitsverhältnisse, die zur Zeit des Inkrafttretens bestehen und während der Laufzeit abgeschlossen werden.

bb) Räumlicher Geltungsbereich

Auf das Arbeitsverhältnis findet der Tarifvertrag Anwendung, der am **Erfüllungsort** des Arbeitsverhältnisses, d. h. der Betriebsstätte (bedeutsam, wenn Unternehmen aus mehreren Betrieben besteht), gilt.

cc) Betrieblicher Geltungsbereich

Tarifverträge werden regelmäßig nach dem Industrieverbandsprinzip abgeschlossen (z. B. Baugewerbe, Metallindustrie etc.). Hinsichtlich des betrieblichen Geltungsbereiches gilt der Grundsatz der **Tarifeinheit,** d. h., für den Betrieb gilt nur der Tarifvertrag, der dem Schwergewicht der betrieblichen Tätigkeit entspricht.

Beispiel:
Auch für Kfz-Schlosser gilt der Tarifvertrag des Baugewerbes, wenn letztere Tätigkeit überwiegt.

Handelt es sich bei den verschiedenen Tätigkeitsbereichen aber um 2 **selbständige Betriebe,** findet für jeden Betrieb der Tarifvertrag seiner wirtschaftlichen Betätigung Anwendung.

dd) Fachlicher Geltungsbereich

Hauptanwendungsfälle des fachlichen Geltungsbereiches sind die verschiedenen Tarife für Arbeiter und Angestellte (kaufmännische und technische Angestellte). Sieht ein Tarifvertrag zusätzlich eine Unterteilung nach Vergütungsgruppen vor, so hat der Arbeitnehmer einen unmittelbaren Anspruch auf Eingruppierung in die seiner Arbeitsleistung entsprechenden Gruppe. Die Eingruppierung bei Abschluß des Arbeitsverhältnisses hat in der Regel nur deklaratorische Bedeutung.

ee) Persönlicher Geltungsbereich

Der Tarifvertrag gilt grundsätzlich für alle Personen, die unter den räumlichen, zeitlichen, betrieblichen und fachlichen Geltungsbereich fallen. Bestimmte Personengruppen können ausgenommen werden (z. B. Auszubildende).

ff) Tarifkonkurrenz

Tarifkonkurrenz ist gegeben, wenn mehrere Tarifverträge gleichzeitig nach dem erörterten Geltungsbereich zur Anwendung kommen. In diesem Falle gilt der speziellere Tarifvertrag **(Spezialitätsprinzip).**

e) Verlust tariflicher Rechte

Der **Verzicht auf tarifliche Rechte** (z. B. tarifliche Vergütung) ist unzulässig, es sei denn, der Verzicht sei in einem von den Tarifvertragsparteien gebilligten Vergleich erfolgt (§ 4 Abs. 4 Satz 1 TVG). Damit ist auch eine **Ausgleichsquittung,** d. h. eine Bescheinigung des Arbeitnehmers, er habe gegen den Arbeitgeber keine Ansprüche mehr, nichtig, soweit darin auf tarifliche Ansprüche verzichtet wird.

Auch die **Verwirkung,** d. h. wenn ein Schuldner infolge des Verhaltens des Gläubigers nach Treu und Glauben mit der verspäteten Geltendmachung von Ansprüchen nicht mehr zu rechnen brauchte, ist ausgeschlossen, wenn es um tarifliche Rechte geht (§ 4 Abs. 4 Satz 2 TVG).

Fristen für die Geltendmachung von tariflichen Rechten **(Verfallfristen)** können nur im Tarifvertrag vereinbart werden (§ 4 Abs. 4 Satz 3 TVG).

Literaturhinweise:

zu C: *Schaub,* Arbeitsrechtshandbuch, 6. Aufl. 1987, S. 1303–1364; *Hagemeier/Kempen/Zachert/Zilius,* Tarifvertragsgesetz – Kommentar für die Praxis – 1984; *Reichel,* Tarifvertragsrecht, 1977; *Wiedemann/Stumpf,* Tarifvertragsgesetz, 5. Aufl. 1977.

Kontrollfragen:

88. Was versteht man unter einem Tarifvertrag?
89. Welche Beendigungsmöglichkeiten eines Tarifvertrages kennen Sie?
90. Für welchen Personenkreis gelten die normativen Bestimmungen eines Tarifvertrages?
91. Was versteht man unter Tarifkonkurrenz?

92. Was ist über den Verlust tariflicher Rechte zu sagen?

Die Lösungen zu den Kontrollfragen 88–92 finden Sie auf Seite 227.

Aufgabe 18:

Der Arbeitnehmer AN war im Jahre 1983 als Monteur bei dem Arbeitgeber AG beschäftigt. Er erhielt einen Stundenlohn von 9,00 DM brutto und eine Fernauslösung von 15,00 DM netto aufgrund einzelvertraglicher Vereinbarung. AG war tarifgebunden, AN wurde es nach 3 Monaten der Beschäftigungszeit durch Eintritt in die zuständige Gewerkschaft.

Der entsprechende Tarifvertrag sah einen geringeren Stundenlohn, dafür aber eine höhere Fernauslösung vor. Eine Vereinbarung dahingehend, daß der übertarifliche Stundenlohn als Ausgleich für die untertarifliche Auslösung dienen sollte, wurde nicht getroffen. Bei einem Gesamtvergleich konnte AN im Falle der Ableistung mehrerer Überstunden insgesamt mehr verdienen, als wenn er den Tariflohn und die Auslösung erhalten hätte. So hätte AN in den vergangenen 3 Monaten bei Anwendung des Tarifvertrages im Monat Juli insgesamt etwas weniger, in den Monaten August und September jedoch mehr erhalten.

AN fordert für die entsprechenden Monate die Differenz zwischen der arbeitsvertraglichen und der tariflichen Fernauslösung. Mit Recht?

Die Lösung zu Aufgabe 18 finden Sie auf Seite 241.

D. Betriebsverfassungsrecht

I. Bedeutung und Geltungsbereich des Betriebsverfassungsgesetzes

Durch das Betriebsverfassungsgesetz (BetrVG) wird die Mitwirkung der Arbeitnehmer und der sie repräsentierenden Organe in betrieblichen Angelegenheiten geregelt; ferner enthält das Gesetz Vorschriften über die Wahl und die Geschäftsführung dieser Organe sowie über die Rechtsstellung von deren Mitgliedern.

Das BetrVG gilt in räumlicher Hinsicht für alle **inländischen Betriebe,** auch soweit sie zu einem ausländischen Unternehmen gehören; es gilt andererseits nicht für im Ausland gelegene Betriebe deutscher Unternehmen.

Innerhalb der Bundesrepublik Deutschland erfaßt das BetrVG grundsätzlich alle **Betriebe der privaten Wirtschaft.** Hiervon ausgenommen sind lediglich die Religionsgemeinschaften und ihre karitativen und erzieherischen Einrichtungen unbeschadet deren Rechtsform (§ 118 Abs. 2 BetrVG).

Eine nur beschränkte Geltung entfaltet das BetrVG für sog. **Tendenzbetriebe,** das sind Betriebe, die unmittelbar und überwiegend (1) politischen, koalitionspolitischen, konfessionellen, karitativen, erzieherischen, wissenschaftlichen oder künstlerischen Bestimmungen oder (2) Zwecken der Berichterstattung oder Meinungsäußerung, auf die Art. 5 Abs. 1 Satz 2 des Grundgesetzes (Pressefreiheit) Anwendung findet, dienen. Zu den Tendenzbetrieben gehören insbesondere alle Verlage, gleichgültig ob sie Zeitungen und Zeitschriften oder Bücher verlegen. Auf Tendenzbetriebe finden die Vorschriften über den Wirtschaftsausschuß und die Beteiligung des Betriebsrates bei der Entscheidung über eine Betriebsänderung überhaupt keine Anwendung, die übrigen Vorschriften des BetrVG sind insoweit nicht anwendbar, als dem die Eigenart des Unternehmens oder des Betriebs entgegensteht (§ 118 Abs. 1 BetrVG). Die Eigenart des Unternehmens oder des Betriebs steht der Anwendung von Vorschriften des BetrVG dann entgegen, wenn dadurch die Verwirklichung der geistig-ideellen Zielsetzung des Unternehmens beeinträchtigt werden könnte. Deshalb steht dem Betriebsrat z. B. bei der Einstellung eines Redakteurs einer Tageszeitung kein Zustimmungsverweigerungsrecht zu. Hingegen sind die Vorschriften über Informations-, Beratungs- und Anhörungsrechte des Betriebsrats (z. B. die Unterrichtung vor einer Einstellung gemäß § 99 Abs. 1 BetrVG, die Anhörung vor einer Kündigung gemäß § 102 Abs. 1 BetrVG) in Tendenzbetrieben grundsätzlich anwendbar, weil hierdurch die Alleinentscheidung des Arbeitgebers nicht beeinträchtigt wird.

Im Bereich des **öffentlichen Dienstes** finden nicht das BetrVG, sondern die Personalvertretungsgesetze des Bundes und der Länder Anwendung, die die Mitwirkung der Arbeitnehmer und ihrer Organe in dienstlichen Angelegenheiten regeln; auf diese Personalvertretungsgesetze kann hier nicht näher eingegangen werden.

In den Betrieben, in denen das BetrVG gilt, werden grundsätzlich **alle Arbeitnehmer** einschließlich der zu ihrer Berufsausbildung Beschäftigten von den Vorschriften des BetrVG erfaßt. Lediglich der in § 5 Abs. 2 BetrVG aufgeführte Personenkreis (z. B. in Betrieben einer juristischen Person die Mitglieder des Organs, das zur gesetzlichen Vertretung berufen ist – Vorstandsmitglieder einer Aktiengesellschaft etc. –) gilt nicht als Arbeitnehmer i. S. des BetrVG.

Die in § 5 Abs. 3 BetrVG aufgeführten **leitenden Angestellten** sind zwar Arbeitnehmer, auf sie finden aber nur die wenigen Vorschriften des BetrVG Anwendung, in denen dies ausdrücklich bestimmt ist (z. B. § 75 BetrVG).

Nach § 5 Abs. 3 BetrVG ist leitender Angestellter, wer nach Arbeitsvertrag und Stellung im Unternehmen oder im Betrieb

1. zur selbständigen Einstellung und Entlassung von im Betrieb oder in der Betriebsabteilung beschäftigten Arbeitnehmern berechtigt ist oder
2. Generalvollmacht oder Prokura hat und die Prokura auch im Verhältnis zum Arbeitgeber nicht unbedeutend ist oder
3. regelmäßig sonstige Aufgaben wahrnimmt, die für den Bestand und die Entwicklung des Unternehmens oder eines Betriebs von Bedeutung sind und deren Erfüllung besondere Erfahrungen und Kenntnisse voraussetzt, wenn er dabei entweder die Entscheidungen im wesentlichen frei von Weisungen trifft oder sie maßgeblich beeinflußt; dies kann auch bei Vorgaben insbesondere aufgrund von Rechtsvorschriften, Plänen oder Richtlinien sowie bei Zusammenarbeit mit anderen leitenden Angestellten gegeben sein.

Da die Umschreibung des leitenden Angestellten i. S. von § 5 Abs. 3 Nr. 3 BetrVG sehr unbestimmt ist, hat der Gesetzgeber in § 5 Abs. 4 BetrVG eine Auslegungsregel aufgestellt, nach der im Zweifel leitender Angestellter i. S. von § 5 Abs. 3 Nr. 3 BetrVG ist, wer

„1. aus Anlaß der letzten Wahl des Betriebsrats, des Sprecherausschusses oder von Aufsichtsratsmitgliedern der Arbeitnehmer oder durch rechtskräftige gerichtliche Entscheidung den leitenden Angestellten zugeordnet worden ist"

oder

„2. einer Leitungsebene angehört, auf der in dem Unternehmen überwiegend leitende Angestellte vertreten sind", z. B. Hauptabteilungsleiter, die der Unternehmensführung unmittelbar unterstellt sind; aus der Voraussetzung, auf der Leitungsebene des Angestellten müßten „überwiegend leitende Angestellte" vertreten sein, ist zu schließen, daß es insoweit auf die bisherige Übung im Betrieb ankommt, auf welchen Leitungsebenen Arbeitnehmer als leitende Angestellte angesehen werden;

oder

„3. ein regelmäßiges Jahresarbeitsentgelt erhält, das für leitende Angestellte in dem Unternehmen üblich ist"; auch insoweit kommt es auf die bisherige Übung im Unternehmen an;

oder

„4. falls auch bei der Anwendung der Nummer 3 noch Zweifel bleiben, ein regelmäßiges Jahresarbeitsentgelt erhält, das das Dreifache der Bezugsgröße nach § 18 des Vierten Buches des Sozialgesetzbuches überschreitet." Bezugsgröße i. S. von § 18 SGB IV ist im Jahre 1989 ein Betrag von 37.800,– DM jährlich; danach muß das regelmäßige Jahresarbeitsentgelt des Angestellten 113.400,– DM überschreiten.

II. Der Betriebsrat

1. Wahl

Der Betriebsrat ist das wichtigste Organ in der Betriebsverfassung. Er repräsentiert die Belegschaft eines Betriebs und kann in Betrieben, in denen in der Regel mindestens 5 wahlberechtigte Arbeitnehmer, von denen 3 wählbar sind, ständig beschäftigt sind, errichtet werden (§ 1 BetrVG). Ein Zwang zur Errichtung des Betriebsrats besteht aber nicht. **Wahlberechtigt** sind ohne Rücksicht auf ihre Staatsangehörigkeit alle Arbeitnehmer i. S. des BetrVG – mit Ausnahme der leitenden Angestellten –, die im Zeitpunkt der Wahl dem Betrieb angehören und das 18. Lebensjahr vollendet haben (§ 7 BetrVG). Leiharbeitnehmer sind nur im Verleiherbetrieb, nicht im Entleiherbetrieb wahlberechtigt (Art. 1 § 14 Abs. 2 AÜG). **Wählbar** sind grundsätzlich alle Wahlberechtigten, die dem Betrieb im Zeitpunkt der Wahl mindestens 6 Monate angehören. Besteht der Betrieb im Zeitpunkt der Wahl weniger als 6 Monate, sind alle wahlberechtigten Arbeitnehmer wählbar, die bei der Einleitung der Betriebsratswahl im Betrieb beschäftigt sind. Nicht wählbar sind Arbeitnehmer, die infolge strafgerichtlicher Verurteilung die Fähigkeit, Rechte aus öffentlichen Wahlen zu erlangen, nicht besitzen (§ 8 BetrVG).

Die Größe des Betriebsrats, d. h. die **Zahl der Betriebsratsmitglieder,** hängt von der Zahl der im Betrieb beschäftigten Arbeitnehmer ab und ist im einzelnen in § 9 BetrVG geregelt. Wenn der Betriebsrat aus mindestens 3 Mitgliedern besteht, müssen die Gruppe der Arbeiter und die Gruppe der Angestellten entsprechend ihrem zahlenmäßigen Verhältnis im Betriebsrat vertreten sein. Hierbei erhält die Minderheitsgruppe grundsätzlich mindestens 1 Sitz; nur wenn der Minderheitsgruppe nicht mehr als 5 Arbeitnehmer angehören und diese nicht mehr als ein Zwanzigstel der Arbeitnehmer des Betriebs darstellen, erhält die Minderheitsgruppe überhaupt keinen Sitz.

Die Betriebsratswahl wird eingeleitet durch die **Bestellung eines Wahlvorstandes,** der in der Regel aus 3 wahlberechtigten Arbeitnehmern des Betriebs besteht, unter denen sich mindestens 1 Arbeiter und 1 Angestellter befinden muß, wenn beide Gruppen im Betrieb vertreten sind (§ 16 Abs. 1 BetrVG). In Betrieben, in denen ein Betriebsrat besteht, hat dieser spätestens 10 Wochen vor Ablauf seiner Amtszeit den Wahlvorstand zur neuen Betriebsratswahl zu bestellen und ein Wahlvorstandsmitglied zum Vorsitzenden zu ernennen (§ 16 Abs. 1 BetrVG). Versäumt er dies, können frühestens 8 Wochen vor Ablauf der Amtszeit des Betriebsrats mindestens 3 wahlberechtigte Arbeitnehmer oder eine im Betrieb vertretene Gemeinschaft beim Arbeitsgericht die Bestellung eines Wahlvorstands beantragen; hierbei können Vorschläge für die Zusammensetzung des Wahlvorstandes gemacht werden, an die das Arbeitsgericht jedoch nicht gebunden ist. Bei Betrieben mit in der Regel mehr als 20 wahlberechtigten Arbeitnehmern kann das Arbeitsgericht auch Mitglieder einer im Betrieb vertretenen Gewerkschaft, die nicht Arbeitnehmer des Betriebs sind, bestellen, wenn dies zur ordnungsgemäßen Durchführung der Wahl erforderlich ist (§ 16 Abs. 2 BetrVG).

In einem Betrieb ohne Betriebsrat wird der Wahlvorstand zur Betriebsratswahl **in einer Betriebsversammlung** von der Mehrheit der anwesenden Arbeitnehmer gewählt. Zu dieser Betriebsversammlung können 3 wahlberechtigte Arbeitnehmer des Betriebs oder eine im Betrieb vertretene Gewerkschaft einladen. Findet trotz einer Einladung keine Betriebsversammlung statt oder wählt die Betriebsversammlung keinen Wahlvorstand, so hat ihn das Arbeitsgericht zu bestellen, wenn dies mindestens 3 wahlberechtigte Arbeitnehmer oder eine im Betrieb vertretene Gewerkschaft beantragen (§ 17 BetrVG). Für die Bestellung des Wahlvorstandes gelten in diesem Fall dieselben Grundsätze wie bei der gerichtlichen Bestellung für Betriebe mit Betriebsrat (siehe oben).

Aufgabe des Wahlvorstandes ist es, unverzüglich nach seiner Bestellung **die Betriebsratswahl einzuleiten, durchzuführen und das Wahlergebnis festzustellen** (§ 18 Abs. 1 BetrVG). Hierbei hat er die Wahlordnung zum BetrVG zu beachten. Insbesondere hat der Wahlvorstand eine Liste der Wahlberechtigten (sog. Wählerliste) aufzustellen, ein Wahlausschreiben über die Bedingungen der Wahl zu erlassen, eingereichte Vorschläge zu prüfen und gegebenenfalls zu beanstanden, für die Geheimhaltung der Stimmabgabe zu sorgen, die Stimmen auszuzählen, das Wahlergebnis bekanntzumachen und die Betriebsratsmitglieder zur konstituierenden Betriebsratssitzung einzuberufen. Um den Mitgliedern des Wahlvorstandes eine ungestörte Erfüllung ihrer Aufgaben zu gewährleisten, genießen sie einen besonderen Küdigungsschutz (s. Teil 3 D IV).

Mit der **Einberufung der konstituierenden Betriebsratssitzung** endet das Amt des Wahlvorstandes. Eine vorherige Abberufung des Wahlvorstandes ist nur durch das Arbeitsgericht möglich und nur dann, wenn der Wahlvorstand seiner Verpflichtung, die Wahl unverzüglich einzuleiten, durchzuführen und das Wahlergebnis festzustellen, nicht nachgekommen ist und mindestens 3 wahlberechtigte Arbeitnehmer oder eine im Betrieb vertretene Gewerkschaft beim Arbeitsgericht die Abberufung beantragen. Das Arbeitsgericht hat zugleich mit der Abberufung des bisherigen Wahlvorstandes einen neuen zu bestellen (§ 18 BetrVG). Im übrigen endet das Amt eines Wahlvorstandsmitgliedes vorzeitig durch Niederlegung des Amtes oder Wegfall der Wahlberechtigung, insbesondere also durch Ausscheiden aus dem Betrieb. Eine vorherige Abberufung einzelner Wahlvorstandsmitglieder ist nicht möglich, auch nicht durch das Arbeitsgericht.

Besteht der Betriebsrat aus mehreren Mitgliedern und sind beide Gruppen (Arbeiter und Angestellte) im Betriebsrat vertreten, gilt der Grundsatz der sog. **Gruppenwahl** d. h., beide Gruppen wählen ihre Vertreter in getrennten Wahlgängen. Das Gesetz läßt jedoch eine **gemeinsame Wahl,** d. h. eine Wahl durch alle Belegschaftsmitglieder in einem gemeinsamen Wahlgang, dann zu, wenn die wahlberechtigten Arbeitnehmer beider Gruppen dies vor der Wahl in getrennten, geheimen Abstimmungen beschließen (§ 14 Abs. 1 BetrVG). Für einen solchen Beschluß ist erforderlich, daß sich in beiden Gruppen die Mehrheit der Stimmberechtigten an der Abstimmung beteiligt und in jeder Gruppe die Mehrheit der abgegebenen Stimmen die gemeinsame Wahl befürwortet. Besteht der Betriebsrat nur aus einer Person, findet stets eine gemeinsame Wahl statt. In diesem Fall ist in einem getrennten Wahlgang ein Ersatzmitglied zu wählen (§ 14 Abs. 4 BetrVG). Wahlbewerber zur Betriebsratswahl genießen einen besonderen Kündigungsschutz (s. Teil 3 D IV).

Die Betriebsratswahl, sowohl die Gruppenwahl als auch die gemeinsame Wahl, wird grundsätzlich nach den Prinzipien der **Verhältniswahl** durchgeführt. Die Verhältniswahl erfolgt als Listenwahl, d. h., es wird über Vorschlagslisten mit mehreren Bewerbern, die dort unter fortlaufenden Nummern in einer bestimmten Reihenfolge aufgeführt sind, abgestimmt. Die Vorschlagslisten müssen mindestens von einem Zwangzigstel der in dem Wahlgang Wahlberechtigten, wenigstens aber von 3 Wahlberechtigten und höchstens von 50 Wahlberechtigten, unterzeichnet sein und sind beim Wahlvorstand einzureichen. Der Wähler kann seine Stimme nur für eine Vorschlagsliste abgeben (§ 11 WahlO); die Streichung bestimmter auf der Vorschlagsliste aufgeführter Kandidaten oder die Abänderung der Reihenfolge der Listenbewerber ist unzulässig. Auf jede Vorschlagsliste entfallen so viel Betriebsratssitze, wie es ihrem Stimmenanteil entspricht (vgl. im einzelnen § 15 WahlO). Diese Betriebsratssitze werden den Listenbewerbern in der Reihenfolge der laufenden Nummern zugeteilt.

Die Betriebsratswahl findet nur dann nach den Grundsätzen der **Mehrheitswahl** statt, wenn für einen Wahlgang nur ein Wahlvorschlag eingereicht wird oder wenn nur ein Betriebsratsmitglied für den Betrieb oder bei einer Gruppenwahl für eine Gruppe zu wählen ist (§ 14 Abs. 3 und 4 BetrVG). Die beim Wahlvorstand einzureichenden Wahlvorschläge müssen von derselben Mindestzahl der Wahlberechtigten unterzeichnet sein wie bei der Listenwahl die Vorschlagslisten. Bei einer Mehrheitswahl sind alle Bewerber auf den Stimmzetteln aufzuführen. Der Wähler kann soviel Bewerbern durch Ankreuzen des Namens seine Stimme geben, wie Betriebsratsmitglieder zu wählen sind. Kreuzt er mehr Bewerber an, ist seine Stimme unwirksam; kreuzt er weniger Bewerber an, wird seine Stimme für die Bewerber gezählt, die er angekreuzt hat. Gewählt sind diejenigen, die die meisten Stimmen erhalten. Bei Stimmengleichheit entscheidet das Los (§ 23 Abs. 1, § 25 Abs. 4 WahlO).

Der Arbeitgeber hat die **Kosten der Wahl** zu tragen (§ 20 Abs. 3 BetrVG). Hierzu gehört in erster Linie die Ausstattung des Wahlvorstandes mit den zur Durchführung der Betriebsratswahl erforderlichen Mitteln (Schreibmaterial, Stimmzettel, Wahlzellen etc.). Auch notwendige Reisekosten des Wahlvorstandes, etwa zu auswärtigen Betriebsteilen, hat der Arbeitgeber zu übernehmen. Zu den erstattungsfähigen Kosten gehören ferner die Kosten, die einem Wahlvorstandsmitglied durch die Teilnahme an einer Schulungsveranstaltung über das Wahlverfahren entstehen, sofern die Teilnahme für die Tätigkeit als Wahlvorstandsmitglied erforderlich war, was bejaht werden kann, wenn das betreffende Mitglied des Wahlvorstandes erstmals ein solches Amt wahrzunehmen hat. Hierbei kommt es nicht darauf an, ob es sich auch im Betrieb von kundigen Belegschaftsangehörigen hätte unterrichten und in seine Aufgabe einweisen lassen können

(BAG 7. 6. 1984, in: AP Nr. 10 zu § 20 BetrVG 1972). Zur Rechtsstellung der Mitglieder des Wahlvorstandes bezüglich Vergütung und Kündigungsschutz s. Teil 3 D IV.

Mängel des Wahlverfahrens können schon vor Abschluß der Betriebsratswahl von jedem Betroffenen im arbeitsgerichtlichen Beschlußverfahren, in dem der Wahlvorstand zu beteiligen ist, geltend gemacht werden. Nach Abschluß der Betriebsratswahl kann die Wahl innerhalb von 2 Wochen nach der Bekanntgabe des Wahlergebnisses durch den Wahlvorstand angefochten werden. Nach Ablauf der 2-Wochen-Frist ist die Wahl – vom Fall der Nichtigkeit abgesehen (siehe unten) – unanfechtbar. Zur Anfechtung berechtigt sind (mindestens) 3 Wahlberechtigte, eine im Betrieb vertretene Gewerkschaft oder der Arbeitgeber. Die Anfechtung muß beim Arbeitsgericht durch Einreichung eines Schriftsatzes oder mündlich zur Niederschrift bei der Geschäftsstelle des Arbeitsgerichts erklärt werden. Die Anfechtung ist nur begründet, wenn gegen wesentliche Vorschriften über das Wahlrecht, die Wählbarkeit oder das Wahlverfahren verstoßen wurde, eine Berichtigung nicht erfolgt ist und durch den Verstoß das Wahlergebnis geändert oder beeinflußt werden konnte (§ 19 BetrVG); z. B. können Fehler bei der Bestellung des Wahlvorstandes, Mängel des Wahlausschreibens, der Vorschlagslisten und der Stimmzettel die Wahlanfechtung begründen. Auf eine zulässige und begründete Wahlanfechtung hat das Arbeitsgericht die Betriebsratswahl für unwirksam zu erklären.

Nicht nur anfechtbar, sondern **nichtig** – auch ohne Wahlanfechtung – ist eine Betriebsratswahl dann, wenn allgemeine Grundsätze einer ordnungsgemäßen Wahl in so hohem Maße verletzt werden, daß ein grober Rechtsverstoß für einen mit den Betriebsinterna Vertrauten offenkundig ist, z. B. wenn eine Wahl ohne Wahlvorstand als offene Wahl durch Zuruf in der Betriebsversammlung durchgeführt wird. Auf die Nichtigkeit einer Betriebsratswahl kann sich jedermann jederzeit berufen.

2. Amtszeit

Die regelmäßige Amtszeit des Betriebsrates beträgt 4 Jahre (§ 21 Satz 1 BetrVG). In bestimmten Ausnahmefällen endet die Amtszeit vor Ablauf von 4 Jahren, in anderen Ausnahmefällen kann sie bis höchstens ca. 5 Jahre dauern (vgl. §§ 13, 23 BetrVG). Unter anderem kann die Amtszeit des Betriebsrats bzw. eines einzelnen Betriebsratsmitglieds vorzeitig enden, wenn das Arbeitsgericht den Betriebsrat wegen grober Verletzung seiner gesetzlichen Pflichten aufgelöst bzw. ein einzelnes Betriebsratsmitglied aus dem Betriebsrat ausgeschlossen hat (§ 23 Abs. 1 BetrVG).

3. Geschäftsführung

a) Der Betriebsratsvorsitzende und sein Stellvertreter

Der Betriebsrat wählt aus seiner Mitte den Vorsitzenden und dessen Stellvertreter (§ 26 Abs. 1 BetrVG). Sind im Betriebsrat Vertreter beider Gruppen (Arbeiter und Angestellte) vertreten und stellt jede Gruppe mindestens ein Drittel der Betriebsratsmitglieder, schlägt jede Gruppe aus ihrer Mitte je ein Mitglied für den Vorsitz vor (§ 26 Abs. 2 BetrVG). An dieses Vorschlagsrecht sind die Mitglieder des Betriebsrats gebunden. Der Betriebsrat kann nur wählen, wer von den beiden Vorgeschlagenen der Vorsitzende und wer dessen Stellvertreter sein soll; andere Vorschläge sind nicht möglich.

Sind im Betriebsrat Vertreter beider Gruppen vertreten und stellt nur eine Gruppe mindestens ein Drittel der Betriebsratsmitglieder, so hat die Minderheitsgruppe zwar kein die Mehrheitsgruppe bindendes Vorschlagsrecht, jedoch sollen der Betriebsratsvorsitzende und sein Stellvertreter, die in zwei getrennten Wahlgängen zu wählen sind, nicht derselben Gruppe angehören (§ 26 Abs. 1 Satz 2 BetrVG). Der Betriebsrat darf von dieser gesetzlichen Regel nur abweichen, wenn es aus besonderen Gründen sachlich gerechtfertigt ist, etwa wenn die Minderheitsgruppe keinen geeigneten Kandidaten zur Verfügung stellen kann.

Die Wahl des Betriebsratsvorsitzenden und seines Stellvertreters kann unter denselben Voraussetzungen wie eine Betriebsratswahl angefochten werden (s. oben Ziff. 1). Im übrigen können der Betriebsratsvorsitzende und sein Stellvertreter vom Betriebsrat ohne Angabe von Gründen mit einfacher Stimmenmehrheit abberufen werden.

Dem Betriebsratsvorsitzenden sind durch das Gesetz **zahlreiche Aufgaben** zugewiesen. Im Falle seiner Verhinderung hat der stellvertretende Betriebsratsvorsitzende diese Aufgaben wahrzunehmen. Die wichtigsten Aufgaben des Betriebsratsvorsitzenden sind: Einberufung und Leitung von Betriebsratssitzungen; Leitung der Betriebsversammlung; Vertretung des Betriebsrats nach außen im Rahmen der von diesem gefaßten Beschlüsse; Entgegennahme von Erklärungen, die dem Betriebsrat gegenüber abzugeben sind; bei Betriebsräten mit weniger als 9 Mitgliedern die Führung der laufenden Geschäfte (z. B. Erledigung des laufenden Schriftwechsels, Durchführung von Sprechstunden), wenn der Betriebsrat dies ausdrücklich beschließt.

b) Ausschüsse des Betriebsrats

Bei Betriebsräten mit mindestens 9 Mitgliedern ist ein **Betriebsausschuß** zu bilden, der – je nach Größe des Betriebsrats – aus 5–11 Ausschußmitgliedern besteht (vgl. § 27 Abs. 1 BetrVG). Der Betriebsratsvorsitzende und sein Stellvertreter sind kraft Gesetzes Ausschußmitglieder, die übrigen Ausschußmitglieder werden aus den Reihen des Betriebsrats hinzugewählt; hierbei müssen im Betriebsausschuß beide Gruppen entsprechend dem Verhältnis ihrer Vertretung im Betriebsrat repräsentiert sein (vgl. § 27 Abs. 2 BetrVG). Der Betriebsausschuß führt die laufenden Geschäfte des Betriebsrats (§ 27 Abs. 3 BetrVG) und nimmt das Recht zur Einsichtnahme in die Lohn- und Gehaltslisten der Arbeitnehmer wahr (§ 80 Abs. 2 Satz 2 BetrVG). Weitere Aufgaben können ihm durch Beschluß des Betriebsrats übertragen werden (vgl. § 27 Abs. 3 BetrVG), insbesondere auch die Ausübung von Mitbestimmungsrechten in sozialen, personellen und wirtschaftlichen Angelegenheiten, wobei sowohl einzelne Aufgaben als auch ein bestimmter Aufgabenbereich (z. B. das Anhörungsverfahren vor Kündigungen) übertragen werden dürfen.

In Betrieben, in denen ein Betriebsausschuß besteht, kann der Betriebsrat **weitere Ausschüsse** bilden und ihnen bestimmte Aufgaben übertragen (§ 28 BetrVG).

c) Betriebsratssitzungen

In Betriebsratssitzungen werden die dem Betriebsrat obliegenden Aufgaben besprochen, beraten und hierüber Beschlüsse gefaßt. Die Sitzungen werden vom Betriebsratsvorsitzenden anberaumt und geleitet. Sie sind **nicht öffentlich;** jedoch können an den Sitzungen außer den Betriebsratsmitgliedern auch die Schwerbehindertenvertretung (s. Teil 3 D III) und ein Mitglied der Jugend- und Auszubildendenvertretung – in Angelegenheiten, die besonders jugendliche Arbeitnehmer unter 18 Jahren sowie zu ihrer Berufsausbildung Beschäftigte unter 25 Jahren betreffen, alle Mitglieder der Jugend- und Auszubildendenvertretung – teilnehmen (vgl. § 29 Abs. 2, § 67 Abs. 1 BetrVG).

Der Arbeitgeber hat ein **Teilnahmerecht** an den Betriebsratssitzungen, die auf sein Verlangen anberaumt sind, und an den Sitzungen, zu denen er ausdrücklich eingeladen ist; nimmt er in diesen Fällen an der Sitzung teil, kann er einen Vertreter der Arbeitgebervereinigung, der er angehört, hinzuziehen (§ 29 Abs. 4 BetrVG). Wenn ein Viertel der Mitglieder des Betriebsrats oder die Mehrheit der Vertreter einer Gruppe des Betriebsrats dies beantragen, kann auch ein Beauftragter einer im Betriebsrat vertretenen Gewerkschaft an den Betriebsratssitzungen teilnehmen (§ 31 BetrVG).

Für einen wirksamen Beschluß des Betriebsrats ist **Beschlußfähigkeit** sowie eine bestimmte Stimmenmehrheit erforderlich. Beschlußfähig ist der Betriebsrat nur, wenn mindestens die Hälfte der Betriebsratsmitglieder an der Beschlußfassung teilnimmt (§ 33 Abs. 2 BetrVG). Als notwendige Stimmenmehrheit genügt grundsätzlich die Mehrheit der Stimmen der anwesenden Mitglieder. Eine absolute Mehrheit, d. h. die Mehrheit der Stimmen aller (anwesenden und nichtanwesenden) Betriebsratsmitglieder, ist nur in den vom Gesetz ausdrücklich genannten Fällen erforderlich, z. B. beim Rücktritt des Betriebsrats (§ 13 Abs. 2 Nr. 3 BetrVG).

d) Zusammenarbeit mit Arbeitgeber

Oberstes Gebot des Betriebsverfassungsrechts ist es, daß Arbeitgeber und Betriebsrat unter Beachtung der geltenden Tarifverträge **vertrauensvoll und im Zusammenwirken mit den im Betrieb vertretenen Gewerkschaften und Arbeitgebervereinigungen** zusammenarbeiten (§ 2 Abs. 1 BetrVG). Mindestens einmal im Monat sollen Arbeitgeber und Betriebsrat zu einer Besprechung zusammentreten. Bei ihren Besprechungen haben sie über strittige Fragen mit dem ernsten Willen zur Einigung zu verhandeln und Vorschläge für die Beilegung von Meinungsverschiedenheiten zu machen (§ 74 Abs. 1 BetrVG).

Arbeitgeber und Betriebsrat dürfen **keine Maßnahmen des Arbeitskampfes** gegeneinander ergreifen. Durch dieses Verbot werden Arbeitskämpfe tariffähiger Parteien nicht berührt; an solchen Arbeitskämpfen dürfen sich auch die einzelnen Betriebsratsmitglieder als Arbeitnehmer und Mitglied ihrer Gewerkschaft beteiligen, d. h., sie dürfen insbesondere streiken (§ 74 Abs. 2 Satz 1, Abs. 3 BetrVG).

Arbeitgeber und Betriebsrat haben ferner jede Betätigung im Betrieb zu unterlassen, durch die der Arbeitsablauf oder der Betriebsfrieden beeinträchtigt werden (§ 74 Abs. 2 Satz 2 BetrVG). Ohne Rücksicht auf eine Beeinträchtigung des Betriebsfriedens ist dem Arbeitgeber und dem Betriebsrat jede **parteipolitische Betätigung** im Betrieb **untersagt.** Durch dieses Verbot soll aber im Betrieb nicht die Behandlung von Angelegenheiten tarifpolitischer, sozialpolitischer und wirtschaftlicher Art, die den Betrieb oder seine Arbeitnehmer unmittelbar betreffen, eingeschränkt oder unterbunden werden (§ 74 Abs. 2 Satz 3 BetrVG). Diese Angelegenheiten dürfen selbst dann von dem Betriebsrat im Betrieb erörtert werden, wenn sie im Meinungsstreit der politischen Parteien stehen.

e) Freistellung von Betriebsratsmitgliedern für Betriebsratstätigkeit

In Betrieben mit in der Regel 300 oder mehr Arbeitnehmern ist eine bestimmte Mindestzahl von Betriebsratsmitgliedern für Betriebsratstätigkeiten **ständig von der Arbeit freizustellen,** wie in § 38 Abs. 1 Satz 1 BetrVG im einzelnen geregelt ist. Durch Tarifvertrag oder Betriebsvereinbarung kann eine von § 38 Abs. 1 Satz 1 BetrVG abweichende Regelung über die Zahl der freizustellenden Betriebsratsmitglieder getroffen werden (§ 38 Abs. 1 Satz 3 BetrVG); hierbei ist sowohl eine Erhöhung als auch eine Herabsetzung der Zahl der Freizustellenden zulässig. Sofern die Zahl der Freizustellenden nicht durch Tarifvertrag oder Betriebsvereinbarung geregelt ist, kann der Betriebsrat im Einzelfall eine Erhöhung der gesetzlichen Zahl der ständig Freizustellenden fordern, wenn dies zur ordnungsgemäßen Wahrnehmung der dem Betriebsrat obliegenden Aufgaben erforderlich ist. Erzielen Arbeitgeber und Betriebsrat über die Forderung des Betriebsrats keine Einigung, haben auf Antrag des Betriebsrats die Gerichte für Arbeitssachen über die Zahl der ständig Freizustellenden zu entscheiden.

Für Betriebe mit weniger als 300 Arbeitnehmern gibt es keine gesetzliche Regelung über die ständige Freistellung einer bestimmten Mindestzahl von Betriebsratsmitgliedern; jedoch kann auch in solchen Betrieben eine völlige oder teilweise generelle Freistellung von Betriebsratsmitgliedern von ihrer beruflichen Tätigkeit in Betracht kommen, und zwar dann, wenn dies zur ordnungsgemäßen Durchführung der Betriebsratsaufgaben erforderlich ist (§ 37 Abs. 2 BetrVG). Diese Voraussetzung ist zu bejahen, wenn in dem Betrieb Betriebsratsarbeit in einem einer Pauschalierung zugänglichen Mindestumfang anfällt, z. B. im Monatsdurchschnitt 4 Stunden an jedem Arbeitstag. Eine pauschalierte völlige oder teilweise Freistellung von Betriebsratsmitgliedern kann für Betriebe unter 300 Arbeitnehmern auch durch Tarifvertrag oder Betriebsvereinbarung verbindlich geregelt werden.

Die **freizustellenden Betriebsratsmitglieder** werden vom Betriebsrat in seiner Gesamtheit in geheimer Wahl nach den Grundsätzen der Verhältniswahl **gewählt,** wenn eine Gruppe im Betriebsrat mehr als zwei Drittel der Mitglieder stellt. Die Gruppen sind entsprechend dem Verhältnis ihrer Vertretung im Betriebsrat zu berücksichtigen. Wenn auf jede Gruppe mindestens ein Drittel der Betriebsratsmitglieder entfällt, so bestimmt jede Gruppe die Person der auf sie entfallenden freizustellenden Betriebsratsmitglieder (§ 38 Abs. 2 BetrVG). Hält der Arbeitgeber den Beschluß des Betriebsrats bzw. der Gruppen über die Person der Freizustellenden für sachlich nicht vertretbar, kann er innerhalb von 2 Wochen nach Bekanntgabe des Beschlusses die Einigungsstelle anrufen, die dann über die Person der Freizustellenden unter Berücksichtigung der Belange des Betriebs und der Arbeitnehmer nach billigem Ermessen zu entscheiden hat (§ 38 Abs. 2 Satz 5, § 76 Abs. 5 BetrVG).

Betriebsratsmitglieder, die nicht ständig von der Arbeit freigestellt sind, sind **im Einzelfall** ohne Minderung ihres Arbeitsentgelts **von ihrer beruflichen Tätigkeit zu befreien,** wenn sie Aufgaben des Betriebsrats zu erfüllen haben und die Arbeitsbefreiung zur ordnungsgemäßen Erfüllung der Aufgaben erforderlich ist (vgl. § 37 Abs. 2 BetrVG). Hierbei ist entscheidend, ob ein vernünftiger Dritter bei gewissenhafter Abwägung aller Umstände und damit auch der betrieblichen Belange die Arbeitsversäumnisse für notwendig halten darf, um die in Betracht kommende Aufgabe des Betriebsrats zu erfüllen. Der Betriebsrat darf seine Aufgaben grundsätzlich während der Arbeitszeit erfüllen.

f) Freistellung von Betriebsratsmitgliedern für Schulungs- und Bildungsveranstaltungen

Betriebsratsmitglieder sind für die Teilnahme an Schulungs- und Bildungsveranstaltungen von ihrer beruflichen Tätigkeit ohne Minderung des Arbeitsentgelts freizustellen, wenn auf der betreffenden Veranstaltung Kenntnisse vermittelt werden, die **für die Arbeit des Betriebsrats erforderlich** sind (§ 37 Abs. 6 in Verbindung mit § 37 Abs. 2 BetrVG). Voraussetzung ist, daß die vermittelten Kenntnisse unter Berücksichtigung der konkreten Situation im jeweiligen Betrieb und jeweiligen Betriebsrat benötigt werden, damit die Betriebsratsmitglieder ihre derzeitigen oder demnächst anfallenden gesetzlichen Aufgaben wahrnehmen können. Dabei kommt es einerseits auf die persönliche Zusammensetzung des Betriebsrats im Hinblick auf schon vorhandene Kenntnisse und Erfahrungen an, andererseits auf die sachlichen Notwendigkeiten der Arbeit des Betriebsrats für den konkreten Betrieb und seine Arbeitnehmer. Die behandelten Themen müssen im Betrieb zwar noch nicht unmittelbar aktuell sein, sie müssen aber zumindest voraussichtlich demnächst zur Verhandlung anstehen. Bei den Schulungen können sowohl sog. Grundkenntnisse vermittelt werden, insbesondere bei neu in den Betriebsrat gewählten Betriebsratsmitgliedern, als auch sog. Spezialkenntnisse (z. B. über betriebliche Lohngestaltung, Arbeitssicherheit), die insbesondere einzelne Betriebsratsmitglieder für ihre Betriebsratstätigkeit, z. B. in besonderen Fachausschüssen des Betriebsrats, benötigen. Die Erforderlichkeit einer Schulung wird nicht dadurch in Frage gestellt, daß nebenbei auch nicht erforderliche Kenntnisse vermittelt werden; entscheidend ist, welche Themen bei der Schulung überwiegen.

Über die Teilnahme eines Betriebsratsmitglieds an einer Schulungs- und Bildungsveranstaltung **entscheidet der Betriebsrat.** Hält der Arbeitgeber bei der Festlegung der zeitlichen Lage der Schulungsteilnahme betriebliche Notwendigkeiten für nicht ausreichend berücksichtigt, kann er die Einigungsstelle anrufen, deren Spruch die Einigung zwischen Arbeitgeber und Betriebsrat ersetzt (§ 37 Abs. 6 Satz 2, 4, 5 BetrVG).

Soweit Betriebsratsmitglieder für die Teilnahme an einer Schulungs- und Bildungsveranstaltung nach § 37 Abs. 6 BetrVG unter Fortzahlung ihrer Vergütung freizustellen sind, können sie vom Arbeitgeber auch die **Erstattung der notwendigen und dem Arbeitgeber nach dem Grundsatz der Verhältnismäßigkeit zumutbaren Kosten** verlangen, die ihnen durch die Teilnahme an der Veranstaltung entstehen (vgl. § 40 Abs. 1 BetrVG), insbesondere Fahrtkosten, Kosten für Unterkunft und Verpflegung sowie Teilnehmergebühren. Besteht im Betrieb eine für alle Arbeitnehmer verbindliche Reisekostenregelung, sind die Kosten des Betriebsratsmitglieds grundsätzlich nach dieser Reisekostenregelung abzurechnen.

Unabhängig von der Teilnahme an einer Schulungs- und Bildungsveranstaltung nach § 37 Abs. 6 BetrVG hat jedes Betriebsratsmitglied während seiner regelmäßigen Arbeitszeit Anspruch auf bezahlte Freistellung von der Arbeit für insgesamt 3 Wochen zur Teilnahme an Schulungs- und Bildungsveranstaltungen, die von der zuständigen obersten Arbeitsbehörde des Landes nach Beratung mit den Spitzenorganisationen der Gewerkschaften und der Arbeitgeberverbände **als geeignet anerkannt** sind. Dieser Anspruch erhöht sich für Arbeitnehmer, die erstmals das Amt eines Betriebsratsmitglieds übernehmen und auch nicht zuvor Jugend- und Auszubildendenvertreter waren, auf 4 Wochen (§ 37 Abs. 7 BetrVG). Bei der behördlichen Entscheidung handelt es sich um einen Verwaltungsakt, der vom Träger der Veranstaltung und den beteiligten Spitzenorganisationen der Gewerkschaften und Arbeitgeberverbände vor den Gerichten für Arbeitssachen angefochten werden kann.

Ob und welche Betriebsratsmitglieder an einer anerkannten Schulungsveranstaltung teilnehmen, entscheidet der Betriebsrat. Wegen der zeitlichen Lage der Schulungsteilnahme kann der Arbeitgeber – ebenso wie in den Fällen des § 37 Abs. 6 BetrVG – die Einigungsstelle anrufen.

Betriebsratsmitglieder haben grundsätzlich **keinen Anspruch auf Erstattung der Kosten,** die ihnen durch die Teilnahme an einer Schulungs- und Bildungsveranstaltung im Sinne von § 37 Abs. 7 BetrVG entstehen. Nur wenn und soweit auf der Veranstaltung für teilnehmende Betriebsratsmitglieder erforderliche Kenntnisse im Sinne von § 37 Abs. 6 BetrVG vermittelt werden, haben die betroffenen Betriebsratsmitglieder gegen den Arbeitgeber einen Anspruch auf Erstattung ihrer notwendigen Kosten.

g) Aufwendungen des Betriebsrats

Die für die Betriebsratsarbeit notwendigen Räume und die erforderlichen sonstigen sachlichen Mittel (z. B. Büromöbel, Schreibmaschinen, Fernsprecher, Briefmarken, Schreibmaterialien, Fachliteratur) sowie notwendiges Büropersonal hat der Arbeitgeber zur Verfügung zu stellen (§ 40 Abs. 2 BetrVG). Zur Fachliteratur, die der Betriebsrat beanspruchen kann, können auch gewerkschaftsorientierte Zeitschriften gehören, z. B. die Zeitschrift „Arbeitsrecht im Betrieb" (BAG 21. 4. 1983, in: AP Nr. 20 zu § 40 BetrVG 1972). Der Arbeitgeber hat ferner die durch die Tätigkeit des Betriebsrats entstehenden notwendigen Kosten zu tragen (§ 40 Abs. 1 BetrVG), z. B. Telefonkosten, Reisekosten wegen des Besuchs von Baustellen.

4. Aufgaben des Betriebsrats

a) Allgemeine Aufgaben

Der Betriebsrat hat darüber zu wachen, daß alle im Betrieb tätigen Personen – auch die leitenden Angestellten – nach den Grundsätzen von **Recht und Billigkeit** behandelt werden, insbesondere, daß jede unterschiedliche Behandlung von Personen wegen ihrer Abstammung, Religion, Nationalität, Herkunft, politischen oder gewerkschaftlichen Betätigung oder Einstellung oder wegen ihres Geschlechtes unterbleibt, und Benachteiligungen von Arbeitnehmern wegen Überschreitens bestimmter Altersstufen vermieden werden (§ 75 Abs. 1 BetrVG). Damit soll vor allem die Beachtung des Gleichbehandlungsgrundsatzes und des Grundsatzes der Koalitionsfreiheit gewährleistet werden. Ferner hat der Betriebsrat darüber zu wachen, daß die zugunsten der Arbeitnehmer geltenden Gesetze, Verordnungen, Unfallverhütungsvorschriften, Tarifverträge und Betriebsvereinbarungen durchgeführt werden (§ 80 Abs. 1 Nr. 1 BetrVG).

Damit der Betriebsrat seine ihm gesetzlich obliegenden Aufgaben ordnungsgemäß wahrnehmen kann, hat ihn der Arbeitgeber unaufgefordert **rechtzeitig und umfassend** über alle Umstände zu **unterrichten,** die mit seinem Aufgabenkreis zusammenhängen, und ihm auf Verlangen jederzeit die zur Durchführung der Betriebsratsaufgaben erforderlichen Unterlagen zur Verfügung zu stellen. In diesem Rahmen sind der Betriebsausschuß oder ein sonstiger zuständiger Ausschuß des Betriebsrats berechtigt, in die Listen des Arbeitgebers über die Bruttolöhne und -gehälter der Arbeitnehmer Einblick zu nehmen (§ 80 Abs. 2 BetrVG). In Betrieben ohne Betriebsausschuß (s. Teil 3 D II 3 b) kann dieses Recht von dem Betriebsratsvorsitzenden oder einem anderen beauftragten Betriebsratsmitglied ausgeübt werden. Das Einsichtsrecht erstreckt sich auf die effektiven Bruttobezüge einschließlich evtl. übertariflicher Zulagen.

b) Mitbestimmung in sozialen Angelegenheiten

aa) Allgemeines

In sozialen Angelegenheiten hat der Betriebsrat in den in § 87 Abs. 1 BetrVG aufgeführten Fällen ein **erzwingbares Mitbestimmungsrecht.** Das bedeutet, daß die in § 87 Abs. 1 BetrVG aufgeführten Angelegenheiten vom Arbeitgeber nur in Übereinstimmung mit dem Betriebsrat geregelt werden können. Kommt keine Einigung zustande, entscheidet auf Antrag einer der Beteiligten die Einigungsstelle, deren Spruch die Einigung ersetzt (§ 87 Abs. 2 BetrVG).

Führt in Betrieben mit Betriebsrat der Arbeitgeber ohne Zustimmung des Betriebsrats oder einen diese ersetzenden Spruch der Einigungsstelle Maßnahmen durch, die der notwendigen Mitbestimmung des Betriebsrats unterliegen, sind diese Maßnahmen rechtsunwirksam.

Ein Mitbestimmungsrecht des Betriebsrats in sozialen Angelegenheiten kommt grundsätzlich **nur bei generellen Regelungen,** nicht bei Individualmaßnahmen des Arbeitgebers in Betracht, sofern sich aus dem Gesetz nichts anderes ergibt. Von einer solchen Regelung kann nur dann gesprochen werden, wenn eine Angelegenheit der gesamten Belegschaft oder einer durch besondere Merkmale bestimmten Gruppe (z. B. Betriebsabteilungen, Schwerbehinderte) zu regeln ist, oder wenn eine Regelung für mehrere Arbeitsplätze oder auch nur einen bestimmten Arbeitsplatz nach von der Person des jeweiligen Inhabers unabhängigen Merkmalen zu treffen ist, oder wenn sich eine Regelungsfrage stellt, die kollektive Interessen der Arbeitnehmer des Betriebes berührt.

Ein Mitbestimmungsrecht des Betriebsrats in sozialen Angelegenheiten ist ausgeschlossen, soweit für die in Betracht kommenden Angelegenheiten eine zwingende **gesetzliche oder tarifliche Regelung** besteht (vgl. § 87 Abs. 1 Einleitungssatz BetrVG). Eine tarifliche Regelung in diesem Sinne liegt vor, wenn der Arbeitgeber tarifgebunden ist und bei Tarifbindung auch des Arbeitnehmers die tarifliche Regelung in diesem Arbeitsverhältnis unmittelbar und zwingend gelten würde (BAG 24. 2. 1987, in: AP Nr. 21 zu § 77 BetrVG 1972). Hierbei sind jedoch tarifliche Regelungen unzulässig, die den Arbeitgeber zu einseitigen, das Mitbestimmungsrecht des Betriebsrats ausschließenden Maßnahmen ermächtigen, weil dadurch gegen den Schutzzweck des § 87 Abs. 1 BetrVG verstoßen wird.

Soweit ein Mitbestimmungsrecht des Betriebsrats besteht, steht diesem auch ein **Initiativrecht** zu, d. h., er kann vom Arbeitgeber eine Regelung der fraglichen Angelegenheit verlangen und notfalls eine Entscheidung der Einigungsstelle herbeiführen. Das Initiativrecht des Betriebsrats in sozialen Angelegenheiten ist jedoch dadurch begrenzt, daß der Betriebsrat vom Arbeitgeber die Einführung von freiwilligen Leistungen (Prämien etc.) nicht verlangen kann.

bb) Einzelfälle

Unter den nach § 87 Abs. 1 BetrVG mitbestimmungspflichtigen Angelegenheiten sind hervorzuheben:

(1) Sowohl die Aufstellung einer **Betriebsbußordnung** als auch die Verhängung einer **Betriebsbuße** im Einzelfall sind mitbestimmungspflichtig nach § 87 Abs. 1 Nr. 1 BetrVG (Fragen der Ordnung des Betriebs und des Verhaltens der Arbeitnehmer im Betrieb).

(2) Die Einführung der **gleitenden Arbeitszeit** sowie die Regelung ihrer Modalitäten ist mitbestimmungspflichtig nach § 87 Abs. 1 Nr. 2 BetrVG (Beginn und Ende der täglichen Arbeitszeit).

(3) Die Einführung von **Kurzarbeit** jeder Art, auch wenn die Kurzarbeit in der Weise durchgeführt wird, daß an bestimmten Tagen oder mehrere Tage hintereinander die Arbeit völlig ausfällt, ist mitbestimmungspflichtig nach § 87 Abs. 1 Nr. 3 BetrVG (vorübergehende Verkürzung oder Verlängerung der betriebsüblichen Arbeitszeit). Hierbei steht dem Betriebsrat auch ein Initiativrecht zur Einführung von Kurzarbeit zu, etwa um sonst notwendig werdende Kündigungen zu vermeiden (BAG 4. 3. 1986, in: DB 1986, 646).

(4) Die generelle Einführung der **bargeldlosen Lohnzahlung** sowie die Frage der Erstattung der dadurch den Arbeitnehmern entstehenden Buchungs- und Kontoführungsgebühren sind mitbestimmungspflichtig nach § 87 Abs. 1 Nr. 4 BetrVG (Zeit, Ort und Art der Auszahlung der Arbeitsentgelte).

(5) Die Einführung einer technischen Einrichtung, die **zur Überwachung** von Arbeitnehmern objektiv und unmittelbar **geeignet** ist, ist mitbestimmungspflichtig nach § 87 Abs. 1 Nr. 6 BetrVG (Einführung und Anwendung von technischen Einrichtungen, die dazu bestimmt sind, das Verhalten oder die Leistung der Arbeitnehmer zu überwachen), ohne Rücksicht darauf, ob der Arbeitgeber das Ziel der Überwachung verfolgt und die durch die Einrichtung gewonnenen Daten auch auswerten will. Mitbestimmungspflichtig sind daher die Einführung von EDV-Systemen, die Leistungs- und/oder Verhaltensdaten von Arbeitnehmern verarbeiten; die Einführung von **Multimoment-Filmkameras** am Arbeitsplatz, die in regelmäßigen Abständen Momentaufnahmen machen; die Anbringung von gesetzlich nicht vorgeschriebenen Fahrtenschreibern.

(6) Nach § 87 Abs. 1 Nr. 8 BetrVG hat der Betriebsrat mitzubestimmen bei der Form, Ausgestaltung und Verwaltung von **Sozialeinrichtungen,** deren Wirkungsbereich auf den Betrieb, das Unternehmen oder den Konzern beschränkt ist. Zu Sozialeinrichtungen in diesem Sinne gehören Kantinen, Werksbibliotheken, Kindergärten, Erholungsheime, Pensionskassen, Unterstützungskassen.

(7) Die Regelung von Fragen der **betrieblichen Altersversorgung** kann mitbestimmungspflichtig nach § 87 Abs. 1 Nr. 8 und § 87 Abs. 1 Nr. 10 BetrVG sein (s. Teil 2 BB II 6 d hh). Die Gewährung genereller übertariflicher Zulagen und freiwilliger **betrieblicher Sozialleistungen** sind Fragen der betrieblichen Lohngestaltung, die nach § 87 Abs. 1 Nr. 10 BetrVG mitbestimmungspflichtig sind. Die Einführung und Zweckbestimmung frei-

williger Leistungen sowie die Höhe der finanziellen Mittel, die der Arbeitgeber insgesamt zur Verfügung stellt, und auch die Einstellung der Leistungen sind zwar mitbestimmungsfrei; das Mitbestimmungsrecht des Betriebsrats erstreckt sich aber auf die Verteilung der vom Arbeitgeber zur Verfügung gestellten Mittel und auf die Modalitäten der Leistung (vgl. BAG 10. 2. 1988, in: DB 1988, 1223). Das gilt auch für generell gewährte übertarifliche Zulagen; das BAG sieht insoweit in § 87 Abs. 1 Einleitungssatz BetrVG (tarifliche Regelung) keine Sperre für das Mitbestimmungsrecht des Betriebsrats (BAG 17. 12. 1985, in: DB 1986, 914).

(8) Das Mitbestimmungsrecht des Betriebsrats bei der Festsetzung der Akkord- und Prämiensätze und vergleichbarer leistungsbezogener Entgelte einschließlich der Geldfaktoren (§ 87 Abs. 1 Nr. 11 BetrVG) erstreckt sich nicht auf die Regelung von **Provisionsansprüchen** (vgl. BAG 13. 3. 1984, in: AP Nr. 4 zu § 87 BetrVG 1972 Provision).

(9) Bei **Werkmietwohnungen** sind die Entscheidung darüber, wem die Wohnung zur Miete angeboten werden soll, die Festsetzung der formellen Bedingungen für die Benutzung der Wohnräume, z. B. eine Hausordnung, und die Festsetzung sämtlicher allgemeiner Nutzungsbedingungen, z. B. die allgemeine Festsetzung der Grundsätze für die Mietzinsbildung im Rahmen der vorgegebenen finanziellen Dotierung, mitbestimmungspflichtig nach § 87 Abs. 1 Nr. 9 BetrVG (Zuweisung und Kündigung von Wohnräumen, die den Arbeitnehmern mit Rücksicht auf das Bestehen eines Arbeitsverhältnisses vermietet werden, sowie die allgemeine Festlegung der Nutzungsbedingungen). Die Festsetzung der Miete im Einzelfall ist dagegen nicht mitbestimmungspflichtig. Kein Mitbestimmungsrecht des Betriebsrats besteht auch bei **Werkdienstwohnungen,** das sind Wohnungen, die der Arbeitgeber dem Arbeitnehmer zu dienstlichen Zwecken im Rahmen des Arbeitsverhältnisses überläßt (z. B. bei Hausmeistern, Pförtnern), ohne daß über die Wohnung ein besonderer Mietvertrag abgeschlossen wird.

c) Mitbestimmung bei der Gestaltung von Arbeitsplatz, Arbeitsablauf und Arbeitsumgebung

Wegen möglicher Auswirkungen auf die menschliche Arbeit hat der Arbeitgeber den Betriebsrat über bestimmte geplante Maßnahmen, die in § 90 BetrVG aufgeführt sind, unter Vorlage der erforderlichen Unterlagen rechtzeitig zu unterrichten und die Maßnahmen mit ihm zu beraten. Werden die Arbeitnehmer durch Änderungen der Arbeitsplätze, des Arbeitsablaufs oder der Arbeitsumgebung, die den gesicherten arbeitswissenschaftlichen Erkenntnissen über die menschengerechte Gestaltung der Arbeit offensichtlich widersprechen, in besonderer Weise belastet, so kann der Betriebsrat **angemessene Maßnahmen zur Abwendung, Milderung oder zum Ausgleich der Belastung** verlangen (§ 91 Satz 1 BetrVG), z. B. Beschaffung technischer Hilfsmittel, Schutzkleidung, Erschwerniszulagen.

d) Mitbestimmung in personellen Angelegenheiten

Bei personellen Maßnahmen des Arbeitgebers ist das Mitbestimmungsrecht des Betriebsrats von besonderer Bedeutung bei Einstellungen, Eingruppierungen, Umgruppierungen, Versetzungen und Kündigungen.

aa) Einstellungen

Bei Einstellungen hat der Betriebsrat nur dann ein Mitwirkungsrecht, wenn in dem Betrieb in der Regel mehr als 20 wahlberechtigte Arbeitnehmer beschäftigt werden (§ 99 BetrVG). Als Einstellung ist auch die Arbeitsaufnahme von **Leiharbeitnehmern** im Entleiherbetrieb anzusehen sowie die Weiterbeschäftigung über eine tarifliche Altersgrenze hinaus (BAG 12. 7. 1988, in: DB 1988, 1556).

Vor einer geplanten Einstellung im Sinne des § 99 BetrVG hat der Arbeitgeber den Betriebsrat **rechtzeitig zu unterrichten,** ihm insbesondere den in Aussicht genommenen Arbeitsplatz und die vorgesehene Eingruppierung mitzuteilen, Auskunft über die Person der Bewerber zu geben sowie die erforderlichen Bewerbungsunterlagen vorzulegen. Die Vorlagepflicht bedeutet, daß die Unterlagen dem Betriebsrat längstens für 1 Woche auszuhändigen sind (BAG 3. 12. 1985, in: DB 1986, 917). Auskunft und Bewerbungsunterlagen haben sich auf alle Bewerber zu erstrecken, auch auf solche, an deren Einstellung der Arbeitgeber nicht interessiert ist.

Der Betriebsrat kann aus bestimmten, in § 99 Abs. 2 BetrVG aufgeführten Gründen die **Zustimmung zur Einstellung verweigern,** unter anderem wenn die Einstellung gegen ein Gesetz verstoßen würde oder wenn die durch Tatsachen begründete Besorgnis besteht, daß infolge der Einstellung im Betrieb beschäftigte Arbeitnehmer gekündigt werden oder sonstige Nachteile erleiden, ohne daß dies aus betrieblichen oder in der Person des Arbeitnehmers liegenden Gründen gerechtfertigt ist. Verweigert der Betriebsrat seine Zustimmung zur Einstellung und teilt er dies dem Arbeitgeber unter Angabe von Gründen innerhalb 1 Woche nach Unterrichtung durch den Arbeitgeber schriftlich mit, so muß der Arbeitgeber – wenn er an der Einstellung festhalten will – beim Arbeitsgericht beantragen, die Zustimmung des Betriebsrats zu ersetzen. Diesem Antrag hat das Arbeitsgericht stattzugeben, wenn keiner der Zustimmungsverweigerungsgründe des § 99 Abs. 2 BetrVG vorliegt. Die Wochenfrist für die Stellungnahme des Betriebsrats kann durch Vereinbarung zwischen Arbeitgeber und Betriebsrat oder durch Tarifvertrag verlängert werden (vgl. BAG 22. 10. 1985, in: DB 1986, 593).

Grundsätzlich kann der Arbeitgeber die Einstellung erst nach Abschluß des Zustimmungsverfahrens vornehmen. Wenn es aus sachlichen Gründen im Interesse des Betriebes dringend erforderlich ist, kann er aber einen Bewerber auch schon vor Abschluß des Zustimmungsverfahrens nach § 99 BetrVG **vorläufig einstellen** (§ 100 BetrVG), d.h. vor der Unterrichtung des Betriebsrats, vor einer Stellungnahme des Betriebsrats oder – nach einer Verweigerung der Zustimmung des Betriebsrats – vor rechtskräftigem Abschluß des gerichtlichen Verfahrens auf Ersetzung der Zustimmung des Betriebsrats. Bestreitet der Betriebsrat unverzüglich nach Unterrichtung durch den Arbeitgeber, daß die vorläufige Einstellung aus sachlichen Gründen dringend erforderlich sei, darf der Arbeitgeber die vorläufige Einstellung nur aufrechterhalten, wenn er innerhalb von 3 Tagen beim Arbeitsgericht die Ersetzung der Zustimmung des Betriebsrats zur Einstellung und die Feststellung beantragt, daß die vorläufige Einstellung aus sachlichen Gründen dringend erforderlich gewesen sei. Die Anträge des Arbeitgebers darf das Arbeitsgericht nur zurückweisen, wenn die vorläufige Einstellung „offensichtlich" aus sachlichen Gründen nicht dringend erforderlich war (vgl. § 100 Abs. 3 BetrVG), d.h. wenn der Arbeitgeber im Zeitpunkt der vorläufigen Einstellung die sachlich-betrieblichen Notwendigkeiten bezüglich der vorläufigen Einstellung grob verkannt hat. Bei Zurückweisung der Anträge des Arbeitgebers endet die vorläufige Einstellung des Arbeitnehmers mit Ablauf von 2 Wochen nach Rechtskraft der gerichtlichen Entscheidung (§ 100 Abs. 3 BetrVG).

bb) Eingruppierungen, Umgruppierungen, Versetzungen

Eingruppierung ist die erste Einstufung des Arbeitnehmers in eine für seine Entlohnung maßgebende Vergütungsgruppe. **Umgruppierung** ist jede Änderung der Einstufung eines Arbeitnehmers in eine Vergütungsgruppe, wobei es gleichgültig ist, ob die Änderung eine wirtschaftliche Besserstellung oder Schlechterstellung des Arbeitnehmers bewirkt. Eine Eingruppierung oder Umgruppierung kommt nicht in Betracht, wenn der Arbeitnehmer nicht in eine tarifliche oder betriebliche Vergütungsgruppe eingereiht wird, vielmehr die Vergütung durch individuelle Vereinbarung zwischen Arbeitgeber und Arbeitnehmer festgelegt wird.

Versetzung im Sinne des Betriebsverfassungsgesetzes ist die Zuweisung eines anderen Arbeitsbereichs, die voraussichtlich die Dauer von einem Monat überschreitet, oder die mit einer erheblichen Änderung der Umstände verbunden ist, unter denen die Arbeit zu leisten ist. Für den Begriff der Versetzung ist es unerheblich, ob der Arbeitnehmer sich mit ihr einverstanden erklärt. Werden Arbeitnehmer nach der Eigenart ihres Arbeitsverhältnisses üblicherweise nicht ständig an einem bestimmten Arbeitsplatz beschäftigt (z. B. Bauarbeiter an verschiedenen Baustellen), so gilt die Bestimmung des jeweiligen Arbeitsplatzes nicht als Versetzung (§ 95 Abs. 3 BetrVG).

In Betrieben mit in der Regel mehr als 20 wahlberechtigten Arbeitnehmern steht dem Betriebsrat bei Eingruppierungen, Umgruppierungen und Versetzungen in demselben Umfang wie bei Einstellungen ein Mitbestimmungsrecht zu. Es kann deshalb auf die Ausführungen zu Teil 3 D II 4d aa verwiesen werden.

Bei Versetzungen **in einen anderen Betrieb** stehen sowohl dem Betriebsrat des bisherigen Betriebs als auch dem Betriebsrat des aufnehmenden Betriebs grundsätzlich die Mitwirkungsrechte nach § 99 BetrVG zu. Ein Mitwirkungsrecht des Betriebsrats des bisherigen Betriebs entfällt allerdings dann, wenn der Arbeitnehmer sich mit der Versetzung einverstanden erklärt.

cc) Kündigungen

Der Arbeitgeber hat den Betriebsrat vor jeder vom Arbeitgeber beabsichtigten Kündigung eines Arbeitsverhältnisses zu hören, wie § 102 Abs. 1–3 BetrVG im einzelnen regelt. Eine Kündigung ohne ordnungsgemäße Anhörung des Betriebsrats ist unwirksam.

Zur Anhörung des Betriebsrats gehört, daß der Arbeitgeber dem Betriebsrat die beabsichtigte Kündigung und **die Kündigungsgründe mitteilt.** Diese Mitteilung muß grundsätzlich an den Betriebsratsvorsitzenden oder – für den Fall, daß ein Ausschuß des Betriebsrats die Mitwirkungsrechte wahrnimmt – an den Ausschußvorsitzenden gerichtet sein. In seiner Mitteilung muß der Arbeitgeber die Person des zu kündigenden Arbeitnehmers bezeichnen, und die Art der Kündigung (ordentliche oder außerordentliche) sowie grundsätzlich auch den Zeitpunkt, zu dem gekündigt werden soll, angeben. Die Kündigungsgründe müssen so genau und umfassend dargelegt werden, daß der Betriebsrat ohne zusätzliche eigene Nachforschungen in der Lage ist, selbst die Stichhaltigkeit der Kündigungsgründe zu prüfen und sich über seine Stellungnahme schlüssig zu werden.

Der Arbeitgeber genügt bei **betriebsbedingten Kündigungen** seiner Verpflichtung zur Mitteilung der Kündigungsgründe nur, wenn er dem Betriebsrat auch die Gründe mitteilt, die zu der von ihm beabsichtigten Auswahl der zu kündigenden Arbeitnehmer geführt haben. Davon kann nur abgesehen werden, wenn dem Betriebsrat bei der Einleitung des Anhörungsverfahrens – etwa aufgrund von Vorgesprächen – die Gründe für die soziale Auswahl bekannt sind; diese Kenntnis des Betriebsrats muß der Arbeitgeber im Streitfall beweisen, wobei Kenntnis des Betriebsratsvorsitzenden genügt.

Will sich der Arbeitgeber bei einer beabsichtigten außerordentlichen Kündigung die **Umdeutung in eine ordentliche Kündigung** vorbehalten, muß er dies dem Betriebsrat mitteilen und ihm auch insoweit Gelegenheit zur Stellungnahme geben. Andernfalls ist die Umdeutung in eine ordentliche Kündigung im Kündigungsschutzprozeß nur zulässig, wenn der Betriebsrat der außerordentlichen Kündigung ausdrücklich zugestimmt hatte.

Erhält der Arbeitgeber nach der Unterrichtung des Betriebsrats, aber vor Ausspruch der Kündigung von weiteren Kündigungsgründen Kenntnis, die er dem Betriebsrat noch nicht mitgeteilt hat, so muß er diese noch vor Ausspruch der Kündigung dem Betriebsrat bekanntgeben, falls er die Kündigung auch auf diese weiteren Gründe stützen will. Im Kündigungsschutzprozeß darf der Arbeitgeber dem Betriebsrat nicht mitgeteilte Kündigungsgründe nur **nachschieben,** wenn er von ihnen bei Ausspruch der Kündigung noch keine Kenntnis hatte und den Betriebsrat zu diesen Kündigungsgründen vor ihrer Geltendmachung im Prozeß nach § 102 BetrVG anhört.

Vor einer ordentlichen Kündigung kann der Betriebsrat **Bedenken oder Widerspruch** gegen die Kündigung innerhalb einer Woche nach der Unterrichtung durch den Arbeitgeber geltend machen; vor einer außerordentlichen Kündigung muß der Arbeitgeber dem Betriebsrat Gelegenheit geben, Bedenken unverzüglich, spätestens jedoch innerhalb von 3 Tagen nach Unterrichtung durch den Arbeitgeber, zu erheben. Sobald der Betriebsrat zur beabsichtigten Kündigung Stellung genommen hat, spätestens aber nach Ablauf der Fristen für die Erhebung von Bedenken durch den Betriebsrat, ist das Anhörungsverfahren abgeschlossen. Nunmehr kann der Arbeitgeber die Kündigung aussprechen. Hatte der Betriebsrat die Angelegenheit fehlerhaft behandelt, so wirkt sich dies auf die Ordnungsmäßigkeit der Anhörung im Sinne von § 102 BetrVG selbst dann nicht aus, wenn dem Arbeitgeber das fehlerhafte Verfahren des Betriebsrats bekannt war oder bekannt sein mußte.

Bedenken oder Widerspruch des Betriebsrats gegen eine Kündigung können deren Wirksamkeit nicht beeinträchtigen, jedoch kann der Widerspruch des Betriebsrats gegen eine ordentliche Kündigung unter Umständen einen **Weiterbeschäftigungsanspruch** des Arbeitnehmers für die Dauer des Kündigungsschutzprozesses begründen (§ 102 Abs. 5 BetrVG). Voraussetzung für einen solchen Weiterbeschäftigungsanspruch ist, daß

- der Arbeitnehmer Kündigungsschutz nach den Vorschriften des Kündigungsschutzgesetzes genießt (s. Teil 2 C II 3 a),
- innerhalb von 3 Wochen nach Zugang der Kündigung Klage auf Feststellung erhoben hat, daß das Arbeitsverhältnis durch die Kündigung nicht aufgelöst ist, und vom Arbeitgeber die vorläufige Weiterbeschäftigung verlangt,
- der Betriebsrat innerhalb 1 Woche seit der Unterrichtung durch den Arbeitgeber bei diesem schriftlich der Kündigung widerspricht,
- in dem Widerspruchsschreiben die Widerspruchsgründe durch Angabe von Tatsachen konkretisiert sind,
- die angeführten Widerspruchsgründe unter die in § 102 Abs. 3 BetrVG im einzelnen aufgeführten Gründe fallen (z. B. Möglichkeit der Weiterbeschäftigung nach zumutbaren Umschulungs- oder Fortbildungsmaßnahmen).

Der Arbeitgeber kann auf seinen Antrag hin durch einstweilige Verfügung des Arbeitsgerichts **von der Verpflichtung zur Weiterbeschäftigung entbunden** werden, wenn die Kündigungsschutzklage des Arbeitnehmers keine hinreichende Aussicht auf Erfolg bietet oder mutwillig erscheint oder die Weiterbeschäftigung des Arbeitnehmers zu einer unzumutbaren wirtschaftlichen Belastung des Arbeitgebers führen würde oder der Widerspruch des Betriebsrats offensichtlich unbegründet ist (§ 102 Abs. 5 Satz 2 BetrVG).

Zum Weiterbeschäftigungsanspruch während des Kündigungsrechtsstreits außerhalb der Regelung des § 102 Abs. 5 BetrVG, s. Teil 2 B II 4a.

e) Mitbestimmung in wirtschaftlichen Angelegenheiten

aa) Wirtschaftsausschuß

In allen Unternehmen mit in der Regel mehr als 100 ständig beschäftigten Arbeitnehmern ist ein Wirtschaftsausschuß zu bilden, dessen Mitglieder vom Betriebsrat, beim Bestehen eines Gesamtbetriebsrats von diesem bestellt werden. Der Wirtschaftsausschuß hat die Aufgabe, wirtschaftliche Angelegenheiten mit dem Unternehmer zu beraten und den Betriebsrat zu unterrichten (§ 106 BetrVG). Der Unternehmer hat den Wirtschaftsausschuß rechtzeitig und umfassend über die wirtschaftlichen Angelegenheiten des Unternehmens zu unterrichten, ein Mitspracherecht steht dem Wirtschaftsausschuß jedoch nicht zu.

bb) Betriebsänderungen

In Betrieben mit in der Regel mehr als 20 wahlberechtigten Arbeitnehmern muß der Unternehmer den Betriebsrat über geplante Betriebsänderungen, die wesentliche Nachteile für die Belegschaft zur Folge haben können, **rechtzeitig und umfassend unterrichten** (§ 111 BetrVG). Welche Maßnahmen als Betriebsänderungen in diesem Sinne anzusehen sind, ist in § 111 Satz 2 BetrVG geregelt; unter den dort angeführten Maßnahmen sind insbesondere die Einschränkung oder Stillegung des ganzen Betriebes oder von wesentlichen Betriebsteilen zu erwähnen. Als Betriebseinschränkung ist auch ein bloßer Personalabbau unter Beibehaltung der sächlichen Betriebsmittel anzusehen, wenn es sich – hinsichtlich der Zahl der zu Entlassenden – um eine Massenentlassung i.S. von § 17 Abs. 1 KSchG handelt (s. Teil 2 C II 3b) und mindestens 5 v.H. der Belegschaft betroffen sind, wobei es unerheblich ist, ob diese Entlassungen innerhalb eines Zeitraums von 4 Wochen durchgeführt werden; entscheidend ist allein, auf wieviele Arbeitnehmer sich der Entschluß des Arbeitgebers zum

Personalabbau bezieht. Hierbei zählen diejenigen Arbeitnehmer nicht mit, die aus personen- oder verhaltensbedingten Gründen entlassen werden oder deren Arbeitsverhältnis infolge Fristablaufs endet.

Unternehmer und Betriebsrat sollen über die geplante Betriebsänderung mit dem Ziel beraten, einen **Interessenausgleich** zu erreichen. Dies gilt auch im Konkurs des Arbeitgebers. Der Interessenausgleich soll klären, ob, wann und in welcher Weise die vorgesehene unternehmerische Maßnahme durchgeführt werden soll. Kommt keine Einigung zwischen Unternehmer und Betriebsrat zustande, kann jeder der Beteiligten den Präsidenten des Landesarbeitsamtes und notfalls die Einigungsstelle zur Vermittlung einschalten. Weder der Präsident des Landesarbeitsamtes noch die Einigungsstelle sind aber befugt, einen verbindlichen Spruch über den Interessenausgleich zu fällen (vgl. § 112 BetrVG). Führt allerdings ein Unternehmer eine Betriebsänderung im Sinne von § 111 BetrVG durch, ohne einen Interessenausgleich mit dem Betriebsrat zu erzielen und ohne das Verfahren zur Herbeiführung eines Interessenausgleichs einschließlich der Verhandlung vor der Einigungsstelle voll ausgeschöpft zu haben, muß er die wirtschaftlichen Nachteile der von der Betriebsänderung betroffenen Arbeitnehmer nach Maßgabe des § 113 BetrVG ausgleichen; er muß insbesondere bei Kündigungen eine Abfindung zahlen.

Zum wirtschaftlichen Ausgleich von Nachteilen betroffener Arbeitnehmer ist der Unternehmer auch dann verpflichtet, wenn er ohne zwingenden Grund von einem vereinbarten Interessenausgleich abweicht (vgl. § 113 BetrVG).

Unabhängig vom Zustandekommen eines Interessenausgleichs hat der Betriebsrat bei Betriebsänderungen im Sinne des § 111 BetrVG grundsätzlich ein erzwingbares Mitbestimmungsrecht zur Aufstellung eines **Sozialplanes** (§ 112 BetrVG). Besteht die geplante Betriebsänderung in einem bloßen Personalabbau, ist ein Sozialplan nicht schon bei Massenentlassungen i. S. von § 17 Abs. 1 KSchG (s. Teil 2 C II 3 b), sondern erst dann aufzustellen, wenn

- in Betrieben mit in der Regel mehr als 20 und weniger als 60 Arbeitnehmern 20 v. H. der regelmäßig beschäftigten Arbeitnehmer, aber mindestens 6 Arbeitnehmer,
- in Betrieben mit in der Regel mindestens 60 und weniger als 250 Arbeitnehmern 20 v. H. der regelmäßig beschäftigten Arbeitnehmer oder mindestens 37 Arbeitnehmer,

- in Betrieben mit in der Regel mindestens 250 und weniger als 500 Arbeitnehmern 15 v. H. der regelmäßig beschäftigten Arbeitnehmer oder mindestens 60 Arbeitnehmer und
- in Betrieben mit in der Regel mindestens 500 Arbeitnehmern 10 v. H. der regelmäßig beschäftigten Arbeitnehmer, aber mindestens 60 Arbeitnehmer aus betriebsbedingten Gründen ausscheiden (§ 112a Abs. 1 BetrVG). Neugegründete Unternehmen brauchen in den ersten vier Jahren nach ihrer Gründung bei allen Betriebsänderungen keinen Sozialplan aufzustellen (§ 112a Abs. 2 BetrVG).

Der nach § 112 BetrVG aufzustellende Sozialplan enthält Regelungen über den Ausgleich oder die Milderung der wirtschaftlichen Nachteile, die den von der Betriebsänderung betroffenen Arbeitnehmern entstehen (z. B. Umschulungsmaßnahmen, vorzeitige betriebliche Pensionsleistungen, Abfindungen). Der Sozialplan hat die sozialen Belange der betroffenen Arbeitnehmer und die für das Unternehmen wirtschaftlich vertretbaren Belastungen zu berücksichtigen. Kommt zwischen Unternehmer und Betriebsrat keine Einigung zustande, entscheidet auf Antrag einer der Beteiligten die Einigungsstelle nach billigem Ermessen. Von welchen Grundsätzen sie sich hierbei zu leiten hat, ist in § 112 Abs. 5 BetrVG geregelt.

Im Konkurs des Arbeitgebers kann ein Sozialplan, der **nach Konkurseröffnung** aufgestellt wird, für Ausgleichszahlungen (Abfindungen usw.) höchstens einen Gesamtbetrag bis zu 2½ Monatsverdiensten der von einer Entlassung betroffenen Arbeitnehmer vorsehen (§ 2 Sozialplangesetz). Diese Ausgleichszahlungen sind bevorrechtigte Konkursforderungen nach § 61 Abs. 1 Nr. 1 KO, soweit sie nicht mehr als ein Drittel der zu verteilenden Konkursmasse in Anspruch nehmen; übersteigen sie das Drittel, sind sie hinsichtlich des Vorrechts anteilmäßig zu kürzen (§ 4 Sozialplangesetz). Der danach nicht bevorrechtigte Teil der Ausgleichszahlung ist einfache Konkursforderung nach § 61 Abs. 1 Nr. 6 KO. Für Sozialpläne, die in den letzten 3 Monaten vor dem Antrag auf Eröffnung des Konkurs- oder Vergleichsverfahrens aufgestellt wurden, trifft § 3 Sozialplangesetz eine entsprechende Regelung.

f) Betriebsvereinbarungen

Die Betriebsvereinbarung ist ein **schriftlicher Vertrag** zwischen Arbeitgeber und Betriebsrat, in dem betriebliche und betriebsverfassungsrechtliche Fragen jeder Art geregelt werden können. Die Regelungsbefugnis der Betriebspartner ist allerdings durch zwingende gesetzliche Vorschriften und gemäß § 77 Abs. 3 BetrVG begrenzt. Soweit zwingende gesetzliche Vorschriften bestehen, können Arbeitgeber und Betriebsrat keine hiergegen verstoßende Regelung treffen. Nach § 77 Abs. 3 BetrVG können ferner Arbeitsentgelte und sonstige Arbeitsbedingungen, d.h. alle Bestimmungen, die Inhalt des Arbeitsverhältnisses sein können, nicht Gegenstand einer Betriebsvereinbarung sein, soweit sie durch Tarifvertrag geregelt sind oder üblicherweise geregelt werden.

Die in einer Betriebsvereinbarung getroffenen Regelungen sind **Rechtsnormen,** die eine den Tarifnormen vergleichbare Wirkung haben (vgl. § 77 Abs. 4 BetrVG).

III. Sonstige Organe der Betriebsverfassung

Im Vergleich zum Betriebsrat ist die Bedeutung der übrigen Organe der Betriebsverfassung gering. Es kann sich daher hier auf die Aufzählung dieser Organe beschränkt werden.

Die **Betriebsversammlung** besteht aus den Arbeitnehmern des Betriebs, die regelmäßig vom Betriebsrat einberufen wird und in der betrieblichen Angelegenheiten erörtert werden können; eine Entscheidungsbefugnis steht der Betriebsversammlung nicht zu (vgl. §§ 42 ff. BetrVG).

Bestehen in einem Unternehmen mehrere Betriebsräte, so ist ein **Gesamtbetriebsrat** zu errichten, der für betriebliche Angelegenheiten, die das Gesamtunternehmen oder mehrere Betriebe betreffen, zuständig ist (vgl. §§ 47 ff. BetrVG).

Für einen Konzern kann durch Beschlüsse der einzelnen Gesamtbetriebsräte ein **Konzernbetriebsrat** errichtet werden, der für Angelegenheiten, die den Konzern oder mehrere Konzernunternehmen betreffen, zuständig ist (vgl. §§ 55 ff. BetrVG).

Jugend- und Auszubildendenvertretung sowie Gesamt-Jugend- und Auszubildendenvertretung vertreten auf Betriebs- bzw. Unternehmensebene die Interessen der jugendlichen Arbeitnehmer unter 18 Jahren sowie der zu ihrer Berufsausbildung Beschäftigten unter 25 Jahren (§§ 60 ff. BetrVG).

Die **Schwerbehindertenvertretung** sowie die Gesamtschwerbehindertenvertretung vertreten auf Betriebs- bzw. Unternehmensebene die Interessen der Schwerbehinderten (vgl. § 25 SchwbG, § 32 BetrVG).

Bei Seeschiffahrtsunternehmen und ihren Betrieben werden an Stelle eines Betriebsrats **Seebetriebsräte** und **Bordvertretungen** gebildet, für die besondere Vorschriften gelten (§§ 115, 116 BetrVG).

In Betrieben mit in der Regel mindestens zehn leitenden Angestellten werden **Sprecherausschüsse der leitenden Angestellten** gewählt. Diese haben nach dem Sprecherausschußgesetz (SprAuG) die Belange der leitenden Angestellten des Betriebs zu vertreten (vgl. §§ 25 ff. SprAuG).

Die **Einigungsstelle** ist ein Organ, das nur in Aktion tritt, wenn es vom Arbeitgeber oder Betriebsrat angerufen wird. Die Einigungsstelle besteht aus mehreren Beisitzern, die je zur Hälfte vom Arbeitgeber und Betriebsrat bestellt werden, und einem unparteiischen Vorsitzenden; sie hat in den gesetzlich vorgesehenen Fällen Meinungsverschiedenheiten zwischen Arbeitgeber und Betriebsrat in betrieblichen Angelegenheiten durch Spruch zu entscheiden. Der Spruch der Einigungsstelle ist gerichtlich überprüfbar und kann bei Verstoß gegen gesetzliche Vorschriften oder wegen Überschreitung der Grenzen des billigen Ermessens aufgehoben werden (vgl. § 76 BetrVG).

IV. Die Rechtsstellung der Mitglieder von Organen der Betriebsverfassung

Mitglieder des Betriebsrats, des Gesamtbetriebsrats, des Konzernbetriebsrats, der Jugend- und Auszubildendenvertretung, der Gesamt-Jugend- und Auszubildendenvertretung, des Wirtschaftsausschusses, der Bordvertretung, des Seebetriebsrats und der Einigungsstelle dürfen in der Ausübung ihrer Tätigkeit nicht gestört oder behindert und wegen ihrer Tätigkeit **nicht benachteiligt oder begünstigt** werden (§ 78 BetrVG).

Mitglieder des Wahlvorstandes zur Betriebsratswahl, des Betriebsrats, des Gesamtbetriebsrats, des Konzernbetriebsrats, der Jugend- und Auszubildendenvertretung, der Gesamt-Jugend- und Auszubildendenvertretung sowie der Bordvertretung und des Seebetriebsrats haben bei Versäumung von Arbeitszeit zur Wahrnehmung ihrer Amtstätigkeit **Anspruch auf Fortzahlung ihrer Vergütung** (vgl. § 37 Abs. 1–3 BetrVG).

Bis zum Ablauf von 1 Jahr nach Beendigung ihrer Amtszeit darf das Arbeitsentgelt von Betriebsratsmitgliedern und Mitgliedern der Jugend- und Auszubildendenvertretung sowie des Seebetriebsrats nicht geringer bemessen werden als das Arbeitsentgelt vergleichbarer Arbeitnehmer mit betriebsüblicher beruflicher Entwicklung; sie dürfen auch nur mit der Vergütung entsprechenden Tätigkeiten beschäftigt werden (§ 37 Abs. 4–5 BetrVG).

Gegenüber einem Mitglied des Betriebsrats, der Jugend- und Auszubildendenvertretung oder des Seebetriebsrats ist bis zum Ablauf von 1 Jahr nach Beendigung der Amtszeit (hierunter fällt auch die vorzeitige Beendigung der Amtszeit infolge Rücktritt etc.), gegenüber einem Mitglied der Bordvertretung bis zum Ablauf von 6 Monaten nach Beendigung der Amtszeit eine **ordentliche Kündigung** grundsätzlich überhaupt nicht möglich und nur ausnahmsweise bei einer Stillegung des Betriebs oder einer Betriebsabteilung zulässig (vgl. § 15 Abs. 4 und 5 KSchG). Ein besonderer Kündigungsschutz nach Beendigung der Amtszeit entfällt allerdings dann, wenn die Mitgliedschaft in dem betriebsverfassungsrechtlichen Organ aufgrund einer gerichtlichen Entscheidung endet (§ 15 Abs. 1 KSchG).

Jede **außerordentliche Kündigung** gegenüber einem amtierenden Mitglied des Betriebsrats, der Jugend- und Auszubildendenvertretung, der Bordvertretung oder des Seebetriebsrats bedarf der Zustimmung des Betriebsrats bzw. der Bordvertretung oder des Seebetriebsrats; wird die Zustimmung verweigert, hat das Arbeitsgericht sie auf Antrag des Arbeitgebers zu ersetzen, wenn die außerordentliche Kündigung unter Berücksichtigung aller Umstände gerechtfertigt ist (§ 103 BetrVG). Erst nach der Zustimmung des Betriebsrats (bzw. der Bordvertretung oder des Seebetriebsrats) oder der rechtskräftigen gerichtlichen Ersetzung der Zustimmung darf der Arbeitgeber die außerordentliche Kündigung aussprechen; eine vorherige Kündigung ist unwirksam. Nach Beendigung der Amtszeit des Betriebsratsmitglieds, des Mitglieds einer Jugend- und Auszubildendenvertretung sowie des Mitglieds einer Bordvertretung oder eines Seebetriebsrats bedarf die außerordentliche Kündigung nicht mehr der Zustimmung des Betriebsrats. Vielmehr ist nunmehr die außerordentliche Kündigung unter denselben Voraussetzungen zulässig wie gegenüber anderen Arbeitnehmern.

Mitglieder des **Wahlvorstandes** genießen vom Zeitpunkt ihrer Bestellung an, **Wahlbewerber** vom Zeitpunkt der Aufstellung des Wahlvorschlags an, jeweils bis zur Bekanntgabe des Wahlergebnisses, in demselben Umfang Kündigungsschutz wie Betriebsratsmitglieder während ihrer Amtszeit; darüber hinaus genießen sie innerhalb von 6 Monaten nach Bekanntgabe des Wahlergebnisses denselben Kündigungsschutz wie Betriebsratsmitglieder im ersten Jahr nach Beendigung ihrer Amtszeit. Nur Mitglieder des Wahlvorstandes, der durch gerichtliche Entscheidung durch einen anderen Wahlvorstand ersetzt worden ist, genießen vom Zeitpunkt ihrer Ablösung an keinen besonderen Kündigungsschutz mehr (vgl. § 15 Abs. 3 KSchG).

Betriebsratsmitglieder und Mitglieder der Jugend- und Auszubildendenvertretung sowie Mitglieder einer Bordvertretung und eines Seebetriebsrats, die in einem Berufsausbildungsverhältnis stehen, haben unter den Voraussetzungen des § 78a BetrVG einen Anspruch auf **Weiterbeschäftigung nach Beendigung der Berufsausbildung.**

Vertrauensmann bzw. Vertrauensfrau und Gesamtvertrauensmann bzw. Gesamtvertrauensfrau der Schwerbehinderten besitzen gegenüber dem Arbeitgeber die gleiche persönliche Rechtsstellung, insbesondere den gleichen Kündigungsschutz, wie ein Betriebsratsmitglied (§ 26 Abs. 3, § 27 Abs. 6 SchbG).

Literaturhinweise:

Schaub, Arbeitsrechtshandbuch, 6. Aufl. 1987, S. 1364–1589; Kommentare zum Betriebsverfassungsgesetz: *Dietz/Richardi,* 6. Aufl. 1981–1982; *Fabricius/Kraft/Thiele/Wiese/Kreutz,* 4. Aufl. 1987/1989; *Fitting/Auffarth/Kaiser/Heither,* 15. Aufl. 1987; *Galperin/Löwisch,* 6. Aufl. 1982; *Hess/Schlochauer/Glaubitz,* 3. Aufl. 1986.

Kontrollfragen:

93. Für welche inländischen Betriebe gilt das Betriebsverfassungsgesetz überhaupt nicht, für welche nur eingeschränkt?
94. Wer ist zur Betriebsratswahl wahlberechtigt, wer ist wählbar?
95. Was bedeutet Gruppenwahl?
96. Wer kann eine Betriebsratswahl anfechten?
97. In welchen Betrieben sind Betriebsratsmitglieder zur Betriebsratstätigkeit ständig von der Arbeit freizustellen?
98. Muß der Arbeitgeber die Kosten (für Fahrt, Unterkunft, Verpflegung etc.) erstatten, die Betriebsratsmitgliedern anläßlich der Teilnahme an einer Schulungs- oder Bildungsveranstaltung entstehen?
99. Was bedeutet erzwingbare Mitbestimmung des Betriebsrats in sozialen Angelegenheiten?
100. Darf der Arbeitgeber einen Arbeitnehmer schon vor Abschluß des gesetzlichen Zustimmungsverfahrens einstellen?
101. Wann bedarf eine Kündigung durch den Arbeitgeber der vorherigen Zustimmung, wann nur der vorherigen Anhörung des Betriebsrats?
102. Wann ist ein Sozialplan aufzustellen und was ist sein Inhalt?

Die Lösungen zu den Kontrollfragen 93–102 finden Sie auf den Seiten 228–229.

Aufgabe 19:

Nach den Betriebsratswahlen 1987 nahm auf Beschluß des Betriebsrats das neu gewählte Betriebsratsmitglied AN eines Kasseler Betriebs an einem einwöchigen gewerkschaftlichen Schulungslehrgang in Essen über das Thema: „Die Aufgaben des Betriebsrats nach dem Betriebsverfassungsgesetz" teil. AN verlangt von seinem Arbeitgeber AG Lohnfortzahlung für die einwöchige Schulungsteilnahme, Erstattung der Fahrtkosten der 1. Klasse der Bundesbahn sowie die Erstattung der von dem Schulungsträger in Rechnung gestellten Kosten für Unterkunft und Verpflegung in dem Schulungsheim in Höhe von DM 78,– täglich. AG lehnt die Lohnfortzahlung ab, da die Teilnahme des AN an der Schulungsveranstaltung nicht erforderlich gewesen sei; hinsichtlich der sonstigen Kosten seien nach den betrieblichen Reisekostenrichtlinien nur die Fahrtkosten der 2. Klasse der Bundesbahn und für Unterkunft und Verpflegung täglich höchstens DM 70,– zu erstatten. Kann AN von AG Lohnfortzahlung und Kostenerstattung im begehrten Umfang verlangen? Wäre die Rechtslage anders, wenn AN ohne einen entsprechenden Beschluß des Betriebsrats an dem Schulungslehrgang teilgenommen hätte?

Aufgabe 20:

Das Betriebsratsmitglied AN verteilt während der Arbeitszeit im Betrieb Propagandaschriften einer politischen Partei. Der Arbeitgeber AG erteilt dem AN daraufhin „wegen Verletzung seiner Betriebsratspflichten und Störung des betrieblichen Friedens" einen strengen schriftlichen Verweis. Kann AN von AG die Rücknahme des Verweises verlangen? Unter welchen Voraussetzungen war AG zur Erteilung eines Verweises berechtigt?

Aufgabe 21:

Der Arbeitgeber AG stellt seinen Arbeitnehmern, die auf einer auswärtigen Betriebsstätte eingesetzt sind, dort gegen eine Übernachtungsgebühr eine Unterkunft in einem betrieblichen Wohnheim zur Verfügung, das mit Zweibettzimmern ausgestattet ist. Jeder – auch nur kurzfristig – auf der auswärtigen Betriebsstätte eingesetzte Arbeitnehmer kann von dieser Möglichkeit Gebrauch machen. Bedarf die Festlegung der Übernachtungsgebühren der Mitwirkung des Betriebsrats?

Aufgabe 22:

Der Arbeitgeber AG beantragt beim Betriebsrat die Zustimmung zur außerordentlichen Kündigung des Betriebsratsmitglieds AN wegen Unterschlagung von Firmengeldern. Der Betriebsrat lehnt die Zustimmung zur Kündigung ab, da die Unterschlagung nicht erwiesen sei. Daraufhin beantragt AG beim Arbeitsgericht die Ersetzung der Zustimmung des Betriebsrats. Während des gerichtlichen Verfahrens kommt es im Betrieb zu einer Auseinandersetzung zwischen AN und AG, in deren Verlauf AN den AG ohrfeigt. Kann AG den Antrag auf Ersetzung der Zustimmung des Betriebsrats auch auf diesen Vorfall stützen? Kann AN, nachdem die Zustimmung des Betriebsrats zur außerordentlichen Kündigung durch gerichtliche Entscheidung rechtskräftig ersetzt ist und AG die Kündigung ausgesprochen hat, noch Kündigungsschutzklage erheben und die Wirksamkeit der Kündigungsgründe in Frage stellen?

Die Lösungen zu den Aufgaben 19–22 finden Sie auf den Seiten 241–243.

4. Teil: Arbeitsgerichtsbarkeit

Zur Zuständigkeit der Arbeitsgerichte gehören im wesentlichen

- Rechtsstreitigkeiten zwischen Arbeitnehmern und Arbeitgebern aus dem Arbeitsverhältnis,
- Rechtsstreitigkeiten zwischen Arbeitnehmern, die mit dem Arbeitsverhältnis in Zusammenhang stehen,
- Rechtsstreitigkeiten zwischen Tarifvertragsparteien über tarifliche Fragen,
- Entscheidungen über betriebsverfassungsrechtliche Fragen. Für das Verfahren vor den Arbeitsgerichten gelten grundsätzlich die **Vorschriften der Zivilprozeßordnung** über das Verfahren vor den Amtsgerichten (§ 46 Abs. 2 ArbGG). Es bestehen jedoch folgende **Besonderheiten:**
- Die mündliche Verhandlung beginnt mit einer **Güteverhandlung** vor dem Vorsitzenden allein (§ 54 ArbGG). An die Stelle der Güteverhandlung tritt bei Streitigkeiten zwischen Ausbildenden und Auszubildenden aus einem bestehenden Berufsausbildungsverhältnis die Verhandlung vor einem berufsständischen Ausschuß, falls ein solcher Ausschuß für den Berufszweig der streitenden Parteien zur Beilegung von Streitigkeiten aus einem Berufsausbildungsverhältnis gebildet ist (vgl. § 111 Abs. 2 ArbGG).
- Führt die Güteverhandlung zu keiner Einigung oder wird bei Streitigkeiten aus einem Berufsausbildungsverhältnis nach einer Verhandlung vor dem berufsständischen Ausschuß Klage erhoben, so wird der Rechtsstreit vor der **Kammer** des Arbeitsgerichts weiterverhandelt. Die Kammer besteht aus dem Vorsitzenden (Berufsrichter) und zwei Beisitzern (Laienrichter), von denen je einer aus den Kreisen der Arbeitnehmer und aus den Kreisen der Arbeitgeber berufen wird. Die Verhandlung ist **stets mündlich.** Die Entscheidung eines Rechtsstreits im schriftlichen Verfahren ist beim Arbeitsgericht unzulässig.
- Die Entscheidung über betriebsverfassungsrechtliche Fragen ergeht in einem sog. **Beschlußverfahren** (§§ 80 ff. ArbGG). Im Beschlußverfahren findet **keine Güteverhandlung** statt. Im Gegensatz zu dem sonstigen Verfahren vor dem Arbeitsgericht (und den Zivilgerichten überhaupt) obliegt es nicht nur den Verfahrensbeteiligten, dem Gericht den Sachverhalt zu unterbreiten und Beweismittel zu benennen. Vielmehr hat das Gericht **von Amts wegen** den Sachverhalt aufzuklären; es kann hierbei

von sich aus Urkunden einsehen. Auskünfte einholen sowie Zeugen und Sachverständige vernehmen (§ 83 ArbGG). Die Entscheidung, mit der das Verfahren vor dem Arbeitsgericht abgeschlossen wird, heißt Beschluß.

- Gegen Urteile des Arbeitsgerichts ist die **Berufung** an das Landesarbeitsgericht zulässig, wenn der Beschwerdewert über DM 800,– beträgt oder das Arbeitsgericht die Berufung zugelassen hat (§ 64 Abs. 2 ArbGG). Gegen Beschlüsse des Arbeitsgerichts im Beschlußverfahren ist – ohne Einschränkung – die **Beschwerde** an das Landesarbeitsgericht zulässig (§ 87 Abs. 1 ArbGG).

  Gegen Urteile des Landesarbeitsgerichts im Berufungsverfahren ist die **Revision** an das Bundesarbeitsgericht zulässig, wenn das Landesarbeitsgericht die Revision zugelassen hat (§ 72 Abs. 1 ArbGG). Zuzulassen ist die Revision, wenn die Sache grundsätzliche Bedeutung hat oder das Landesarbeitsgericht in seinem Urteil einen Rechtssatz aufgestellt hat, der von einer Entscheidung des Gemeinsamen Senats der obersten Gerichtshöfe oder einer Entscheidung des Bundesarbeitsgerichts oder – solange eine Entscheidung des Bundesarbeitsgerichts über die Rechtsfrage noch nicht ergangen ist – von einer Entscheidung eines anderen Landesarbeitsgerichts abweicht (sog. Divergenzrevision). Die Nichtzulassung der Revision durch das Landesarbeitsgericht kann gemäß § 72a ArbGG mit der **Nichtzulassungsbeschwerde** beim Bundesarbeitsgericht angegriffen werden.

- Gegen Beschlüsse des Landesarbeitsgerichts im Beschlußverfahren ist die **Rechtsbeschwerde** an das Bundesarbeitsgericht unter ähnlichen Bedingungen wie im Urteilsverfahren zulässig (§§ 92, 92a ArbGG).

- Arbeitgeber, die einem **Arbeitgeberverband** angehören, und Arbeitnehmer, die Mitglied einer **Gewerkschaft** sind, erhalten bei Streitigkeiten aus dem Arbeitsverhältnis von ihrem Verband oder ihrer Gewerkschaft Rat und Rechtsschutz. Das Arbeitsgerichtsgesetz läßt es ausdrücklich zu, daß Vertreter von Gewerkschaften und Arbeitgeberverbänden vor dem Arbeitsgericht auftreten dürfen. Vor dem Landesarbeitsgericht dürfen sogar außer Rechtsanwälten nur Vertreter von Gewerkschaften und Arbeitgeberverbänden auftreten, d.h., vor dem Landesarbeitsgericht muß sich ein Arbeitgeber durch einen Rechtsanwalt oder den Vertreter eines Arbeitgeberverbandes, ein Arbeitnehmer durch einen Rechtsanwalt oder den Vertreter einer Gewerkschaft vertreten lassen

(§ 11 ArbGG). In dem Verfahren vor dem Bundesarbeitsgericht sind nur Rechtsanwälte zugelassen.

Literaturhinweise:

Zum 4. Teil: *Auffarth/Schönherr,* Arbeitsgerichtsgesetz 3. Aufl., Stand: April 1989; *Grunsky,* Arbeitsgerichtsgesetz, 5. Aufl. 1987; *Rewolle/Bader,* Arbeitsgerichtsgesetz, 2. Aufl. 1986.

5. Teil: Lösungen zu den Kontrollfragen

1. Arbeitsrecht ist das Recht der abhängigen Arbeit, wobei unter abhängiger Arbeit eine Arbeitsleistung zu verstehen ist, die jemand für einen anderen in einem persönlichen Abhängigkeitsverhältnis erbringt.
2. Individualarbeitsrecht ist der Teil, der die Rechtsbeziehungen zwischen Arbeitgeber und Arbeitnehmer regelt. Kollektives Arbeitsrecht regelt das Recht der Arbeitsverbände in Beruf und Betrieb, ihrer Verträge sowie ihrer Kämpfe.
3. Arbeitnehmer ist, wer aufgrund eines Arbeitsvertrages beschäftigt wird und zu seinem Vertragspartner (Arbeitgeber) in einem persönlichen Abhängigkeitsverhältnis steht.
4. Im Gegensatz zum Arbeitnehmer steht der freie Mitarbeiter zu seinem Vertragspartner in keinem persönlichen Abhängigkeitsverhältnis. Die Abgrenzung Arbeitnehmer – freier Mitarbeiter kann mitunter sehr schwierig sein (Abgrenzungsmerkmale prüfen, Abstufung nach Verkehrsanschauung).
5. Arbeiter und Angestellte, wobei Arbeiter ist, wer überwiegend körperliche Tätigkeit ausübt, während der Angestellte überwiegend geistige Arbeit zu leisten hat (Abgrenzung in vielen Fällen schwierig, Verkehrsanschauung).
6. Grundsätzlich muß für die Befristung und deren Dauer ein sachlicher Grund vorliegen. Auch ohne sachlichen Grund ist nach dem BeschFG in der Zeit vom 1. Mai 1985 bis 1. Januar 1990 die einmalige Befristung des Arbeitsvertrages bis zur Höchstdauer von 18 Monaten (bei Unternehmensneugründungen bis zur Höchstdauer von 2 Jahren) zulässig, wenn es sich um eine Neueinstellung oder um eine Beschäftigung im unmittelbaren Anschluß an die Berufsausbildung handelt.
7. Mit der tatsächlichen Aufnahme von Vertragsverhandlungen entstehen beiderseitige Sekundärpflichten. Arbeitgeber: z. B. Aufklärungspflicht, daß trotz angebotener Stelle der Betrieb in Kürze geschlossen wird; Arbeitnehmer: z. B. Mitteilungspflicht, daß Arbeitnehmer wegen Krankheit außerstande ist, die Arbeit zum vereinbarten Beginn aufzunehmen. Bei Verletzung können Schadensersatzansprüche entstehen, wobei der Geschädigte so zu stellen ist, wie er gestanden hätte, wenn das schädigende Ereignis nicht eingetreten wäre (negatives Interesse).
8. Ein Fragerecht des Arbeitgebers in einem Personalfragebogen besteht nur, wenn der Arbeitgeber an der Beantwortung dieser Frage ein be-

rechtigtes Interesse hat, d.h., die Beantwortung der Frage muß mit dem abzuschließenden Arbeitsverhältnis in einem sachlichen Zusammenhang stehen.

9. Ja, unter den Voraussetzungen des § 113 BGB, nämlich wenn der gesetzliche Vertreter den Minderjährigen ermächtigt hat, in Arbeit zu treten (kann generell oder eingeschränkt, z.B. nur für bestimmten Berufszweig, erteilt werden, gilt aber nicht für Berufsausbildungsverhältnisse).

10. Der mangelbehaftete Arbeitsvertrag kann von Anfang an nichtig sein (z.B. gesetzliches Verbot, § 134 BGB; Sittenwidrigkeit, § 138 BGB; Geschäftsunfähigkeit eines Vertragspartners, § 105 BGB). Der mangelbehaftete Arbeitsvertrag kann auch wegen Irrtums über den Inhalt der Erklärung, die Person oder über eine verkehrswesentliche Eigenschaft des Vertragspartners oder wegen arglistiger Täuschung oder Drohung angefochten werden (§ 119 Abs. 1, 2; § 123 BGB). Auch die Anfechtung führt zur Nichtigkeit des Arbeitsvertrages.

11. In erster Linie durch die Vereinbarung der Parteien des Arbeitsvertrages; soweit keine Vereinbarung besteht, kann der Arbeitgeber aufgrund seines Weisungsrechts die näheren Umstände der Arbeitsleistung und den Arbeitsort im Rahmen von Treu und Glauben und der Verkehrssitte bestimmen.

12. a) Auf Antrag des Arbeitgebers Verurteilung zur Aufnahme der Dienste und Verurteilung zur Zahlung einer Entschädigung an den Arbeitgeber, falls die Arbeit nicht binnen einer bestimmten Frist aufgenommen wird;
    b) keine Vergütung für die Dauer der Nichtleistung;
    c) ordentliche oder außerordentliche Kündigung des Arbeitsverhältnisses;
    d) Verpflichtung zum Schadenersatz (z.B. Ersatz des Gewinnausfalls des Arbeitgebers).

13. a) Ordentliche oder außerordentliche Kündigung des Arbeitsverhältnisses;
    b) Verpflichtung zum Schadenersatz.

14. Wenn die von dem Arbeitnehmer zu leistende Arbeit infolge ihrer Eigenart eine besonders hohe Wahrscheinlichkeit mit sich bringt, daß auch einem sonst sorgfältig handelnden Arbeitnehmer gelegentlich einmal ein Versehen unterläuft und dadurch ein Schaden entsteht, oder wenn die von dem Arbeitnehmer zu leistende Arbeit ihn in einer

bestimmten Situation zu folgenschweren Entschlüssen zwingt, ohne daß er zu ausreichender Überlegung Gelegenheit hat.

15. Er haftet auf vollen Schadenersatz bei vorsätzlichem oder grob fahrlässigem Handeln, d.h. wenn er die im Verkehr erforderliche Sorgfalt in besonders schwerem Maße verletzt. Bei normaler Schuld (mittlere Fahrlässigkeit) ist der Schaden zwischen Arbeitgeber und Arbeitnehmer nach Billigkeitsgrundsätzen und Zumutbarkeitsgesichtspunkten zu teilen. Bei leichter Schuld (leichte Fahrlässigkeit) entfällt eine Haftung des Arbeitnehmers.
16. Mankoabrede ist die Vereinbarung zwischen Arbeitgeber und Arbeitnehmer, daß der Arbeitnehmer die Haftung für jedes in seinem Aufgabenbereich nachgewiesene Manko übernimmt, unabhängig davon, ob er das Manko verursacht hat oder verschuldet hat.
17. Wenn der Arbeitgeber dem Arbeitnehmer für die Übernahme des Mankorisikos eine angemessene zusätzliche Vergütung (sog. Mankogeld) zusagt und dem Arbeitnehmer alle Kontrollbefugnisse einräumt, die eine Vermeidung von Mankoschäden bewirken können, z.B. Mitspracherecht bei der Einstellung von Mitarbeitern.
18. Vertragsstrafe ist der vereinbarte Betrag, den eine Partei (z.B. Arbeitnehmer) an ihren Vertragspartner (z.B. Arbeitgeber) bei einem in der Vertragsstrafenvereinbarung bezeichneten Verstoß gegen eine Vertragspflicht zahlen muß.
19. Betriebsbuße ist eine vom Arbeitgeber gegen einen Arbeitnehmer verhängte Sanktion (z.B. Verwarnung, Verweis, Geldbuße), insbesondere wegen Verstoßes gegen die betriebliche Ordnung. Zu den Wirksamkeitsvoraussetzungen einer Betriebsbuße siehe S. 46 f.
20. Die Befugnis des Arbeitgebers, die vertraglich oder normativ noch nicht festgelegten Leistungspflichten des Arbeitnehmers und sein Verhalten im Betrieb nach Art, Ort und Zeit nach billigem Ermessen zu regeln.
21. Die Verpflichtung des Arbeitnehmers, bei der Durchführung der ihm übertragenen Arbeiten in jeder Beziehung das Interesse des Arbeitgebers zu wahren und alles zu unterlassen, was dem Arbeitgeber und seinem Betrieb schaden könnte (z.B. Verschwiegenheitspflicht bezüglich der Geschäftsgeheimnisse, Verbot von Wettbewerbstätigkeiten).
22. Grundsätzlich ja, es sei denn, die Parteien hätten ein wirksames Wettbewerbsverbot ausdrücklich vereinbart (siehe S. 50 ff.).
23. Nach den Vorschriften der §§ 74 ff. HGB, auch soweit es nicht kaufmännische Angestellte betrifft.

24. Wenn das Inkrafttreten eines Wettbewerbsverbots nach Beendigung des Arbeitsverhältnisses davon abhängig gemacht wird, daß der Arbeitgeber es in Anspruch nimmt, oder wenn der Arbeitgeber sich vorbehält, auf ein vereinbartes Wettbewerbsverbot zu verzichten.
25. Sie sind für den Arbeitnehmer unverbindlich, d. h., der Arbeitnehmer braucht sich an das Wettbewerbsverbot nicht zu halten; andererseits kann ein Arbeitnehmer, der das Wettbewerbsverbot einhält, die vereinbarte Karenzentschädigung verlangen.
26. a) Verurteilung zur Unterlassung von Konkurrenztätigkeiten;
    b) Rücktritt des Arbeitgebers von der Wettbewerbsvereinbarung;
    c) Verlust des Anspruchs auf Karenzentschädigung für die Monate, in denen er Konkurrenz machte;
    d) Schadensersatzansprüche des Arbeitgebers.
27. a) Zeitvergütung, d. h., Vergütung wird nach der geleisteten Arbeitszeit bemessen,
    b) Akkordvergütung, d. h., das Arbeitsergebnis wird für die Vergütung zugrunde gelegt (Geldakkord und Zeitakkord),
    c) Prämienvergütung (Art der Leistungsvergütung), Formen: Mengen-, Güte-, Sorgfaltsprämie.
28. Widerrufliche Leistungszulagen darf der Arbeitgeber nur widerrufen oder kürzen, wenn ein sachlicher Grund besteht (Schlechtleistung). Widerrufliche Sonderzulagen dagegen können jederzeit ohne Einhaltung irgendwelcher Fristen für die Zukunft widerrufen werden. Der Widerruf darf aber nicht aus willkürlichen Gründen erklärt werden.
29. Überstunden sind Arbeitsstunden, die über die vertragliche Arbeitszeit hinausgehen. Mehrarbeit ist die Arbeit, die über die gesetzlich zulässige, regelmäßige werktägliche Arbeitszeit hinausgeht.
30. Beschränkungen bei Lohnpfändungen, Abtretungen, Verpfändungen, Aufrechnungen, Zurückbehaltungsrecht.
31. Wenn dies in einem anzuwendenden Tarifvertrag, in einer Betriebsvereinbarung oder in einer Einzelvereinbarung vorgesehen ist. Darüber hinaus kann ein Anspruch aufgrund der betrieblichen Übung für die Zukunft entstehen, wenn der Arbeitgeber die Sonderzuwendungen in 3 aufeinanderfolgenden Jahren einem Arbeitnehmer ohne Vorbehalt gewährt hat.
32. Bei der Auszahlung hat der Arbeitgeber den Gleichbehandlungsgrundsatz zu beachten. Ein Ausschluß einiger Arbeitnehmer von der Sonderzuwendung ist nur zulässig, wenn ein sachlicher Grund (z. B. gekün-

digtes Arbeitsverhältnis) besteht. Hinsichtlich der Rückzahlungsvorbehalte hat der Arbeitgeber darauf zu achten, daß der Arbeitnehmer nicht in unangemessener Weise (z. B. Arbeitgeber hat Ausscheiden aus Betrieb zu vertreten) und nicht unangemessen lange (siehe BAG-Rechtsprechung) an den Betrieb gebunden wird.

33. Wenn er die ihm am rechten Ort, zur rechten Zeit und in der rechten Weise angebotene und dem Arbeitnehmer mögliche Arbeitsleistung ablehnt. Der Arbeitnehmer hat trotz Nichtleistung Anspruch auf Zahlung der vertragsgemäßen Vergütung.
34. a) Wenn die Betriebsstörung die Folge einer kollektiven Verhaltensweise der Arbeitnehmerschaft (z. B. Streik) ist,
    b) wenn durch die Betriebsstörung der Bestand des Betriebes gefährdet ist.
35. Verhinderung an der Arbeitsleistung durch krankheitsbedingte Arbeitsunfähigkeit ohne Verschulden (grobes Eigenverschulden) des Arbeitnehmers und tatsächliche Arbeitsaufnahme.
36. Bei Angestellten ist kein bestimmter Personenkreis ausgeschlossen; Schadensersatzanspruch des Angestellten gegen Dritten geht nicht automatisch auf den Arbeitgeber über; beim Angestellten ist die tatsächliche Arbeitsaufnahme nicht notwendig, um Anspruch auf Gehaltsfortzahlung auszulösen; keine Vorlagepflicht einer ärztlichen Bescheinigung beim Angestellten; bei Schonungszeiten eines Angestellten nach der Kur ist eine Arbeitsunfähigkeit nicht notwendig, um Gehaltsfortzahlung zu erhalten. Einige Fragen allerdings stehen derzeit wegen eines möglichen Verstoßes gegen Art. 3 GG (Ungleichbehandlung Arbeiter/Angestellte) beim Bundesverfassungsgericht zur Beurteilung an.
37. Arbeitnehmer ist vergütungsmäßig so zu stellen, wie er stehen würde, wenn er nicht krank gewesen wäre.
38. Tarifliche Regelungen, Regelungen in Betriebsvereinbarungen, einzelvertragliche Regelungen, Bundesurlaubsgesetz sowie Spezialgesetze für bestimmte Arbeitnehmergruppen.
39. a) Der Arbeitnehmer hat in jedem Kalenderjahr Anspruch auf Jahresurlaub,
    b) der Jahresurlaub muß mindestens 18 Werktage betragen.
40. a) Wenn der Arbeitnehmer den vollen Urlaub nicht erwirbt, weil die Wartezeit von 6 Monaten nicht erfüllt ist,
    b) wenn der volle Urlaub nicht erworben wird, weil das Arbeitsverhältnis vor der Erfüllung der Wartezeit beendet wird,

c) wenn nach erfüllter Wartezeit der Arbeitnehmer in der ersten Hälfte des Kalenderjahres ausscheidet.

41. Abgeltung des Urlaubs ist nur zulässig, wenn der Urlaub wegen der Beendigung des Arbeitsverhältnisses nicht mehr genommen werden kann.
42. Erziehungsurlaub ist die völlige oder teilweise unbezahlte Freistellung von der Arbeit zur Betreuung und Erziehung eines Kindes bis zur Vollendung des 10. (ab 1. 1. 1988 des 12.) Lebensmonats, Anspruchsberechtigt sind Arbeitnehmer, zur Berufsbildung und in Heimarbeit Beschäftigte mit Anspruch auf Erziehungsgeld; bei verheirateten Arbeitnehmern muß der im Haushalt des Arbeitnehmers lebende Ehegatte erwerbstätig sein.
43. Grundsätzlich ja; der Anspruch entfällt nur bei besonders schutzwürdigen Interessen des Arbeitgebers.
44. Sie gebietet dem Arbeitgeber, im Rahmen des Arbeitsverhältnisses sich für den Arbeitnehmer einzusetzen, ihm Schutz und Fürsorge zuteil werden zu lassen, und alles zu unterlassen, was den Interessen des Arbeitnehmers schaden könnte.
45. Ja, wenn der Arbeitnehmer sie nicht bewachen kann und wenn darüber hinaus entweder der Arbeitnehmer die Sachen benötigt, um die Arbeitsstelle zu erreichen oder die Arbeitsleistung zu erbringen, oder das Mitbringen der Sachen betriebsüblich ist oder der Arbeitgeber das Mitbringen der Sachen gestattet hat.
46. Er verbietet dem Arbeitgeber, einzelne oder Gruppen von Arbeitnehmern aus sachfremden Gründen gegenüber einer Gruppe in vergleichbarer Lage befindlicher Arbeitnehmer schlechter zu stellen.
47. Ja, aber nur dann, wenn er sich mit dem in der Übung zum Ausdruck gekommenen Willen des Arbeitgebers, sich für die Zukunft binden zu wollen, ausdrücklich oder stillschweigend einverstanden erklärt.
48. Unter dem Begriff „Arbeitsschutz“ faßt man die Vorschrift des Betriebsschutzes, des Arbeitszeitschutzes und des Arbeitsvertragsschutzes zusammen. Ihre Besonderheit liegt darin, daß es sich um öffentlichrechtliche Vorschriften handelt, deren Einhaltung von amtlichen Stellen überwacht wird; Verstöße gegen diese Vorschriften sind in der Regel mit Strafe bedroht.
49. Die Vorschriften des Arbeitszeitschutzes, insbesondere die AZO, legen die unabdingbaren Höchstgrenzen der zulässigen Arbeitszeit nach Dauer und Lage fest und stellen Mindestbedingungen für Ruhezeiten und Ruhepausen auf.

50. Sonderrechte von Kindern und Jugendlichen sind im Jugendarbeitsschutzgesetz geregelt. Kind ist nach diesen Vorschriften, wer noch keine 14 Jahre alt ist oder noch zum Besuch einer Schule mit Vollunterricht verpflichtet ist. Jugendlicher ist, wer 14, aber noch nicht 18 Jahre alt ist.
51. Arbeitsverhältnis ruht. Die Verpflichtung zur Arbeitsleistung (Arbeitnehmer) und zur Zahlung der Vergütung (Arbeitgeber) entfallen.
52. Hinsichtlich der Art ihrer Beschäftigung (Gefahrenschutz), ihrer Arbeitszeit (Arbeitszeitschutz, Hausarbeitstag) sowie insbesondere bei Vorliegen einer Schwangerschaft.
53. Vorname, Familienname und Geburtstag des Arbeitnehmers, Art der Beschäftigung und Dauer des Arbeitsverhältnisses.
54. Außer den in Ziff. 53 aufgeführten Angaben: Beurteilung der Leistung und Führung des Arbeitnehmers, wobei alle für das Arbeitsverhältnis wesentlichen Umstände erwähnt werden müssen.
55. Bei sog. Einmalzahlungen (Weihnachtsgratifikationen und ähnliche Sonderzuwendungen) ist der ganze Betrag durch die Zahl der Monate zu teilen, auf die er sich bezieht. Der so für die einzelnen Monate ermittelte Betrag ist auf die Karenzentschädigung der Monate, auf die sich die Einmalzahlung bezieht, nach Maßgabe des § 74c HGB anzurechnen.
56. **Nein,** wenn aus der Sicht des Arbeitnehmers ein Studienabschluß erreichbar erscheint, der irgendwelche absehbaren Vorteile für die weitere berufliche Entwicklung hat.
    Ja, wenn ein schulisch offenbar Minderbegabter studiert oder der Arbeitnehmer ein Studium generale oder ein sinn- und planloses Studium betreibt.
57. Nur wenn dies in einem Tarifvertrag, einer Betriebsvereinbarung oder einer Einzelvereinbarung, die auch auf betrieblicher Übung beruhen kann, vorgesehen ist.
58. Ja, wenn ihm dies zugesagt wurde oder wenn im Zeitpunkt der Beendigung des Arbeitsverhältnisses der Arbeitnehmer mindestens das 35. Lebensjahr vollendet hat und entweder die Versorgungszusage für ihn mindestens 10 Jahre bestanden hat oder der Beginn der Betriebszugehörigkeit mindestens 12 Jahre zurückliegt und die Versorgungszusage für ihn mindestens 3 Jahre bestanden hat.
59. Grundsätzlich nein; Widerruf der Ruhegeldzusage nur nach billigem Ermessen zulässig.
60. Wenn und solange bei einer auch nur teilweisen Weiterzahlung der Be-

stand des Unternehmens gefährdet ist, die Ruhegeldeinstellung unter Beachtung des Gleichbehandlungsgrundsatzes erfolgt und zusammen mit anderen sachdienlichen Maßnahmen notwendig und geeignet ist, die Sanierung des Unternehmens herbeizuführen, und darüber hinaus nicht nur den Ruheständlern, sondern auch den aktiven Belegschaftsmitgliedern einschließlich der Spitzenkräfte Opfer zugemutet werden.

61. Nein; der Ausfall der Pensionäre wird vom Träger der Insolvenzsicherung übernommen.
62. Ja (nach § 87 Abs. 1 Nr. 10 BetrVG: Fragen der betrieblichen Lohngestaltung); jedoch kann der Arbeitgeber frei entscheiden, ob und in welchem Umfang er finanzielle Mittel für die betriebliche Altersversorgung zur Verfügung stellen will, welche Versorgungsform er wählen und welchen Arbeitnehmerkreis er versorgen will.
63. Wenn der Arbeitgeber gesetzliche Pflichten aus dem Arbeitsvertrag, vertraglich übernommene Pflichten oder Fürsorgepflichten gegenüber dem Arbeitnehmer schuldhaft verletzt und dadurch den Arbeitnehmer einen Schaden zufügt.
64. Bei Personenschäden ist der Arbeitgeber gegenüber dem Arbeitnehmer nur schadensersatzpflichtig, wenn er den Arbeitsunfall vorsätzlich herbeigeführt hat oder wenn der Unfall bei der Teilnahme am allgemeinen Verkehr durch den Arbeitgeber verursacht worden ist. Bei grober Fahrlässigkeit tritt zwar gegenüber dem Arbeitnehmer die Unfallversicherung ein. Der Arbeitgeber hat aber der Versicherung die von ihr erbrachten Leistungen zu ersetzen.
65. Außerordentliche und ordentliche Kündigung, Auflösungsvertrag, Zeitablauf bzw. Zweckerreichung, Tod des Arbeitnehmers, u. U. Tod des Arbeitgebers (Ausnahme).
66. Eine bedingte Kündigung ist nur wirksam, wenn der Eintritt der Bedingung allein vom Willen des Kündigungsempfängers abhängt (z. B. Änderungskündigung).
67. Zum einen durch Tarifvertrag abkürzbar; lediglich die Kündigungsfristen zugunsten der langjährig Beschäftigten müssen beachtet werden. Zum anderen verkürzbar durch Einzelvereinbarung; eine Kündigungsfrist von 1 Monat zum Monatsende darf jedoch nicht unterschritten werden (Ausnahmen bei Arbeitsverhältnissen zur Aushilfe).
68. Arbeitnehmer muß in einem Betrieb beschäftigt sein, der mindestens 6 Arbeitnehmer (ausschließlich Auszubildende) beschäftigt; in diesem Betrieb muß er länger als 6 Monate ununterbrochen beschäftigt sein.

69. Personenbedingte Gründe (z. B. mangelnde Eignung, u. U. sehr häufige Erkrankungen); verhaltensbedingte Gründe (z. B. Schlechtarbeit, Bummelei); betriebsbedingte Gründe (z. B. Auftragsmangel, Rationalisierung unter Beachtung der sozialen Auswahl).
70. Eine ordentliche Kündigung ist grundsätzlich ausgeschlossen. Ausnahmsweise ist eine ordentliche Kündigung zulässig, wenn ein Betrieb stillgelegt wird oder wenn eine Betriebsabteilung geschlossen wird und eine Versetzung in eine ander Betriebsabteilung aus betrieblichen Gründen nicht möglich ist.
71. Wenn Tatsachen vorliegen, aufgrund derer dem Kündigenden unter Berücksichtigung aller Umstände des Einzelfalles und unter Abwägung der Interessen beider Vertragsteile die Fortsetzung des Arbeitsverhältnisses bis zum Ablauf der ordentlichen Kündigungsfrist nicht zugemutet werden kann.
72. Störungen im Leistungsbereich (z. B. beharrliche Arbeitsverweigerung), Störungen im Vertrauensbereich (z. B. Unterschlagung eines Kassierers), Störungen im betrieblichen Bereich (z. B. Druckkündigung).
73. Umdeutung einer ordentlichen Kündigung in eine außerordentliche Kündigung ist nicht zulässig, da der Kündigungsempfänger darauf vertrauen durfte, daß der Kündigungsanlaß nicht zur Begründung einer außerordentlichen Kündigung verwendet werde. – Eine unwirksame außerordentliche Kündigung dagegen kann unter Beachtung des § 140 BGB in eine ordentliche Kündigung umgedeutet werden. Allerdings sind die Besonderheiten wegen der Anhörung des Betriebsrats zu beachten.
74. Eine Änderungskündigung ist gegeben, wenn der Kündigende im Zusammenhang mit der Kündigung dem Vertragspartner die Fortsetzung des Arbeitsverhältnisses zu geänderten Vertragsbedingungen anbietet. Die Kündigung kann bedingt ausgesprochen werden für den Fall, daß der Arbeitnehmer das Vertragsangebot ablehnt. Sie kann auch unbedingt erfolgen. Mit ihr ist das Angebot eines Arbeitsvertrages zu geänderten Bedingungen verbunden.
75. Persönliche Eignung des Ausbildenden, Eignung der Ausbildungsstätte nach Art und Einrichtung, angemessenes Verhältnis der Zahl der Auszubildenden zur Zahl der Ausbildungsplätze oder der beschäftigten Fachkräfte sowie persönliche und fachliche Eignung des Ausbilders müssen vorliegen.

76. Angaben über Art, sachliche Gliederung sowie Ziel der Berufsausbildung; Beginn und Dauer der Ausbildung; Ausbildungsmaßnahmen außerhalb der Ausbildungsstätte; Dauer der regelmäßigen täglichen Arbeitszeit, Dauer der Probezeit; Zahlung und Höhe der Vergütung; Dauer des Urlaubs; Kündigungsvoraussetzungen.
77. Automatisch mit dem Ablauf der vereinbarten Ausbildungszeit; Bestehen der Prüfung (bei Wiederholung spätestens nach einem Jahr seit vereinbarter Beendigungszeit); Aufhebungsvertrag; Kündigung während der Probezeit; Kündigung aus wichtigem Grund; Kündigung des Auszubildenden bei Aufgabe der Berufsausbildung oder bei Wechsel in anderer Berufsausbildung (andere Berufstätigkeit).
78. Freiwilliger, privatrechtlicher und überbetrieblicher Zusammenschluß, korporative Verfassung des Verbandes, Errichtung auf eine gewisse Dauer, Unabhängigkeit von staatlichen, parteipolitischen oder kiichlichen Weisungen sowie vom sozialen Gegenspieler, Zweckrichtung der Vereinigung (Wahrung und Förderung von Arbeits- und Wirtschaftsbedingungen, Möglichkeit der Druckausübung).
79. Positive Koalitionsfreiheit ist das Recht, einer Koalition beizutreten und sich dort zu betätigen. Negative Koalitionsfreiheit bedeutet das Recht, einer Koalition fernzubleiben.
80. In der Regel nach dem Industrieverbandsprinzip, ausnahmsweise nach dem Berufsverbandsprinzip (z. B. DAG, DHV, CGD).
81. Streik ist die nicht nur ganz kurzfristige gemeinsame und planmäßige Arbeitsniederlegung durch eine größere Anzahl von Arbeitnehmern mit dem Ziel, einen bestimmten Kampfzweck zu erreichen und nach Erreichung des Kampfzweckes die Arbeit wieder aufzunehmen.
82. Er muß von einer Gewerkschaft geführt werden, sich gegen einen Sozalpartner (Arbeitgeber oder Arbeitgeberverband) richten und die kollektive Regelung von Arbeitsbedingungen erstreben, er darf nicht gegen Grundregeln des kollektiven Arbeitsrechts und gegen das Prinzip der fairen Kampfführung verstoßen und darf nur geführt werden, wenn die Gewerkschaft aus ihrer Sicht alle Möglichkeiten der friedlichen Einigung ausgeschöpft hat.
83. Für die Dauer des Streiks Suspendierung der beiderseitigen Hauptpflichten aus dem Arbeitsverhältnis, d. h. keine Arbeitspflicht des Arbeitnehmers und keine Vergütungspflicht des Arbeitgebers.
84. Schadenersatzansprüche des Arbeitgebers gegen die Gewerkschaft, die den rechtswidrigen Streik durchführte, sowie gegen alle Arbeitnehmer,

die sich schuldhaft an dem rechtswidrigen Streik beteiligten; unter Umständen auch das Recht des Arbeitgebers zur fristlosen Entlassung der rechtswidrig Streikenden, soweit sie vorsätzlich und schuldhaft handelten.

85. Suspendierende Aussperrung bedeutet, daß für die Dauer der Aussperrung der Anspruch des Arbeitnehmers auf Beschäftigung und Vergütung ebenso wegfällt wie seine Pflicht zu arbeiten, im übrigen aber das Arbeitsverhältnis weiterbesteht. Lösende Aussperrung bedeutet, daß das Arbeitsverhältnis durch die Aussperrung aufgelöst wird; nach Beendigung der Aussperrung darf der Arbeitgeber aber die Wiedereinstellung der lösend ausgesperrten Arbeitnehmer nur ablehnen, wenn dies billigem Ermessen entspricht.
86. Wenn der Arbeitgeber eindeutig erklärt, daß die Aussperrung auflösende Wirkung haben soll, und wenn darüber hinaus die auflösende Wirkung als das weitergehende Kampfmittel der Arbeitgeber nach dem Grundsatz der Verhältnismäßigkeit gerechtfertigt ist.
87. Gegenüber denjenigen, deren Arbeitsplatz über den allgemeinen Kündigungsschutz des Kündigungsschutzgesetzes hinaus durch besondere gesetzliche Regelung geschützt ist, z. B. Betriebsratsmitglieder, Schwerbehinderte, Frauen, die Kündigungsschutz nach dem Mutterschutzgesetz genießen.
88. Der Tarifvertrag ist ein Vertrag zwischen Arbeitgeberverbänden oder einzelnen Arbeitgebern einerseits und Gewerkschaften andererseits zur Regelung von arbeitsrechtlichen Rechten und Pflichten der Tarifvertragsparteien (obligatorischer Teil) und zur Festsetzung von Rechtsnormen über Inhalt, Abschluß und Beendigung von Arbeitsverhältnissen sowie über betriebliche und betriebsverfassungsrechtliche Fragen und gemeinsame Einrichtungen der Tarifvertragsparteien (normativer Teil).
89. Zeitablauf, Aufhebungsvertrag, ordentliche und außerordentliche Kündigung, Gegenstandslosigkeit.
90. Für alle tarifgebundenen Arbeitnehmer. Tarifgebundenheit liegt vor bei beiderseitiger Verbandszugehörigkeit und bei Allgemeinverbindlichkeit des Tarifvertrages.
91. Tarifkonkurrenz ist gegeben, wenn mehrere Tarifverträge gleichzeitig zur Anwendung kommen. In diesem Falle gilt der speziellere Tarifvertrag.
92. Der Verzicht (Ausnahme: von Tarifvertragsparteien gebilligter Ver-

gleich) und die Verwirkung tariflicher Rechte sind ausgeschlossen. Tarifliche Rechte können jedoch durch Ablauf von Verfallfristen im Tarifvertrag verwirkt sein.

93. Das Betriebsverfassungsgesetz gilt nicht im Bereich des öffentlichen Dienstes, ferner nicht für Religionsgemeinschaften und ihre karitativen und erzieherischen Einrichtungen unbeschadet deren Rechtsform. Für sog. Tendenzbetriebe gilt das Betriebsverfassungsgesetz nur in beschränktem Umfang (siehe S. 182).
94. Wahlberechtigt sind alle Arbeitnehmer im Sinne des Betriebsverfassungsgesetzes – mit Ausnahme der leitenden Angestellten –, die im Zeitpunkt der Wahl dem Betrieb angehören und das 18. Lebensjahr vollendet haben. Leiharbeitnehmer sind nur im Verleiherbetrieb wahlberechtigt. Wählbar sind grundsätzlich alle Wahlberechtigten, die dem Betrieb im Zeitpunkt der Wahl mindestens 6 Monate angehörten; falls der Betrieb noch nicht 6 Monate besteht, sind alle Wahlberechtigten wählbar, die bei der Einleitung der Wahl im Betrieb beschäftigt sind.
95. Die Gruppe der Arbeiter und die Gruppe der Angestellten wählen die auf sie entfallenden Betriebsratsmitglieder in getrennten Wahlgängen.
96. Mindestens 3 Wahlberechtigte, eine im Betrieb vertretene Gewerkschaft oder der Arbeitgeber.
97. In Betrieben mit in der Regel 300 oder mehr Arbeitnehmern ist nach Maßgabe des § 38 BetrVG eine bestimmte Mindestzahl von Betriebsratsmitgliedern ständig von der Arbeit freizustellen. In kleineren Betrieben kommt eine völlige oder teilweise generelle Freistellung von Betriebsratsmitgliedern von der Arbeit in Betracht, wenn dies zur ordnungsgemäßen Durchführung der Betriebsratsaufgaben erforderlich ist; im Streitfall haben hierüber die Gerichte für Arbeitssachen zu entscheiden.
98. Soweit das Betriebsratsmitglied zur Teilnahme an der Veranstaltung nach § 37 Abs. 6 BetrVG von der Arbeit freizustellen war oder soweit auf einer Veranstaltung nach § 37 Abs. 7 BetrVG für das Betriebsratsmitglied erforderliche Kenntnisse im Sinne von § 37 Abs. 6 BetrVG vermittelt wurden, kann es vom Arbeitgeber die Erstattung der notwendigen und diesem zumutbaren Kosten verlangen.
99. Die in § 87 Abs. 1 BetrVG aufgeführten Angelegenheiten können vom Arbeitgeber nur in Übereinstimmung mit dem Betriebsrat geregelt werden; kommt keine Einigung zustande, entscheidet auf Antrag einer der Beteiligten die Einigungsstelle, deren Spruche die Einigung ersetzt.

100. Nur vorläufig und auch nur dann, wenn die vorläufige Einstellung aus sachlichen Gründen im Interesse des Betriebes dringend erforderlich ist (§ 100 BetrVG).
101. Jede außerordentliche Kündigung gegenüber einem Mitglied des Betriebsrats, der Jugendvertretung, der Bordvertretung, des Seebetriebsrats, des Wahlvorstandes sowie gegenüber einem Wahlbewerber oder einem Mitglied der Schwerbehindertenvertretung oder Gesamtschwerbehindertenvertretung bedarf der vorherigen Zustimmung des Betriebsrats bzw. der Bordvertretung oder des Seebetriebsrats. Sonstige Kündigungen bedürfen der vorherigen Anhörung des Betriebsrats (vgl. §§ 102, 103 BetrVG).
102. Bei Betriebsänderungen, die wesentliche Nachteile für die Belegschaft oder erhebliche Teile der Belegschaft zur Folge haben können (Aufzählung in § 111 BetrVG), ist ein Sozialplan aufzustellen. Ausnahmen hiervon beim Personalabbau und bei neu gegründeten Unternehmen sind in § 112a BetrVG geregelt. Der Sozialplan enthält Regelungen über den Ausgleich oder die Milderung der wirtschaftlichen Nachteile, die den von der Betriebsänderung betroffenen Arbeitnehmern entstehen.

6. Teil: Lösungen zu den Aufgaben

Aufgabe 1

Das BAG hat in gefestigter Rechtsprechung entschieden, daß sich ein Arbeitsverhältnis von dem Rechtsverhältnis eines freien Mitarbeiters durch den Grad der persönlichen Abhängigkeit unterscheidet. Bei der Frage, in welchem Maße der Mitarbeiter persönlich abhängig ist, ist vor allem die Eigenart der jeweiligen Tätigkeit zu berücksichtigen, da es keine abstrakten, für alle Arten von Arbeitnehmern schlechthin geltenden Kriterien gibt. Besondere Abgrenzungsschwierigkeiten gibt es im vorliegenden Fall, weil A mit ihren Leistungen auf geistigem und künstlerischem Gebiet ihrem Beruf außerhalb des Betriebes nachgeht und von der Natur der Sache her weder an feste Arbeitszeiten noch an einen bestimmten Arbeitsort gebunden ist. Trotzdem kann A persönlich abhängig sein. Sie kann nämlich ihre Dienste nur mit Hilfe des technischen Apparates leisten. Sie braucht Studios, Kameras und sonstige technische Einrichtungen (im Gegensatz zum freien Journalisten). Darüber hinaus arbeitet sie in einem Team mit konkreter Arbeitsorganisation. Damit kann A ihre Arbeitskraft nicht – wie ein Unternehmer – unter eigener Verantwortung und mit eigenem Risiko am Markt verwerten. Sie ist vielmehr darauf angewiesen, ihre Arbeitsleistung fremdnützig der Anstalt zur Verwertung nach deren Programmplanung zu überlassen. Sie ist typischerweise sozial schutzbedürftig. Sie ist beruflich auf die Anstalt angewiesen, bei der sie ihren Arbeitsplatz hat. Gerade dies ist das charakteristische Merkmal des Arbeitnehmers. Zwischen A und F besteht somit ein Arbeitsverhältnis (vgl. BAG 15. 3. 1978, in: AP Nr. 26 zu § 611 BGB Abhängigkeit).

Allerdings hat das BVerfG im Jahre 1982 einige den Rundfunk- und Fernsehbereich betreffende Entscheidungen des BAG zum Arbeitnehmerbegriff aufgehoben. Nicht in jedem Falle müsse es sich bei Mitarbeitern von Rundfunk- und Fernsehanstalten um Arbeitnehmer handeln. Bei diesen Anstalten gehe es darum, die Meinungsvielfalt zum Ausdruck zu bringen. Diese Verpflichtung könne nicht erfüllt werden, wenn sie ausschließlich auf unbefristet angestellte Mitarbeiter angewiesen seien (BVerfG 13. 1. 1982, in: DB 1982, 1062).

Aufgabe 2

Unstreitig ist zwischen den Parteien noch kein Arbeitsvertrag zustande gekommen. Das Land als Arbeitgeber hätte damit im Rahmen der Vertragsverhandlungen den Eindruck vermeiden müssen, es werde mit Sicherheit zu einer Einstellung kommen. Die Mitteilung der Werkkunstschule an AN, das Ministerium habe über die Einstellung positiv entschieden und AN solle das bisherige Arbeitsverhältnis lösen, stellt daher eine Verletzung der vorvertraglichen Pflichten dar. Die Vorbehalte des Ministeriums (Vorlage der Einstellungsunterlagen) waren nicht geeignet, die Erwartung der Einstellung zu erschüttern. Unerheblich ist dabei auch, daß das zur Kündigung des bisherigen Arbeitsverhältnisses führende Schreiben nicht vom Ministerium selbst stammte. Beauftragt nämlich ein Dienstherr einen Bediensteten, Verhandlungen mit einem Bewerber über den Abschluß von Arbeitsverhältnissen zu führen, so muß er sich ein etwaiges Verschulden dieses Bediensteten zurechnen lassen.

Wegen eines derartigen Verschuldens bei Vertragsschluß hat das Land gegenüber AN den gesamten Schaden zu ersetzen, den AN dadurch erlitten hat, daß er auf die Mitteilungen vertraut und sich darauf eingestellt hat. Zu ersetzen ist der Vertrauensschaden (negatives Interesse). Der Schaden des AN ist in dem Lohnausfall zu sehen, der durch die Kündigung des alten Arbeitsverhältnisses verursacht worden ist. Denn hätte AN nicht auf die Erklärungen des Landes vertraut, hätte AN das bisherige Arbeitsverhältnis nicht gelöst. Vergütungsausfall wäre somit nicht entstanden. Eine Begrenzung des Umfanges des Schadensersatzes auf das Erfüllungsinteresse (AN ist so zu stellen, als wenn der Arbeitsvertrag ordnungsgemäß zustande gekommen wäre) kommt nicht in Betracht, da zum Zeitpunkt der Schädigung ein neues Vertragsverhältnis noch nicht bestand (vgl. BAG 15. 5. 1974, in: AR-Blattei, Arbeitsvertrag – Arbeitsverhältnis IX: Entscheidung 6).

Aufgabe 3

Das Fahren mit einem Möbelwagen innerhalb eines Ortes ist eine gefahrgeneigte Tätigkeit. Deshalb haftet AN nur dann auf vollen Ersatz des Schadens, wenn er zumindest grob fahrlässig handelte, d. h. wenn er gegen die im Verkehrs- und Arbeitsleben erforderliche Sorgfalt in ungewöhnlichem Maße verstieß, wobei eine besonders grobe und auch subjektiv unentschuldbare Pflichtverletzung erforderlich ist (vgl. BAG 24. 11. 1987, in:

DB 1988, 1603). Eine solche grobe Fahrlässigkeit ist hier zu bejahen. Sie liegt darin, daß AN eine Probefahrt mit dem Möbelwagen unternahm, obwohl er fast zehn Jahre keinen Lkw mehr gefahren hatte, und die fehlende Fahrpraxis dem AG verschweigt. AN muß deshalb den infolge unsachgerechter Fahrweise entstandenen Schaden voll ersetzen (vgl. BAG 24. 1. 1974, in: AP Nr. 74 zu § 611 BGB Haftung des Arbeitnehmers).

Aufgabe 4

AG kann von AN nicht verlangen, daß er seine Tätigkeit bei dem Konkurrenzunternehmen aufgibt. Denn das Wettbewerbsverbot ist für AN aus folgenden Gründen unverbindlich:

a) Die monatliche Karenzentschädigung betrug bei Beendigung des Arbeitsverhältnisses nicht mehr die Hälfte der letzten Bezüge von AN (vgl. § 74 Abs. 2 HGB).

b) Das Wettbewerbsverbot dient keinem berechtigten geschäftlichen Interesse des AG, soweit es eine Tätigkeit des AN in dem konkurrierenden Transportunternehmen verbietet (vgl. § 74a Abs. 1 Satz 1 HGB). Denn zwischen der früheren Tätigkeit des AN als Verkäufer landwirtschaftlicher Geräte und dem untersagten Wettbewerb als kaufmännischer Angestellter eines Transportunternehmens besteht keine innere Beziehung. Allein die Möglichkeit, daß AN irgendwie zur Stärkung der Konkurrenz beitragen könnte, genügt nicht zur Begründung eines berechtigten geschäftlichen Interesses des AG (vgl. BAG 24. 6. 1966, in: AP Nr. 2 zu § 74a HGB).

c) Soweit das Wettbewerbsverbot für die Dauer von 3 Jahren vereinbart ist, wird es nach Ablauf von 2 Jahren nach Beendigung des Arbeitsverhältnisses unverbindlich (vgl. § 74a Abs. 1 Satz 3 HGB).

Aufgabe 5

Auszugehen ist davon, daß das Urlaubsgeld eine Arbeitgeberzuwendung mit Gratifikationscharakter ist. Diese Urlaubsgratifikation mit ihrem Rückzahlungsvorbehalt ist an den vom Bundesarbeitsgericht für Weihnachtsgratifikationen entwickelten Grundsätzen zu messen. Danach kann der Arbeitnehmer bei einer Weihnachtsgratifikation zwischen 200,– DM und einer Monatsvergütung bis zum 31. März des folgenden Jahres an den Betrieb gebunden werden. Zu beachten ist dabei, daß es sich hierbei nicht um eine Bindung von exakt 3 Monaten handeln muß, da die Weihnachtsgratifikation teilweise schon im November des entsprechenden Jahres ausgezahlt wird. Die Anwendung der Grundsätze auf die streitige Urlaubsgratifikation hat zur Folge, daß gegen den von AG gemachten Rückzahlungsvorbehalt - Bindung bis 30. 9. des Jahres - keine Bedenken zu erheben sind. Denn es ist analog zur Weihnachtsgratifikation nicht zu beanstanden, daß der Arbeitgeber zur üblichen Urlaubszeit die Betriebstreue bis zum 30. 9. des Jahres erwartet. Daran kann auch nichts ändern, wenn die Gratifikation bereits Ende Mai gezahlt wird (vgl. BAG 15. 3. 1973, in: AP Nr. 78 zu § 611 BGB Gratifikation).

Aufgabe 6

Als Anspruchsgrundlage kommt im vorliegenden Fall § 615 BGB (Annahmeverzug) in Betracht. Das setzt voraus, daß AG die Dienste des AN nicht annimmt, obwohl der Arbeitnehmer seine Dienste ordnungsgemäß anbietet. Im Regelfall gerät der Arbeitgeber automatisch in Annahmeverzug, wenn er dem Arbeitnehmer unberechtigt fristlos kündigt, ohne daß es eines Arbeitsangebots des Arbeitnehmers bedarf (BAG v. 9. 8. 1984 in Arbeit und Recht 1985, 60).

Etwas anderes muß jedoch dann gelten, wenn der Arbeitnehmer in seiner Klage zum Ausdruck bringt, daß er arbeitsunfähig krank sei. Damit hat er gerade eine Einschränkung gemacht, die das Gegenteil eines Arbeitsangebots ist. Deshalb gerät in diesem Fall der Arbeitgeber nur in Annahmeverzug, wenn der Arbeitnehmer ihm die Wiederherstellung der Arbeitsfähigkeit mitgeteilt und ihn aufgefordert hat, ihm Arbeit zuzuweisen (BAG 21. 3. 1985, in NZA 1985, 778).

Dies ist im vorliegenden Fall nicht geschehen. Für die gesamte Zeit entfällt deshalb ein Zahlungsanspruch.

Aufgabe 7

Ein Anspruch der Krankenkasse gegen AG könnte sich aus § 115 Abs. 1 SGB X i. Verb. mit § 1 LFZG ergeben. Mit Leistung des Krankengeldes an AN gehen in Höhe des gezahlten Krankengeldes die Ansprüche des AN gegen AG auf die Krankenkasse über. Zu prüfen ist somit, ob ein Anspruch des AN gegen AG auf Lohnfortzahlung bestand. § 1 LFZG setzt unter anderem voraus, daß die Arbeitsunfähigkeit ohne Verschulden des Arbeitnehmers eingetreten ist, wobei unter dem Verschuldensbegriff ein gröblicher Verstoß gegen das von einem verständigen Menschen im eigenen Interesse gebotene Verhalten zu verstehen ist - Auszugehen ist im vorliegenden Fall davon, daß die Teilnahme am Sport grundsätzlich noch kein Verschulden im Sinne des § 1 LFZG darstellt. Dies kann jedoch dann nicht gelten, wenn es sich um eine besonders gefährliche Sportart handelt. In diesen Fällen erhöht der Arbeitnehmer aufgrund seines eigenen Entschlusses weit über das normale Maß hinaus das Risiko, durch Verletzungen arbeitsunfähig zu werden. Diese durch Leichtfertigkeit verursachte Arbeitsunfähigkeit erscheint als gröblich verschuldet. Sieht man das Moto-Cross-Rennen als gefährliche Sportart an, besteht kein Anspruch des AN gegen AG auf Lohnfortzahlung, so daß mangels Übergangs eines Anspruchs die Krankenkasse das Nachsehen hat (vgl. BAG 25. 2. 1972, in: AP Nr. 18 zu § 1 LohnFG).

Aufgabe 8

Die Rechtsprechung des BAG zum Urlaubsrecht hat sich zum Teil erheblich geändert. Hatte das BAG in langjähriger Rspr. die Ansicht vertreten, ein Urlaubsanspruch sei rechtsmißbräuchlich, wenn der Arbeitnehmer nur geringe oder keine Arbeit im entsprechenden Urlaubsjahr geleistet hat, hat das BAG nunmehr entschieden, daß es auf das Maß der Arbeitsleistung nicht ankommt. Allein das Bestehen des Arbeitsverhältnisses ist maßgeblich (so BAG 28. 1. 1982, in: DB 1982, 1823). Danach wäre für AN ein Anspruch auf Gewährung von Urlaub für das Jahr 1988 entstanden.

Gleichwohl kann AN diesen Anspruch nicht realisieren, da nach neuer, ebenso geänderter Rspr. des BAG der Urlaubsanspruch spätestens am 31. März 1989 verfallen ist (§ 7 Abs. 3 Satz 3 BUrlG). Dies gilt auch im Falle der Erkrankung des Arbeitnehmers (so BAG 13. 5. 1982, in: DB 1982, 1115).

Aufgabe 9

Die von AN unterzeichnete Erklärung ist rechtswirksam. Diese Haftungsfreistellungsklausel könnte nur dann unwirksam sein, wenn sich der Arbeitgeber durch sie von zwingenden Fürsorgepflichten befreien wollte. Das ist nicht der Fall. Wenn nicht besondere Umstände des Einzelfalles eine andere Beurteilung gebieten, ist der Arbeitgeber aufgrund seiner Fürsorgepflicht nicht gehalten, Arbeitnehmern, die in der Nähe des Betriebssitzes wohnen, einen Parkplatz zur Verfügung zu stellen. Tut er es doch, verbietet es ihm seine Fürsorgepflicht nicht, mit dem Arbeitnehmer eine Haftungsfreistellungsklausel zu vereinbaren.

Diese Haftungsfreistellungsklausel erfaßt jedoch nur typische Autoabstellrisiken wie Diebstahl, Einbruch und Beschädigung des Fahrzeuges durch Mitbenutzer des Parkplatzes sowie sonstige Risiken, die aus der Örtlichkeit irgendwie erkennbar sind (vgl. BGH 18. 12. 1974, in: NJW 1975, 645). Mit Farbspritzarbeiten auf dem in der Nähe des Parkplatzes des AN gelegenen Wiesengrundstück war hier nicht zu rechnen; deshalb erstreckt sich die Haftungsfreistellungsklausel nicht auf die infolge der Farbspritzarbeiten entstandenen Schäden. AG haftet für das Verschulden seiner Mitarbeiter bei den Farbspritzarbeiten (§ 278 BGB) und muß deshalb die Kosten für die Neulackierung des Pkw's des AN übernehmen.

Aufgabe 10

Unterschiedliche Leistungen der Arbeitnehmer berechtigen den Arbeitgeber zwar zur Differenzierung bei Gehaltserhöhungen, jedoch dürfen Arbeitnehmer insoweit nicht von Gehaltserhöhungen ausgenommen werden, als in der Gehaltserhöhung ein Betrag wegen der Steigerung des allgemeinen Preisniveaus enthalten ist. Das folgt aus dem Gleichbehandlungsgrundsatz (BAG 9. 11. 1972, in: AP Nr. 36 zu § 242 BGB Gleichbehandlung). Im Jahre 1988 stiegen die Lebenshaltungskosten um rd. 1,5%. Die Gehaltserhöhung sollte diese Steigerung abdecken. Deshalb haben die beiden außertariflichen Angestellten Anspruch auf eine Gehaltserhöhung um 1,5%. Hingegen haben sie wegen ihrer nicht zufriedenstellenden Leistungen keinen Anspruch auf eine weitergehende Gehaltserhöhung.

Bei der Gewährung freiwilliger Zulagen darf der Arbeitgeber aufgrund des Gleichbehandlungsgrundsatzes nicht sachwidrig einen Teil der Arbeitnehmer von der Vergünstigung ausschließen. Zu den unzulässigen Differenzierungen bei der Bildung von Arbeitnehmergruppen gehören unter anderem solche Unterscheidungsmerkmale, die gegen den Gleichberechtigungsgrundsatz des Art. 3 Abs. 2 GG („Männer und Frauen sind gleichberechtigt"), jetzt auch § 611 a BGB, verstoßen. Die unter Verstoß gegen den Gleichberechtigungsgrundsatz übergangenen weiblichen Arbeiter können deshalb die gleiche außertarifliche Zulage verlangen, wie sie den männlichen Kollegen gewährt wird (BAG 11. 9. 1974, in: AP Nr. 39 zu § 242 BGB Gleichbehandlung).

Aufgabe 11

Nein. Zeugnisse haben für den Arbeitnehmer auch die Bedeutung, daß sie für ihn Maßstab dafür sind, wie der Arbeitgeber seine Leistung und Führung beurteilt. Daraus folgt, daß der Arbeitgeber sich mangels entgegenstehender Vorbehalte an der Beurteilung, die er dem Arbeitnehmer hat zukommen lassen, auch diesem gegenüber festhalten lassen muß. Mit den Worten „ehrlich" und „gewissenhaft" bestätigt AG in dem Zeugnis, daß AN sich in jeder Hinsicht entsprechend den einem Filialleiter gegenüber seinem Arbeitgeber obliegenden Sorgfaltspflichten verhalten hat. Aus dieser positiven Fassung des Zeugnisses durfte AN entnehmen, daß AG ihm jetzt keine Pflichtverletzung mehr vorwerfen und ihn für den angeblichen Warenfehlbestand nicht mehr haftbar machen werde (vgl. BAG 8. 2. 1972, in: AP Nr. 7 zu § 630 BGB).

Aufgabe 12

a) Letzte Bezüge:

Auf Jahresbasis:	
Gehalt (2.400,– DM) mal 12:	DM 28.800,–
Gewinnbeteiligung:	DM 3.000,–
Weihnachtsgratifikation:	DM 2.400,–
Jahresbezüge:	DM 34.200,–
Auf Monatsbasis:	
Jahresbezüge geteilt durch 12:	DM 2.850,–
Karenzentschädigung = halber Monatsbezug:	DM 1.425,–

b) Neues Einkommen:

Auf Jahresbasis:	
Gehalt (2.500,– DM) mal 12:	DM 30.000,–
Weihnachtsgratifikation:	DM 1.200,–
Jahresbezüge:	DM 31.200,–
Auf Monatsbasis:	
Jahresbezüge geteilt durch 12:	DM 2.600,–

c) Höchstbetrag

von anderweitigem Einkommen zuzüglich Entschädigung = 110% der letzten Monatsbezüge (DM 2.850,– + DM 285,–):	DM 3.135,–

d) Karenzentschädigung (monatlich)

Höchstbetrag	DM 3.135,–
abzüglich neues Einkommen:	DM 2.600,–
Monatliche Karenzentschädigung:	DM 535,–

Aufgabe 13

Die Pensionskasse darf die Altersrente nur kürzen, wenn sachliche Gründe eine Kürzung unumgänglich erscheinen lassen („triftiger Grund"). Ein solcher sachlicher Grund ist hier nicht ersichtlich. Insbesondere ist die Erhöhung der Zahl der Pensionäre kein Grund zur Kündigung der Renten. Reichen die Erträgnisse der Kasse nicht aus, um die Altersrenten ungekürzt weiterzuzahlen, muß die Kasse zunächst ihr Trägerunternehmen veranlassen, den sich aus dem bisherigen Verhalten des Unternehmens (Versorgungszusagen) in Verbindung mit der Satzung der Kasse ergebenden Verpflichtungen nachzukommen. Solange die Kasse diese Möglichkeit nicht ausschöpft, darf sie die Renten nicht kürzen (vgl. BAG 17. 5. 1973, in: AP Nr. 6 zu § 242 BGB Ruhegehalt-Unterstützungskassen).

Grundsätzlich muß sich AN zunächst an die Pensionskasse halten. Verspricht dies jedoch keinen Erfolg oder erklärt etwa der Arbeitgeber (AG) selbst, die Kasse werde nicht zahlen, kann AN den AG sofort aufgrund seiner Versorgungszusage in Anspruch nehmen (vgl. BAG 12. 2. 1971, in: AP Nr. 3 zu § 242 BGB Ruhegehalt-Unterstützungskassen).

Aufgabe 14

Mit der Rechtsprechung des BAG (erstmals BAG 12. 10. 1960, in: AP Nr. 16 zu § 620 BGB Befristeter Arbeitsvertrag) ist davon auszugehen, daß befristete Verträge grundsätzlich zulässig sind, soweit sachliche Gründe für eine Befristung vorliegen. Liegt ein solcher Grund nicht vor, kann sich der Arbeitgeber grundsätzlich nicht auf die Befristung berufen, weil sie dem Arbeitnehmer den Schutz zwingender Kündigungsschutzvorschriften vorenthält (Ausnahme: Beschäftigungsförderungsgesetz, s. Teil 2 A I 2c bb).

Da AN die Weiterbeschäftigung nach Ablauf des letzten befristeten Vertrages begehrt, ist lediglich das Vorliegen eines sachlichen Grundes für die letzte Befristung zu prüfen. Die Begründung der Arbeitgeberin auf die große Zahl von zur Verfügung stehenden Lehrkräften sei Rücksicht zu nehmen, kann als sachlicher Grund für eine Befristung nicht anerkannt werden. Denn bei der Frage, ob ein verständig denkender Arbeitgeber zu einer Befristung veranlaßt wird, kommt es nur auf die konkreten wirtschaftlichen oder sozialen Verhältnisse der Parteien zur Zeit des Vertragsschlusses an. Deshalb ist ein sachlich gerechtfertigter Grund abzulehnen, wenn AG ein Arbeitsverhältnis im Interesse Dritter, die keine konkreten Beziehungen zu dem Arbeitsplatz haben, befristet (vgl. BAG 14. 1. 1982, in: AP Nr. 40 zu § 620 BGB Befristeter Arbeitsvertrag). Folge der Unzulässigkeit der Befristung ist, daß der zuletzt abgeschlossene Vertrag als auf unbestimmte Zeit abgeschlossen gilt. Das Arbeitsverhältnis der Parteien endet nicht automatisch. Zu dessen Beendigung ist vielmehr eine Kündigung erforderlich. Die Kündigung wiederum ist gemäß § 9 MuSchG wegen der bei AN vorliegenden Schwangerschaft unzulässig, so daß das Arbeitsverhältnis der AN mit AG unverändert fortbesteht, ohne daß AN eine Kündigung zu befürchten hat.

Aufgabe 15

Gemäß § 626 BGB ist eine fristlose Kündigung gerechtfertigt, wenn ein wichtiger Grund gegeben ist und die Kündigung binnen 2 Wochen seit Feststellung der Kündigungsgründe dem anderen Teil zugegangen ist. Gemäß Arbeitsvertrag sollte AG bereits dann zur fristlosen Kündigung berechtigt sein, wenn sich Fehlbestände erweisen sollten. Dies sollte auch bei nicht schuldhaftem Verhalten des AN gelten. Eine solche Klausel ist jedoch unwirksam, da es nicht im Belieben der Parteien stehen kann, das Recht zur fristlosen Kündigung über das gesetzliche Maß des § 626 BGB zu erweitern. Damit würden die für die ordentliche Kündigung zwingend festgelegten Mindestkündigungsfristen gemäß § 622 BGB umgangen (zuletzt BAG 22. 11. 1973, in: AP Nr. 67 zu § 626 BGB). – Ob die fristlose Kündigung möglicherweise wegen des Verdachts des AG, AN könne die Fehlbestände verursacht haben, gerechtfertigt war, soll wegen des unvollständigen Sachverhalts an dieser Stelle dahinstehen. Die Wirksamkeit der Kündigung könnte daneben auch deshalb scheitern, weil seit Kenntnis von den Fehlbeständen die nach § 626 Abs. 2 BGB erforderliche Zweiwochenfrist abgelaufen ist. Sind die zur Kündigung herangezogenen Gründe für den Kündigenden noch nicht in aller Klarheit festgestellt, kann es aber sachlich gerechtfertigt sein, die Kündigungsgründe nochmals zu erörtern. In diesem Fall beginnt die Frist des § 626 Abs. 2 BGB erst nach der zweiten Erörterung zu laufen (BAG 12. 2. 1973, in: AP Nr. 6 zu § 626 BGB Ausschlußfrist). AG hat die Zweiwochenfrist des § 626 Abs. 2 BGB somit nicht versäumt. Mangels Vorliegens eines wichtigen Grundes ist die fristlose Kündigung jedoch unwirksam.

Aufgabe 16

Rechtsprechung und Rechtslehre stimmen überein, daß langandauernde krankheitsbedingte Fehlzeiten eine Kündigung sozial rechtfertigen können. Allerdings sind an eine solche Kündigung strenge Anforderungen zu stellen. Dabei kommt es zunächst darauf an, ob zum Zeitpunkt des Kündigungszuganges objektive Anhaltspunkte für ein langfristiges Fortdauern der Arbeitsunfähigkeit vorgelegen haben. Darüber hinaus ist nach dem Grundsatz der Verhältnismäßigkeit eine ordentliche Kündigung wegen einer langanhaltenden Krankheit als letztes Mittel erst dann zulässig, wenn dem Arbeitgeber die Durchführung von Überbrückungsmaßnahmen (z. B. Einstellung von Aushilfskräften, Durchführung von Über- oder Mehrarbeit, personelle Umorganisation) nicht möglich oder nicht mehr zumutbar ist (BAG 25. 11. 1982, in: AP Nr. 6 zu § 1 KSchG 1969 Krankheit). Bei der Bemessung der zeitlichen Zumutbarkeitsgrenze ist der Grundsatz der Verhältnismäßigkeit dadurch zu beachten, daß der Arbeitgeber bei einem langjährig beschäftigten Arbeitnehmer einen längeren Zeitraum für geeignete und zumutbare Überbrückungsmaßnahmen hinzunehmen hat als bei einem nur kurzfristig tätigen Arbeitnehmer (BAG 22. 2. 1980, in: DB 1980, 1446).

Die vorzunehmende Abwägung der beiderseitigen Interessen muß im vorliegenden Fall zum Nachteil des AG ausgehen. Zugunsten des AN ist nämlich zu berücksichtigen, daß AG eine erhöhte Fürsorgepflicht aufzuerlegen ist, wenn die Krankheit durch einen im Betrieb des AG verursachten Unfall entstanden ist (so z. B. LAG Stuttgart, in: BB 1963, 1136). Kommt daneben hinzu, daß AN bereits seit 12 Jahren bei AG beschäftigt ist, so hat das Interesse des AG an der Auflösung des Arbeitsverhältnisses wegen der Störungen des Betriebsablaufes gegenüber dem Interesse des AN an der Erhaltung des Arbeitsplatzes zurückzustehen.

Das Auflösungsbegehren des AN mit gleichzeitiger Zahlung einer Abfindung ist jedoch nicht gerechtfertigt. Ein derartiger Antrag ist nur begründet, wenn ein Grund vorliegt, der für den Arbeitnehmer die Fortsetzung des Arbeitsverhältnisses unzumutbar macht (z.B. schwere Beleidigung). Dabei können Tatsachen ausreichen, die noch nicht das Gewicht eines wichtigen Grundes i.S. des § 626 BGB haben (BAG 26. 11. 1981, in: DB 1982, 757). Daß sich AG wegen der langandauernden Krankheit von AN trennen wollte, stellt einen derartigen Grund nicht dar.

Das Arbeitsverhältnis besteht somit unverändert fort.

Aufgabe 17

Grundsätzlich nein. Bei der einwöchigen Arbeitsruhe handelt es sich um Kurzarbeit im Rechtssinne. Streiks können in einem nicht bestreikten Betrieb zu Betriebsstörungen führen, zum Beispiel wenn Zuliefermaterial des bestreikten Betriebs ausbleibt oder der bestreikte Betrieb Produkte des nicht bestreikten Betriebs nicht abnimmt, und deshalb die Fortsetzung des nicht bestreikten Betriebs ganz oder teilweise unmöglich oder wirtschaftlich unzumutbar machen. Wenn diese Betriebsstörungen das Kräfteverhältnis der kampfführenden Parteien beeinflussen können, haben die betroffenen Arbeitnehmer für die Dauer der Störung keine Beschäftigungs- und Vergütungsansprüche. Das Kräfteverhältnis der kampfführenden Parteien in Nord-Württemberg konnte hier durch die Fernwirkungen des Streiks in Hessen beeinflußt werden, weil die für den mittelbar betroffenen Betrieb in Hessen zuständigen Verbände (Hessischer Arbeitgeberverband Metall, IG Metall – Bezirk Hessen –) mit den unmittelbar kampfführenden Verbänden in Nord-Württemberg organisatorisch eng verbunden waren. Damit war das hessische Unternehmen grundsätzlich zur Einführung unbezahlter Kurzarbeit berechtigt. Die Regelung der Modalitäten des Arbeitsausfalls, d.h. wann welche Arbeitnehmer in welchem Umfang mit der Arbeit aussetzen müssen, unterliegt jedoch gemäß § 87 Abs. 1 Nr. 2, 3 BetrVG dem Mitbestimmungsrecht des Betriebsrats. Die Anordnung von Kurzarbeit ohne Zustimmung oder durch die Einigungsstelle ersetzte Zustimmung des Betriebsrats ist unwirksam. Folglich können die Arbeitnehmer des hessischen Unternehmens keine Lohnfortzahlung verlangen, wenn die Kurzarbeit nach ordnungsgemäßer Mitwirkung des Betriebsrats angeordnet war; hingegen haben sie Anspruch auf Lohnfortzahlung, wenn die Kurzarbeit ohne Zustimmung oder ersetzte Zustimmung des Betriebsrats vom Arbeitgeber einseitig eingeführt wurde (vgl. BAG 22. 12. 1980, in: AP Nr. 70 zu Art. 9 GG Arbeitskampf).

Aufgabe 18

Nach § 4 Abs. 3 TVG sind gegenüber tariflichen Regelungen abweichende arbeitsvertragliche Regelungen nur zulässig, wenn sie eine Änderung zugunsten des Arbeitnehmers enthalten (Günstigkeitsprinzip). Dabei muß die Günstigkeit der arbeitsvertraglichen Abmachungen von vornherein feststehen. Steht nicht fest, ob die getroffene Änderung der Arbeitsbedingungen zugunsten des Arbeitnehmers vorgenommen wurde, ist sie unzulässig. Gerade das ist hier der Fall. Die AN zustehende Gesamtvergütung hing in seiner Höhe von ganz ungewissen Faktoren ab. AN konnte nämlich immer nur dann ein günstigeres Gesamtentgelt erzielen, wenn er so viele Überstunden leistete, daß sein Gesamtlohn den Minderbetrag bei der Auslösung ausglich. So hat dann AN auch nur im Monat Juli mit seinen Überstunden einen Ausgleich erzielt. AN hat damit in vollem Umfang Anspruch auf die Differenz zwischen arbeitsvertraglicher und tariflicher Auslösung, da eine Vereinbarung der Parteien, der übertarifliche Lohn solle als Ausgleich für die untertarifliche Auslösung gelten, nicht getroffen worden war (vgl. BAG 12. 4. 1972, in: AP Nr. 13 zu § 4 TVG Günstigkeitsprinzip).

Aufgabe 19

AG ist nach § 37 Abs. 6 in Verbindung mit § 37 Abs. 2 BetrVG zur Lohnfortzahlung verpflichtet, da die Schulung eines neu gewählten Betriebsratsmitglieds über die Aufgaben des Betriebsrats für die Betriebsratsarbeit erforderlich ist, auch soweit hierbei Grundlagenwissen vermittelt wird.

AG hat dem AN auch gemäß § 40 Abs. 1 BetrVG die anläßlich der Teilnahme an der Schulung entstandenen notwendigen Kosten zu erstatten. Hierzu gehören die Fahrtkosten von Kassel nach Essen, da an zentral gelegenen Orten mit entsprechendem Lehrpersonal durchgeführte Schulungsveranstaltungen im allgemeinen einen besseren Schulungserfolg versprechen als eine Vielzahl kleinerer Veranstaltungen in der Nähe des jeweiligen Wohnortes des Betriebsratsmitglieds, für die nicht immer geeignete Lehrkräfte gefunden werden können. Allerdings kann der AN nur die Erstattung der Fahrtkosten 2. Klasse verlangen, da für die Kostenerstattung grundsätzlich die betrieblichen Reisekostenrichtlinien maßgebend sind. Trotz dieser Richtlinien muß AG für Unterkunft und Verpflegung täglich DM 78,– erstatten, da AN die Höhe dieser Kosten nicht beeinflussen konnte und er für das Betriebsratsamt keine finanziellen Opfer zu bringen braucht.

Ohne entsprechenden Betriebsratsbeschluß wäre AN zur Teilnahme an der Schulungsveranstaltung nicht berechtigt gewesen (vgl. § 37 Abs. 6 BetrVG); deshalb könnte er in diesem Falle weder Lohnfortzahlung noch Kostenerstattung verlangen.

Aufgabe 20

AN kann von AG die Rücknahme des Verweises verlangen, da es sich bei einem im Hinblick auf Betriebsratspflichten und die betriebliche Ordnung ausgesprochenen Verweis um eine Betriebsbuße handelt, bei deren Verhängung der Betriebsrat nicht mitgewirkt hat. Eine Betriebsbuße betrifft die Ordnung des Betriebes; sie darf vom Arbeitgeber nur verhängt werden, wenn eine mit dem Betriebsrat vereinbarte Bußordnung besteht und die Buße, die der Arbeitgeber verhängen will, nach der Bußordnung verwirkt ist. Auch die Verhängung der einzelnen Betriebsbuße unterliegt der Mitbestimmung des Betriebsrats nach § 87 Abs. 1 Nr. 1 BetrVG (BAG 5. 12. 1975, in: BB 1976, 415; vgl. im übrigen Teil 2 B I 2 e).

Aufgabe 21

Die Festlegung der Übernachtungsgebühren ist mitbestimmungspflichtig nach § 87 Abs. 1 Nr. 9 BetrVG, da es sich hierbei um die allgemeine Festlegung der Nutzungsbedingungen für Wohnräume handelt, die Arbeitnehmern mit Rücksicht auf das Bestehen eines Arbeitsverhältnisses vermietet werden. Wenn ein Arbeitnehmer von der Möglichkeit Gebrauch macht, im Wohnheim gegen Entgelt zu übernachten, kommt ein Mietvertrag zwischen Arbeitgeber und Arbeitnehmer zustande (BAG 3. 6. 1975, in: AP Nr. 1 zu § 87 BetrVG 1972 Sozialeinrichtungen).

Aufgabe 22

AG kann den Antrag auf Ersetzung der Zustimmung des Betriebsrats zur außerordentlichen Kündigung des AN auch auf die Ohrfeige des AN stützen, wenn er zuvor beim Betriebsrat beantragt hat, wegen des nachgeschobenen Grundes (Ohrfeige) die Zustimmung zur Kündigung zu erteilen (BAG 27. 5. 1975, in: AP Nr. 4 zu § 103 BetrVG 1972).

Mit der rechtskräftigen Ersetzung der Zustimmung des Betriebsrats zur Kündigung wird die im Grundsatz bindende Feststellung getroffen, daß der Ausspruch einer außerordentlichen Kündigung gerechtfertigt ist. Der

Arbeitnehmer kann zwar gegen die nach der Ersetzung der Zustimmung ausgesprochene Kündigung Kündigungsschutzklage erheben, er kann aber in diesem Rechtsstreit die Richtigkeit der Entscheidung im Verfahren über die Ersetzung der Zustimmung zur Kündigung und damit die Wirksamkeit der Kündigungsgründe nur dann in Frage stellen, wenn er neue Tatsachen vorträgt, die in jenem Verfahren noch nicht berücksichtigt werden konnten (BAG 24. 4. 1975, in: AP Nr. 3 zu § 103 BetrVG 1972).

Stichwortverzeichnis

Die Zahlen verweisen auf die Seiten